以知为力　识见乃远

流氓、极道与国家主义者

近代日本的暴力政治

1860——1960

[美] 英子·丸子·施奈华　著

游淑峰　译　　余静颖　译校

中国出版集团　东方出版中心

图书在版编目（CIP）数据

流氓、极道与国家主义者：近代日本的暴力政治：
1860—1960 /（美）英子·丸子·施奈华著；游淑峰译
.—上海：东方出版中心，2023.5
　　ISBN 978-7-5473-2177-5

　　Ⅰ.①流…　Ⅱ.①英…　②游…　Ⅲ.①政治-研究-
日本-近现代　Ⅳ.①D731.39

中国国家版本馆CIP数据核字（2023）第056231号

Ruffians, Yakuza, Nationalists: The Violent Politics of Modern Japan, 1860-1960, by Eiko Maruko Siniawer, originally published by Cornell University Press.
Copyright © 2008 by Cornell University
This edition is a translation authorized by the original publisher, via CA-LINK International.

上海市版权局著作权合同登记：图字09-2023-0164号

流氓、极道与国家主义者：近代日本的暴力政治（1860—1960）

著　　　者　英子·丸子·施奈华
译　　　者　游淑峰
译 校 者　余静颖
丛书策划　朱宝元
责任编辑　戴浴宇
封扉设计　甘信宇

出版发行　东方出版中心有限公司
地　　址　上海市仙霞路345号
邮政编码　200336
电　　话　021-62417400
印 刷 者　南京爱德印刷有限公司

开　　本　890mm×1240mm　1/32
印　　张　12.25
字　　数　254千字
版　　次　2023年8月第1版
印　　次　2023年8月第1次印刷
定　　价　89.00元

献给我的父母，纪念祖母，
并献给皮特（Pete）

目　录

致　谢

从许多方面来看，本书是集大成之作。从构思到出版，这个计划是由多年来教导我、挑战我与支持我的同事、朋友所塑造和改进的。当我在研究与写作中感觉孤独时，总有人会提醒我，这项工作很大程度上是与他人的对话。因此，我很感激有这个机会来怀念、肯定与表达我对所有协助我完成这本书的人的衷心感谢，是你们让这本书更加完美。

在学识方面，我万分感谢安德鲁·戈登（Andrew Gordon），他对日本史的看法对我影响极大。从民主到贯战史（transwar history）[1]，最近我才意识到本书有多大程度上反映了他所关注的课题。他即使身兼数职，也总是会在投入我的工作时全力以赴，在学术研究与学术伦理方面，他一直是我的典范。我也很感激丹尼尔·博茨曼（Daniel Botsman），他在犯罪史方面的专业知识和对日本史的广泛了解为书中好几个章节增加了深度。他深思熟虑的质疑和挑战，以及对本书的高度期望，是令我欣喜的脑力挑战。

1　编辑注："贯战史"（貫戦史，transwar history）是日本学者中村正则提倡的史学概念，强调20世纪30年代的日本与第二次世界大战后经济高速增长的日本一脉相承。

最后，若不是彼得·弗罗斯特（Peter Frost），我也不会成为一位日本史学家，是他向我引介这个主题，他一直是一位真正的良师益友。他精辟的问题帮助我巩固了手稿中的薄弱部分，但我永远感激的，是他的慷慨大方。这三位顾问都对这本书有着直接影响，他们阅读了我的草稿，并多次对修改版本提出了宝贵的批评指教。

其他人则善意地分享了他们对全部或部分草稿的想法。我希望约翰·道尔（John Dower）的大局观、对比较史的投入，能在本书中留下一些印记。藤野裕子一直是绝佳的伙伴。她对这个主题充满热情与真知灼见，她乐意为我与日本学者牵线，她还拥有处理困难问题的精神，这一切都令我深感欣慰。在第一章，艾米·斯坦利（Amy Stanley）发挥了她在德川历史方面的专长，她推荐我阅读重要书籍，并提出了有趣的观点。大卫·安巴拉斯（David Ambaras）与萨宾·弗鲁斯特克（Sabine Frühstück）不吝惜自己的时间，赐予我宝贵的建议。托马斯·哈文斯（Thomas Havens）也对这本书的早先版本提出了意见。

进行研究工作时，我受到许多友人的帮助，得以打开新的思路。我在东京大学停留之际，平石直昭总是对我慷慨资助，并且在我作关键决定时给予我宝贵的建议。我曾与安在邦夫、中岛久人、须田努就暴力问题展开了激动人心的探讨。星野周弘、根本芳雄、岩井弘融也分享了他们研究日本极道[1]的大量经验。法政大学大原社会问题研究所的教职员都很热情友好。还有其他人（例

1　译校注：此处原文为Yakuza（日文：ヤクザ，意为日本黑道），此处及书名使用"极道"一词，乃遵循原作者意图，即强调黑帮（gangster）和极道（Yakuza）二词所存在的语义差异，见引言。

如三谷博、中村政则、成田龙一、大日方纯夫与玉井清）在我仍在黑暗中摸索时，与我亲切会面。到了研究尾期，海伦娜·哈尼克（Helena Harnik）忍受着酷暑，担任了我的本科生研究助理，整理出一堆20世纪60年代的资料，然后将其汇总为最后一章的内容。

各个图书馆与档案室的员工也不可或缺，尤其是大原社会问题研究所、町田市的自由民权资料馆、日本国家档案馆，以及哈佛燕京图书馆。我也很高兴能挖掘到日本外务省外交史料馆、国会图书馆、东京都立中央图书馆、大宅壮一文库、国立剧场、福冈县立图书馆、马里兰的美国国家档案馆，以及东京大学多个图书馆的收藏。

我很荣幸能以几个研究单位为家。威廉姆斯学院（Williams College）是一个相当支持研究工作的地方，对于学者的休假时间和资助都十分慷慨。我在历史与亚洲研究所的同事也对这个项目仗义相助，我非常感谢他们的参与和鼓励。东京大学社会科学研究所多次接待我，哈佛大学的赖肖尔日本研究所（Reischauer Institute of Japanese Studies）邀请我以访问学者的身份加入他们的社群。透过哈佛的多种体验，我被各位研究同僚的热忱所感动，其中包括塞米尔·艾丁（Cemil Aydin）、杰夫·贝利斯（Jeff Bayliss）、杰米·伯杰（Jamie Berger）、马扬·布格特（Marjan Boogert）、迈克尔·伯切尔（Michael Burtscher）、拉什蒂·盖茨（Rusty Gates）、前田弘美、村井则子、中山和泉、伊默·欧·德怀尔（Emer O'Dwyer）、下田启、内田じゅん（Jun Uchida）与劳拉·王（Laura Wong）。中纳洋一眼光独到，待人坦诚，他与我一同完成了这本书的主轴。

我必须感谢康奈尔大学出版社的罗杰·海登（Roger Haydon），当这本书的文稿还很粗糙时，他就表现出对本书的浓厚兴趣，并且以轻松幽默的态度，引导本书走过了整个出版流程。两位匿名审稿者也对文稿提出非常具有建设性的反馈。

尽管我受到了如此多的帮助，但这本书的中心思想与决策都由我决定。上面提到的许多人对本书提出的某些方法论和观点，我是存有异议的。而一如既往，本书的所有缺点与不足，均由我一人承担。

最后，若不是有来自日本国际交流基金会、美国社会科学研究委员会、赖肖尔日本研究所与美国国家人文学术基金会的慷慨资助，这本书的研究和撰写是无法完成的。

致我的父母，感谢他们的牺牲、相信我的能力——我极为感恩。感谢我在日本时，日本的家人们对我的温情款待。而我希望祖母的力量、精神，以及对历史的爱，在这本书中得以呈现。我很遗憾她无法亲眼见到这本书的出版。

致我的丈夫皮特，对他的感激之情实在难以言表。多年来，他对我的工作满怀信任与耐心，并且对我一如既往地支持、鼓励，希望我的感谢能传达给他。

英子·丸子·施奈华

马萨诸塞州威廉斯敦

引　言

　　暴力这一元素贯穿于整个日本近代政治史当中，近代日本国家最初的诞生，本身即是暴力的。19世纪50年代，近世[1]的德川政权（1600—1868年）在西方的船尖利炮不断侵袭海岸的背景下，摇摇欲坠、风雨飘摇；19世纪60年代，德川政权更是在各藩揭竿而起的倒幕势力下节节败退、陷入绝境。随着1868年1月明治天皇宣布废除旧的幕藩体制，最后一位德川将军也在4月宣告投降，将首都拱手相让，德川幕府的覆灭则被许多历史学家称为和平的政权交接。尽管1868年的明治维新不如法国大革命般血雨腥风，但我们不应忽视德川政权的拥趸与明治天皇的势力间持续了一场直至1869年6月底的内战，而该内战夺去了数以万计的生命。从这个角度看，新明治政府的建立也是一场暴力四起的剧变。

　　近代日本的诞生，并未带来和平时代及绅士政治；恰恰相

1　译注：在日本史中，德川时代属于近世。

反，它助长了某种政治上的动荡，在接下来的一百年里，这种动荡以不同的形式被延续了下来。例如，在19世纪70年代和80年代的"自由民权运动"中，抗议者们最先在政治运动中实施暴力，在这场运动中，抗议者们向明治政府施压，要求他们制定宪法、成立议会，并扩大政治参与度。在那之后，从1905年签署《朴茨茅斯条约》[1]到1918年的"米骚动"[2]之间的十几年时间里，成千上万的人民通过攻击象征国家的机关组织，来表达他们对政府某些政策的不满。尤其是在俄国革命后的几十年里，无政府主义者、工会成员等各类左翼一直与国家主义组织或紧张的国家体制间发生着冲突，在这段时期中，暴力始终是意识形态斗争里的一个极不稳定因素。从19世纪60年代到20世纪20年代期间，暗杀事件层出不穷，但最著名的或许是那些20世纪30年代的政变未遂中的暗杀事件。当时军方的年轻军官们虽未能成功接管政府，但通过这些事件，他们也打通了军人晋升、获得政治权力的渠道。

　　与这些暴力政治交织在一起的是本书的核心人物——流氓、极道及其亲信族类。简而言之，就是那些擅长使用暴力，并通过暴力冲突声名大噪的人，我愿称之为暴力专家。这些暴力专家和日本史学习者熟悉的民众抗议、暗杀、政变紧密关联，但鲜为人知

1　译注：日俄战争后，俄国战败，日俄两国在美国调停下所签署的条约。
2　译校注：1918年，日本爆发了历史上第一次全国性大规模暴动。这次暴动是从各地抢米的形式开始爆发的，所以日本历史上称为"米骚动"。"米骚动"从抢米发展到与地主、资本家进行面对面斗争，与反动军警进行搏斗，而且在群众中公开提出"打倒寺内内阁"的口号，因此运动本身乃是革命性的政治斗争。

的是，他们实施的暴力甚至会超越事件爆发的时刻。他们的暴力
行径——经常伴随着破坏、威胁、恐吓、肉搏和斗殴——与政治
相结合，这表明暴力并不是单一的偶发现象，而是近代日本政治
生活中一个系统的、根深蒂固的元素。

这些暴力专家是如何以及为何与政治产生纠葛的呢？这一问题
推动了本书对暴力政治的探索。从19世纪60年代近世政权的最后
几年到20世纪50年代第二次世界大战后的民主重生之间，暴力对
日本政治的意义和影响也是十分重要的课题。这是一个关于暴力
专家及其暴力行为如何被合法化的故事，也是一个政治暴力文化
如何形成的故事。在这种文化中，使用暴力被许多政治人物视为
一种可行的，至少是默许的策略。这种政治暴力的文化，无论如
何变迁，都有助于延续这种一以贯之且不加掩饰的暴力长存于政
治当中。

史学角度的政治暴力

通过将暴力置于日本政治史的中心，本书试图阐述的是，政
治比我们想象的更为危险和暴力。多年来，日本的政治暴力问题
一直没得到充分的研究；无论是某种民主意识的产生还是右翼极
端主义的出现，处理暴力这一话题时，通常都是将其置于社会或
政治运动的背景下来探讨的，并只将其视为其他政治现象的证据。
长期以来，暴力本身很少被作为一种现象加以检视。

在美国，第二次世界大战后的几十年里，暴力问题最初是被

3 　历史学者所忽视的。20世纪50年代和60年代的美国历史学者正
　　在致力于扭转战后数年挥之不去的战争刻板印象，其中之一便是
　　"日本人"野蛮好斗的大众形象。因此，历史学者们不断强调他们
　　所赞赏的日本历史的积极方面，或者用历史学者马里乌斯·詹森
　　（Marius B. Jansen）的话来说，就是"光明的一面"[1]。而所谓近代
　　派学者们则聚焦日本在明治时期（1868—1912）[2]的飞速发展，从
　　而为日本打造一个极为成功的崛起故事，来转移人们对其压迫性
　　和封建性政治制度的注意力。虽然战争的错误性得以承认，但这
　　一议题在很大程度上被搁置一旁；日本反而被追捧成近代化国家的
　　典范以及抵抗共产主义的堡垒。[3]

　　　　这并不是说近代派学者完全回避了暴力的话题，而是他们很

1　马里乌斯·詹森（Marius B. Jansen）主张，必须强调"光明的一面"，以弥补世
　　人对日本"政治上不足和精神上失败"的关注，从而达到对日本近代史较"平衡
　　的评估"。Marius B. Jansen, "On Studying the Modernization of Japan," in *Studies
　　on Modernization of Japan by Western Scholars*（Tokyo：International Christian
　　University, 1962）, 11。
2　针对一系列关于日本近代化的会议所编纂的两册书，详见 Marius B. Jansen, ed.,
　　Changing Japanese Attitudes toward Modernization（Princeton：Princeton University
　　Press, 1965）；R. P. Dore, ed., *Aspects of Social Change in Modern Japan*
　　（Princeton：Princeton University Press, 1967）。
3　关于近代化论者，见 John W. Dower, "E. H. Norman, Japan and the Uses of History,"
　　in *Origins of the Modern Japanese State：Selected Writings of E. H. Norman*, ed. John
　　W. Dower（New York：Pantheon, 1975）, 55 - 65；Sheldon Garon, "Rethinking
　　Modernization and Modernity in Japanese History：A Focus on State-Society
　　Relations," *Journal of Asian Studies* 53, no. 2（May 1994）：346 - 348；Daniel
　　V. Botsman, *Punishment and Power in the Making of Modern Japan*（Princeton：
　　Princeton University Press, 2005）, 6 - 9。值得注意的是，约翰·道尔（John W.
　　Dower）认为，前一代的学者 E. H. 诺曼（E. H. Norman）并未如他的近代化论后
　　继者一样，试图正面描绘日本。

少深究那些暴力行动的影响及意义。例如，詹森对那些不吝于使用武力的叛乱者和冒险家进行了创新性的研究。然而，即使是他，偶尔也会把这些实施暴力的人说成是爱国者和改革者，不经意地合理化他们的行为。而且相较于他们行使的暴力，詹森似乎对于意识形态（自由主义、国家主义、泛亚主义）更感兴趣。[1] 在他的一篇论文中，詹森确实考虑到了近代化与暴力问题的关联，他聚焦在1862年的政治家胜海舟、1932年的首相犬养毅以及1960年社会主义政治家浅沼稻次郎所面临的被刺杀事件上（明确地说，后两起案件属于实际暗杀）。詹森选择了这些特殊事件，以说明日本在这一百年里是如何在政治和社会方面变得更加风云诡谲的。这三起案件的政治社会背景大相径庭，但以进步角度来看待此种暴力，不仅是有待商榷的，更揭示了詹森对近代化理论的关注很大程度上影响了他对暴力问题的深究。[2]

其他历史学者比近代派学者更直接地反驳了日本的侵略性形象，他们暗示甚至宣称日本文化对和谐相处有一种所谓的向往和亲近感。关于日本人希望避免争端的毫无根据的笼统概括，俨然成为许多著作中的基本认知。这些著作对近世日本乡村存在浓厚的社群意识、战后劳资关系鲜有纷争以及日本人法律意识淡薄等

1　Marius B. Jansen, "Ōi Kentarō: Radicalism and Chauvinism," *Far Eastern Quarterly* 11, no. 3（May 1952）: 305 - 316; Marius B. Jansen, *The Japanese and Sun Yat-Sen*（Cambridge, Mass.: Harvard University Press, 1954）.

2　Jansen, "Studying the Modernization of Japan," 1 - 2。我在这里提出近代化论学者处理暴力的方式，但是我不回避"近代性"（modernity）和"近代的"（modern）是分析的有效类别，或是值得研究的现象。因此在整本书使用"近世"（early modern）与"近代"（modern）这类词时，我觉得有一点忐忑。

问题，提出了误导性的观点。[1]

最后，这一代的政治史学者倾向于不深究暴力冲突，而是关注体制、思想和精英人物。[2] 这一关注固然重要，但这种角度倾向于将政治世界描绘成主要由显赫的门阀、老谋深算的政治家、崇高的知识分子和官僚组成的世界。

这几十年里，日本在战后掀起了一股关于近期暴力事件的写作热潮，尤其在报纸和期刊上。而一些历史学者，如信夫清三郎，开始研究包括1918年"米骚动"在内的抗争史。[3] 此处的暴力行动主要是放在抗议活动的背景下考虑的，暴力被视为一种政治表达形式和对政府的挑战。

在这个子领域之外，20世纪50年代的大多数日本历史学者都深受马克思主义的影响，他们主要关注经济结构作为社会变革和革命的促发因素等方面的研究。[4] 即使是撰写关于日本近代

1　关于挑战日本人"和"的精神的论文，见Stephen Vlastos, ed., *Mirror of Modernity: Invented Traditions of Modern Japan*（Berkeley: University of California Press, 1998）。

2　Robert A. Scalapino, *Democracy and the Party Movement in Prewar Japan*（Berkeley: University of California Press, 1953）; George Akita, *Foundations of Constitutional Government in Modern Japan, 1868 - 1900*（Cambridge, Mass.: Harvard University Press, 1967）; Tetsuo Najita, *Hara Kei in the Politics of Compromise, 1905 - 1915*（Cambridge, Mass.: Harvard University Press, 1967）; Joseph Pittau, *Political Thought in Early Meiji Japan, 1868 - 1889*（Cambridge, Mass.: Harvard University Press, 1967）; Peter Duus, *Party Rivalry and Political Change in Taisho Japan*（Cambridge, Mass.: Harvard University Press, 1968）.

3　见第五章，信夫清三郎：《大正政治史二卷》（河出書房，1951）。其他在1950年撰写关于"米骚动"的文献，见庄司吉之助：《米騒動の研究》（未来社，1957）。

4　关于马克思主义学者的讨论与他们对暴力问题的处理，见须田努：《暴力はとう語られてきたか》，资料来源：须田努、赵景达、中嶋久人合编：《暴力の地平を超えて：歴史学からの挑戦》（青木書店，2004），14—15頁。

晚期法西斯主义的书，也很少涉及暴力问题；虽然也有一些例外，但大多数作者都专注于20世纪30至40年代初的事件中所呈现出的意识形态或制度上的动机。[1] 历史学家丸山真男在他的经典论著中，探讨了日本法西斯主义的结构、功能、意识形态和社会基础，确实鲜少涉及暴力问题。[2] 国家主义者认为，除了对20世纪30年代政变预谋的必要描述，特定的组织及人物通常会吸引较多的注意，但他们所实施的暴力却经常被忽略。和美国一样，政治史往往是狭义上的概念，是一种止于结构和思想的学问。[3]

这种情况在20世纪60年代和70年代发生了变化，因为如信夫清三郎等历史学者感兴趣的主题被一群开始将"人民"置于研究前线的学者所接受。部分人是受到1960年反对《美日安保条约》新约的民众示威活动的启发，那些撰写民众史的学者开始与马克思传统分道扬镳，转而质疑近代主义者和近代化理论，他们选择

1　木下半治：《日本ファシズム史》（岩崎书店，1949）；田中惣五郎：《日本ファシズムの源流—北一輝の思想と生涯》（白扬社，1949）；前岛省三：《日本ファシズムと議会—その史的究明》（法律文化社，1956）。以暴力为焦点的作品包括戒能通孝：《暴力—日本社会のファッシズム機構》（日本評論社，1950）。以上这四位作者，只有田中惣五郎是受过训练的历史学者。

2　丸山真男最广为人知的关于法西斯论文英文译本，可以在这本书中找到：Maruyama Masao, *Thought and Behaviour in Modern Japanese Politics*, ed. Ivan Morris（Oxford：Oxford University Press，1963）。而讨论丸山真男关于法西斯主义作品的历史学评论文章，以及更多近期开始处理暴力问题的作品，见加藤阳子：《ファッシズム论》，《日本歴史》700號（2006年9月），143—153页。

3　田中惣五郎：《日本官僚政治史（修訂版）》（河出书房，1954）；蜡山政道编：《日本の政治》（每日新闻社，1955）；鈴木安藏编：《日本の国家構造》（勁草书房，1957）。

站在草根基层的立场，聚焦非精英者在历史中的推动力量。[1] 鹿野政直与安丸良夫大刀阔斧地切入政治议题，出版了关于"大正民主"和社会运动的书籍。尤其是色川大吉撰写了关于自由民权运动时期的人民起义事件，暴力问题也逐渐成为人们关注的焦点。民众史学者的作品——尤其是色川大吉和安丸良夫的作品——在概念上跳脱了对政治精英的单一关注，拥有丰富的研究内涵。我也会借鉴这一点，并在本书中体现出来。[2]

同民众史学者一样，美国的日本历史学者在20世纪70年代晚期和80年代主要通过对民众抗议的研究，将暴力纳入他们的作品当中。罗杰·鲍文（Roger Bowen）完成了一本关于"平民"在自由民权运动中的地位的杰作，迈克尔·刘易斯（Michael Lewis）著有一本关于1918年"米骚动"的重要专著，安德鲁·戈登（Andrew Gordon）则重塑了日本民主这一概念，使人们关注到1905年至1918年的"民众骚扰期"[3]。[4] 随着后续越来越多的事件被

1　关于民众史学者，见 Carol Gluck, "The People in History: Recent Trends in Japanese Historiography," *Journal of Asian Studies* 38, no. 1（November 1978）: 25 – 50。

2　鹿野政直：《日本の歴史27：大正デモクラシー》（小学館，1976）；安丸良夫，深谷克己校注：《日本近代思想大系21：民衆運動》（岩波書店，1989）；色川大吉：《困民党と自由党》（揺籃社，1984）。20世纪60年代其他聚焦暴力的作品：见室伏哲郎：《日本のテロリスト：暗殺とクーデターの歴史》（弘文堂，1962）；森川哲郎：《幕末暗殺史》（三一新書，1967）。

3　译校注：大众暴力时代（日语：民衆騒擾期）是1905年至1918年间在日本发生的一系列群众暴力抗议和骚乱。这一时期被认为开始于1905年9月的日比谷纵火事件，最终导致1918年的"米骚动"，持续时间为当年7月至9月。

4　Roger W. Bowen, *Rebellion and Democracy in Meiji Japan: A Study of Commoners in the Popular Rights Movement*（Berkeley: University of California Press, 1980）；Michael Lawrence Lewis, *Rioters and Citizens: Mass Protest in Imperial Japan*（Berkeley: University of California Press, 1990）；Andrew Gordon, （转下页）

——披露，被塑造的日式和谐形象也逐渐失去吸引力，越来越多的人开始关注日本近代史中的暴力冲突。[1]

这些学术研究具有划时代的意义，但历史学者们对于"冲突与社会运动的暴力"几乎是漠不关心的。暴力主要还是被视为政治意识和民众活力的重要证据，只不过是一种草根视角论证民众政治参与日本民主的素材罢了。很少有研究专门探究政治暴力可能衍生的影响，也鲜少讨论民众暴力和其他形式暴力政治之间可能的关联。

5

暴力、暴力专家与政治

本书视暴力本身作为一种重要的历史现象，并将此处和全书讨论的这种暴力定义为肢体上的真实胁迫。读者会发现，我有时会用"肢体暴力"（physical force，或"武力"）作为"暴力"（violence）的同义词，指称这种胁迫到身体的特定的真实力量。[2]这

（接上页）*Labor and Imperial Democracy in Prewar Japan*（Berkeley：University of California Press，1991）。近期讨论抗议活动中的暴力活动，见 David L. Howell，*Geographies of Identity in Nineteenth-Century Japan*（Berkeley：University of California Press，2005），89 – 109。

1　Tetsuo Najita and J. Victor Koschmann，eds.，*Conflict in Modern Japanese History：The Neglected Tradition*（Princeton：Princeton University Press，1982）.

2　乔治·索雷尔（Georges Sorel）可能对我将"强制力"或"武力"（force）与"暴力"（violence）视为等同感到不自在。索雷尔清楚区分了强制力与暴力，主张强制力是由少数人加诸社会秩序的，而暴力通常摧毁社会秩序。Georges Sorel，*Reflections on Violence*，ed. Jeremy Jennings（Cambridge：Cambridge University Press，1999），165 – 166。

不是要漠视其他种类的暴力，例如精神暴力等也具有相同的威胁力，而且也和肢体暴力一样会造成精神创伤。但是，当暴力存在于肢体碰撞，那么伤害和痛苦是同时加诸身体及精神的，两者有着本质上的不同。[1] 因此，许多政治理论家视暴力为侵犯身体的一种行为。[2]

聚焦于暴力专家，就是聚焦于暴力的工具性的本质，是强调行使暴力是一种政治手段的行为。"暴力专家"这个词最常为政治理论家使用，如查尔斯·蒂利（Charles Tilly），他指称"暴力专家"是专门施加肢体伤害的人，如军人、警察、武装警卫、暴徒、帮派分子、恐怖分子、土匪以及泛军事力量等。[3] 本书沿用此定义的精神，是因为它描绘了暴力是如何与国家和政治的运作交织在一起的。然而，我着重于研究在国家的暴力手腕之外，暴力专家是

1　有些人，如丹尼尔·罗斯（Daniel Ross），可能不同意我完全区分了身体（body）和精神（mind），以及将身体（body）从字面意义上定义为有形的身体。他对身体的概念比较是概括的："任何可以从其他东西区隔出来的，都可以被描述为一个个体（body）。"罗斯理解广泛的暴力为"一种够有力的行为，足以产生一种作用"。Daniel Ross, *Violent Democracy*（Cambridge：Cambridge University Press, 2004），3 - 4。虽然我同意，暴力不一定是肢体上的，但把这个概念过于扩大，也会有将暴力等同于威胁的危险，因而混淆有用的区别。查尔斯·蒂利（Charles Tilly）也警告过，使用"暴力"这个字眼，不应太过松散。Charles Tilly, *The Politics of Collective Violence*（Cambridge：Cambridge University Press, 2003），4 - 5。

2　约翰·基恩（John Keane）认为，暴力是"任何不受欢迎的，但是故意或半故意的以肢体侵害另一个原本过着'和平'生活的人的行为"。John Keane, *Reflections on Violence*（New York：Verso, 1996），6。

3　Tilly, *Politics of Collective Violence*, 4 - 5, 35 - 36。关于"暴力专家"（specialist in violence）的类似使用方式，见Robert Bates, Avner Greif, and Smita Singh, "Organizing Violence," *Journal of Conflict Resolution* 46, no. 5（October 2002）：600。

如何模糊暴力的合法性和非法性的。[1] 我因此使用"暴力专家"指称那些非国家行为者，他们以在政治领域施加肢体暴力为业，或者从执行政治暴力行动中收取报酬。

　　鉴于定义"暴力"和"暴力专家"所造成的混淆，接下来我将简要介绍我选词的意图。多数时候，当提到暴力专家时，我通常试着选择中性字眼，不论是正面或负面，只要是其所引起的言外之意最少即可。尤其是提到"极道"（ヤクザ，英文为"yakuza"，中文或写成"雅库扎"，意指日本黑道）这个词时。我决定用这个名词，而非英语里的"黑帮"（gangster），是因为"黑帮"一词，对美国的电影观众而言，可能会引起他们对禁酒令时期黑帮老大的浪漫遐想；而且，"黑帮"的意思也太过广泛，可以指称任何形式的犯罪组织，从街头帮派到庞杂的犯罪集团皆属之。当情境恰当时，极道也会和"黑手党"——一种定义清晰的组织性犯罪团体——相提并论。[2] 同时，我也避免使用日语的"侠客"，这个词通常是极道用来谦称自己的。这并不是说"极道"这个词本身没有概念上或语意上的由来，而是其建构的形象不如"侠客"那么一

6

1　与日本政治史无关的暴力专家，如某种执行者，甚至运动员，本书不会纳入讨论。军人和警察在其他地方已经被研究过，在本书中不再作讨论；但是在讨论他们与民间暴力分子的关系时，会再次出现。

2　研究组织性犯罪和黑手党的学者通常理解：黑手党是组织性犯罪团体的一种。而所有的组织性犯罪团体寻求的是一种非法利益的垄断，而黑手党特别感兴趣的一种商品是提供保护。如迭戈·甘贝塔（Diego Gambetta）所解释的，他是第一个提出以下定义的人："黑手党是一种特定的经济企业，一种生产、鼓吹并销售私人保护的产业。"见 Diego Gambetta, *The Sicilian Mafia: The Business of Private Protection* (Cambridge, Mass.: Harvard University Press, 1993), 1。与其他组织性犯罪团体比起来，黑手党对于提供保护的兴趣，使他们和国家之间有了较复杂的关系。

致，极道既被浪漫化，也同样被妖魔化。而且至少比起"黑帮"，"极道"这个日语词较不会引发美国读者过多的联想。我尽可能选择中性字眼，但并不是说暴力或行使暴力的人不该被批判，也并非暗示质疑肢体暴力的道德性是无意义的。但是，在我心里，暴力有如此多种类和意图，以致无法口径一致地予以赞扬或谴责。例如，在基层民主运动中使用的暴力，与暗杀民选政治领袖或帝国主义战争是截然不同的。因此，有争议的语言不只会扭曲事件本身，也不足以描绘其中的复杂性。在书中的某些地方，我明确地提出我对政治行动的判断，而在这里，我使用足以说明我的观点的词句，例如我选择"活动家""抗议者"，而不是"暴徒"。在整本书中，我都很注意这个问题，以便清楚讨论当代暴力与暴力专家的结构。

纵观日本暴力专家的历史，可以看出暴力不只是一种政治表达的形式，同时也是一种工具——被用以获取和行使其影响力，企图控制、掌握权力，试图制造混乱，以便以个人意愿重塑秩序。[1]政治（尤其是民主政治——此处虽有异议）的对抗性，往往会制造出这类工具的需求，日本也不例外，因为日本政治就充斥着纷争与冲突。[2]暴力之所以具有吸引力，不只是因为实用性，也是因为一种在限度内容忍，有时甚至鼓励使用肢体暴力的政治文化。

1 关于政治暴力被用来重整秩序，见 David E. Apter，"Political Violence in Analytical Perspective," in *The Legitimization of Violence*，ed. David E. Apter（New York：New York University Press，1997），5。

2 关于政治与政治的"对抗层面"，尤其是民主政治，见 Chantal Mouffe，*On the Political*（New York：Routledge，2005），2 – 4。

由于结构上与文化上的两种因素，暴力成为一种诱人的政治工具。因此，暴力的使用，吸引着活动家、抗议者，无论优秀与否的政治家都对其趋之若鹜。暴力不仅见于偶发事件和政治运动——这些内容在书中也会谈到——暴力也是例行政治活动的一部分。

暴力与民主

这本书一开始便提到，从近世过渡到近代的德川统治时代末期，究竟发生了什么事；伴随着日本民族国家诞生的暴力，对接下来的近代政治有何种意义。这里的核心，是检视近代暴力专家的前辈——"志士"与"博徒"[1]，是如何纵横于19世纪60年代至80年代中期的。所谓"志士"通常是下级武士，他们企图透过暗杀外国人和被指为叛国的日本官员，以推翻19世纪60年代的近世政权。志士虽未作为一股政治力量延续到明治时期，但他们确实为爱国和反抗的暴力树立了一种可变通的先例，让不同的近代继承者得以选择性地借鉴并合理化自身的政治暴力。而"博徒"（既是赌徒又是极道的一种），他们不仅为近代留下一种意识形态的传承，而且他们在日本近代政治的脉络中，本身就成了暴力专家。有些曾受各藩招募，加

7

1　译校注：博徒（日文：ばくと），以赌博为业之人，或称"赌徒"（可见书末名词解释处）。德川幕府时代形成了一股有组织的武装力量，博徒内部有明确的阶级划分，有着团结一致的行事风格，博徒的历史随着赌博业的兴衰而起伏，但在第二次世界大战后，它们已经俨然与在街头立足的暴力帮派没有区别了。此处使用"博徒"是为了将这一有组织的群体与中文语境中的普通"赌徒"区分开来。

入1868年至1869年的戊辰战争[1]，他们比长期缺乏实战经验的武士更加骁勇善战。19世纪80年代，博徒们参与甚至领导了自由民权运动里最暴力的部分，成为对政治有意识的、采取行动的暴力专家。

自由民权运动也是本书主要议题，是探究近代日本政治暴力与民主之间交互作用的出发点。相较于上述对暴力的讨论，民主的定义则相当单纯。民主是一种参与形式的政府，有民意机关和宪法。这种概念的形成是刻意浅显化的，以强调民主不只是理想化的高尚理念，也是被实践出来的。民主应该被视为一种持续性的实践，而且不一定会进化；我不使用"民主化"（democratization）这个词，以便强调民主本身是一个过程，而不是终点。要论证暴力在完美的民主政治中毫无容身之所，是极其简单的事情。但是这样的政治体系在现实中未曾存在过。[2] 而更困难的问题是，暴力反映了日本民主的哪些特点，以及对该国的政治生活有什么影响？

提及日本民主时，我刻意避免"大正民主"这个术语，这是日本的历史学者最常引用的字眼，他们将其政治特征归结为大正时期（1912—1926）广泛的基层政治活动和民众对民主和国家主义思想的接受。[3] 诚然"大正民主"这个词尽可能地捕捉了这个时期的各种潮流，但就时间先后来看，是既僵化又狭隘的，以致这

1　译注：明治新政府击败德川幕府的一次内战。

2　政治理论家约翰·基恩（John Keane）明确主张，暴力与民主在先天及根本上不相容。"暴力……如我们所见，是民主最大的敌人。暴力是民主的精神和本质的大忌。"John Keane, *Violence and Democracy*（Cambridge：Cambridge University Press，2004），1。

3　关于大正民主，可参考的历史学文章，见有馬學：《「大正デモクラシー」論の現在—民主化・社会化・国民化》，《日本歷史》700號（2006），134—142頁。

段时期和前后时期都很难有所联结。[1] 明治时期（1868—1912）的
大众政治，因为对大正时期的关注而被边缘化了；确实，历史学
者坂野润治使用了"明治民主"来平衡这种倾向。[2] "大正民主"一　　8
词也忽略了自20世纪10、20年代的国家主义和帝国主义至昭和
（1926—1989）初期的全面战争和军国主义彼此之间的联结。我希
望在不涉及年代的情况下谈论民主，来强调各个时期不受年代限
制的时代延续性和重大变革时刻。

　　接着，这本书要提问的是，从19世纪80年代到20世纪60年
代初期，日本的"暴力民主"（violent democracy）——用丹尼
尔·罗斯（Daniel Ross）的话来说——到底发展到什么程度。罗
斯主要关心的是，民主建立时刻的暴力如何与接下来发生的事件
相互激荡。我也对这个问题十分感兴趣，但是更聚焦于暴力与民
主在日本如何共存——暴力是如何推动民主，但同时威胁民主
的？民主又是如何孕育出暴力，并包容了暴力的？一个政治暴力
的文化与民主是如何取得一致并同时运作的？

　　关于19世纪80、90年代，我要探讨的是日本议会和宪法政
府诞生之初，暴力出现的意义。在这几十年中，"壮士"[3] 十分常
见，他们是自由民权运动的年轻活动家，而经过整个19世纪80年

1　安德鲁·戈登（Andrew Gordon）也对限定词"大正"在时序上的误用有类似的论
　　点；他的"帝国民主"是一个不错的替代词，但是在这本焦点不在讨论天皇或帝
　　国的书中，就完全不适合了。Gordon, *Labor and Imperial Democracy*, 5‑9。
2　坂野潤治：《明治デモクラシー》（岩波書店，2005）。
3　译校注：壮士（日文：そうし），语源来自《战国策》及《史记》，意为血气方刚、
　　豪壮而勇敢的人。在日本史中的概念为：在19世纪80年代自由民权运动中登场的
　　职业的政治活动家。

15

代后，他们变得更像政治流氓。随着政治越来越普及、引人注意，公众集会、辩论以及选举活动更为常见，壮士也打响了他们的暴力名号：流氓主义（ruffianism）。壮士突袭并干扰政治集会、以肢体威胁对立阵营、保护政治同盟免于敌对壮士的暴力，这些现象也愈发常见，甚至在日本民主最初的几十年里成了常态。问题不只在于壮士暴力为何以及如何变成民主实践的一部分，而且在于为什么这种暴力得以持续存在。其中更为重要的，是我们是否应将壮士理解成日本民主制度缺陷的产物和反映，以及壮士暴力对这些年的政治造成了什么样的影响。

19、20世纪之交，壮士介入政治的情形愈演愈烈，他们作为"院外团"[1]（政党的压力团体）的暴力羽翼，被制度化地纳入政党的结构当中。20世纪10、20年代，主要政党的院外团支持这些流氓的保护及骚扰行为，而且他们在当时一些重大的政治角力中，担任起规划者和策动者的角色。院外团壮士在这个民主蓬勃发展的年代十分活跃，看似不寻常，但这层关系也许不如乍看之下那么反常。其中更严重的问题是，在这数十年中，壮士与他们所协助的政治暴力文化，和我们所理解的民主是否达到一致？以及如何达到一致？

深究暴力与民主之间的关系，令人思考起法西斯运动中的暴力，以及暴力民主主义在日本向军国主义倾斜的20世纪30年代中，起到了哪些作用。20世纪20、30年代，暴力专家——主要是

9

1　译校注：院外团（日文：院外団），政治党派在议会政党化的过程中逐渐被排除在外的党员行动团体。帝国议会开设初期（1889年），政治党派就分化为议员构成的院内集团以及非议员构成的院外团。在大正政变中，院外团十分活跃，但是其活动内容近乎暴力团体。

极道——成为国家主义组织如"大日本国粹会"与"大日本正义团"的活跃分子与领袖，他们迎战工人团体、罢工者、社会主义者以及其他左翼分子，试图重塑当时的意识形态趋势。有一段时间，政界充斥着这些国家主义团体与院外团的暴力。而我所要探讨的是这两种形式的暴力主义之间的联系，以及它们对当时政治暴力的态度、对政党未来和暴力民主主义的命运意味着什么。

最后，由于第二次世界大战后的几年中，一些暴力专家重新出现，另一些则淡出了政治舞台，所以本书将再次审视民主与暴力的关系，并探讨第二次世界大战后的一系列情况。

这时，极道继续维持国家主义和反共产主义的立场，然而壮士和暴力院外团已不再权倾朝野；那些在政客与暴力专家之间斡旋的政治掮客，也被迫退居政治幕后。尤其是20世纪60年代以后，金钱已取代肢体暴力成为政治工具的选项，甚至连政治上的极道暴力都开始销声匿迹。这种转变所引发的问题是，日本战后初期的民主为何会容许暴力专家以某种形式扮演某种角色？以及，将20世纪50年代的日本作为暴力民主看待的行为是否合理？

因而，探究暴力专家的历史，可以作为一种视角以检视更为广泛的议题，其中包括各种政治形式（从明治政权的成立，到日本的民主实验，以及与法西斯主义的相遇）的暴力有何种地位和意义。

比较史的方法

19世纪60年代后的百年间，暴力专家和大部分的暴力政治纠葛颇深，只是，本书并不打算尽述日本政治暴力的历史。单就这一本书，绝无可能说清楚一整个世纪的肢体暴力众多的表现形式。此外，本书对暴力的关注，也不应被理解成暴力是日本近代政治最重要的特征。

我也无意指出日本的政治暴力是世界上独一无二的，或者鼓励那种战争时期对日本和"日本人"野蛮暴力的刻板印象再度崛起。为了强调这一点，比较性旁白散见于书中，日本境外的案例也被列举出来以作平行对照。我在某些地方刻意提及这些，只不过是为了说明政治暴力普世皆有，而非日本独有。

10　　　在其他地方，比较分析甚为冗长，不只探讨相似点，也提及相异点，而且直接谈到该章的中心论点。所以应该提及一下选取这些案例的理由。也许最有比较价值的是日本与意大利，因为这两个国家都曾面临相似的历史挑战，而且后续皆拥有相同的政治特点。如政治史学者理查德·塞缪尔斯（Richard Samuels）所评论的，这两个国家自19世纪60年代，都进行了"迎头赶上"的运动，而且当它们都成为富裕的民主国家，享受法治与健康文明社会之际，仍继续寻求"正常化"。[1]与我们关心的重点更紧密相关的是，日本和意大利都遭遇过法西斯主义，并经历了黑手党对其政治生活的严重侵扰和干涉。

我也讨论美国与英国的政治暴力，这两个国家常被公认为是世界的民主楷模。我在书中陈述它们与暴力作斗争的过程是为了重

1　Richard J. Samuels, *Machiavelli's Children: Leaders and Their Legacies in Italy and Japan* (Ithaca: Cornell University Press, 2003), 10 – 15.

申这样一个观点：没有一个民主国家能够在暴力政治中免疫，而日本绝不是单一或特殊的暴力国家。

　　总而言之，这一段关乎政治特性的历史，已被历史学者过度忽略过了。[1] 借由将暴力专家从史学的黑暗角落拉出来，本书旨在揭露在漫长的日本近代史中，暴力不仅系统化且深植于政治实践这一问题。而我们也会发现一个既井然有序又狂暴粗野，既激动人心又令人惶恐，既高贵又残酷的政治世界。

1　关于"志士"的历史学研究，本书的第二、三章将会论述，但是这里必须强调，关于"极道"的学术研究非常缺乏。也许关于极道最优秀的英文学术著作是 Peter B. E. Hill, *The Japanese Mafia: Yakuza, Law, and the State*（Oxford: Oxford University Press, 2003）。另有一篇专题论文 David Harold Stark, "The Yakuza: Japanese Crime Incorporated"（PhD diss., University of Michigan, 1981）。关于极道，有两名记者完成了一篇颇具权威性的文献，即 David E. Kaplan and Alec Dubro, *Yakuza: Japan's Criminal Underworld*（Berkeley: University of California Press, 2003）。日文的参考资料将在第一章中被引用。极道即使不受到历史学者的关注，也长期吸引着大众的想象。有一篇关于极道电影的有趣文章，见 Federico Varese, "The Secret History of Japanese Cinema: The Yakuza Movies," *Global Crime* 7, no. 1（February 2006）: 105 – 124。

第一章

爱国者与博徒：暴力与明治国家的建立

田代荣助站在一座地方神社前，面对挤得水泄不通的民众，宣布自己是这群人的总理和指挥官，并且将他们命名为"困民军"。[1] 这群由农民和其他村民组成的战力，绑着头巾，挽起袖子，手持竹枪、刀剑和来复枪，伫立于此，蓄势待发。[2] 1884年11月的第一天，他们聚集在埼玉县的秩父郡，发动了叛变，对抗他们认为必须为他们的穷困和无助负责的巧取豪夺的高利贷商人与明治政府。当成员在接下来的几天杀害高利贷者、攻击国家机构、和政府军作战时，便是由田代荣助以及副指挥官加藤织平凝聚起这些困民党员的。田代和加藤尤其引人注目，因为他们原本是"博徒"（赌徒）——严格来说，是游走在

1　困民军的副指挥官加藤织平作证说，在神社前聚集了一千人。东京和泉桥警察署：《第一回讯问调书：加藤织平》，1884年11月7日。此人数也在以下资料中被引用：群馬県警察史編纂委員会编：《群馬県警察史（第1卷）》（群馬県警察本部，1978），361頁。

2　《朝日新聞》，1884年11月5日，资料来源：《秩父事件史料集成（第6卷）》，852頁。

21

法律边缘的人，是极道的成员。19世纪中期以前，几乎无人设想过这群人会成为农民造反或政治叛变的主导者。而且，在明治政府的第二个十年，一些博徒陆续走上国家政治舞台并担任起重要角色。

在广泛检视日本近代暴力专家的先驱——"志士"与"博徒"——如何经历从近世到近代（19世纪60年代至80年代）统治的动荡期时，对田代和加藤的研究就显得十分重要了。志士与博徒不是过往的封建残余，而是经历过导致德川幕府溃败的倒幕运动，并在明治初期数十年的骚动中，被重新塑造出的一群人。武士统治的结束、民族国家的兴起以及各式民主政治的萌芽，将志士和博徒的近世暴力重塑成符合近代特色的暴力形式。然而，志士和博徒在这转型的几十年中有着截然不同的生存方式。

12　　"志士"是典型的下级武士，身为德川时代的武士，他们是近世国家的官方暴力机关。然而，由于缺乏让武士真正担负国家护卫者的机会，他们更像是名义上的战士，而非实际上的武装力量。最终，迫使他们拿起武器对抗的，是他们原本应该守护的政治秩序——他们对幕府面对19世纪50年代抵达日本的西方列强的态度深表不满。身为下级武士所感到的沮丧，加上"直接行动"的意识形态，以及对政府的蔑视，催生了志士这样一群人。他们在19世纪50年代末期和19世纪60年代初期，以行使暴力（主要是暗杀形式）的方式，企图推翻德川幕府。从最严格的意义来看，志士都算不上暴力专家，因为他们是企图使用武力达成自身政治目标的反抗者，而不是为他人施行暴力的人。他们作为一股政治力量，也并未延续到明治时期。然而，志士提供了一种以暴力反抗丑恶国家的典范，这种模式在明治初期仍为人所接受。而且，虽然他们的组成十分多元化，包括当时的爱国分子和仇外的恐怖分子，但他们的爱国主义却被明治时期与之后的近代暴力专家所缅怀，从而得以起死回生。

德川时代的"博徒"原本是赌徒，他们锻炼体魄，以保护他们的事业及地盘。正因为博徒的暴力能力，德川幕府采取了有些讽刺的举措：请求他们协助维持国土治安，某些藩主甚至招募他们参与明治维新时期的内战。在19世纪80年代自由民权运动的情势下，施暴能力促使一些博徒担任了重要的领导角色，如田代荣助和加藤织平等。博徒不只和志士一样，留下一种意识形态的传统，他们本身也成为近代政治历史中的暴力专家。

志士和博徒的事例都说明了德川时代的暴力在民族国家形成的过程中如何演变，也说明了暴力如何，又是为何以特定的形式持续存在的，以及暴力是如何重整，最终呈现出鲜明的近代特征的。从德川幕府过渡到明治政权的暴力，并未随着日本成为新兴的近代民族国家而消亡，反而留存了下来，虽然改头换面，但仍牵动着日本往后数十年的政治风貌和政治实践。

志士：暗杀者、反抗者、爱国者

1853年，美国炮舰抵达日本首都江户[1]的外海，让这个已切断　13
与多数西方国家官方往来约两百年的国家，陷入一场旷日持久、

---

[1] 译注：德川幕府时期的首都是江户，因此"德川时代"又称"江户时代"。"江户"于明治时期改名为"东京"。

纷争不断的外交政策分歧当中。虽然意见从绥靖到驱逐不等，但主要政府官员认为他们别无选择，只能与军事上占优势的美国人合作。德川幕府面对西方时的无计可施在此刻昭然若揭，人民对该政权能否保护并捍卫国家深感担忧，进而加快了一些人的暴力改革步伐。对于视日本拜倒在西方脚下为耻的人而言，尤其令他们无法忍受的，是1858年日本政府与数个西方国家建立外交和贸易关系时所签署的所谓"不平等条约"，以及接下来两年，由大老[1]井伊直弼主导的铲除异己行动。受到西方强迫打开国门的煽动，此时初生的爱国主义思潮鼓励大众使用暴力对近世国家表达强烈不满。由此导致了这两百多年来少见的武士反抗运动。

这个反德川势力被称为"勤王派"或"志士"，具有为领土或国家牺牲自己的含义。孔子曾定义"志士"（志士仁人）为：为了美德与仁慈而舍生取义之人。（《论语·卫灵公》："志士仁人，无求生以害仁，有杀身以成仁。"）在德川时代末期的日本，志士领袖如吉田松阴等，便描述其党羽为：在战争时期为国家展现其意志的人。[2]在这些年里，志士的意识形态立场可以总结为"尊王攘夷"。这些概念背后的知识典故就说来话长了，但主要是由19世纪初的水户藩学者提出的，接着由19世纪50、60年代初的重要志士发扬光大。[3]当中最杰出的，不外乎来自长州藩的吉田松阴，尤

1　译注："大老"为日本江户时代德川幕府中的官职名，辅助将军管理政务。

2　芳贺登：《幕末志士の世界》（雄山閣，2004），16—17頁。

3　尊王攘夷思想的历史，参见 H. D. Harootunian, *Toward restoration: The Growth of Political Consciousness in Tokugawa Japan*（Berkeley: University of California Press, 1970）。

其在1858年后，他更是呼吁那些想要做"谦虚英雄"的志士们务必采取行动——德川政权一遭受外侮，就应奋起反击外国人，借此逼迫幕府以行动制"夷"。吉田则亲自领导拥有牺牲精神且忠心不二的"草莽志士"，呼吁还政于天皇。可见，他并非光说不练之人。1858年，他因密谋在井伊直弼出使京都途中实施暗杀而被捕，并于隔年遭受处决。他的教义在他的弟子中广为流传，其中至少有15名弟子成为志士，并参与暴力行动，而当中有好几人——例如伊藤博文与山县有朋——在明治维新与接下来的日本政界扮演了重要角色。如吉田一样，土佐藩的剑道老师武市瑞山也有着一群志士弟子，其中包括知名的坂本龙马和中冈慎太郎，他们鼓吹使用暴力推翻德川幕府的统治，还政权于天皇。[1]

　　暗杀是志士常用的暴力手段，他们会暗杀外国人，也会暗杀那些在日本领土上对外国人卑躬屈膝的本国人。历史学者经常把这些暗杀行动描述为恐怖主义行为，事实上，它们是旨在引起恐慌的象征性行为——惩罚所谓的日本卖国贼、引发排外情绪、反抗令人反感的条约协定。[2]

14

1　W. G. Beasley, *The Meiji Restoration*（Stanford：Stanford University Press，1972），147 - 155，161，165；Harootunian, *Toward Restoration*，41。关于不同类型的志士，见 Beasley, *Meiji Restoration*，156 - 159，162 - 166；Thomas Huber, "'Men of High Purpose' and the Politics of Direct Action，1862 - 1864," in *Conflict in Modern Japanese History*，ed. Tetsuo Najita and J. Victor Koschmann（Princeton：Princeton University Press，1982），123 - 127。虽然有些志士对于他们的同僚志士行使暴力的方式深感不安，但所有志士都对使用暴力本身习以为常。

2　许多对于恐怖主义的定义强调，那是一种象征性的举动，目的是引起恐怖和焦虑（虽然后者作为主要部分是有争议的）。见 Jeff Goodwin, "A Theory of Categorical Terrorism," *Social Forces* 84，no. 4（June 2006）：2027 - 2032；Grant Wardlaw, *Political Terrorism：Theory, Tactics, and Counter-measures*（转下页）

多起暗杀事件发生在首都江户，因为此处是幕府与外国使节维系官方关系的核心。在这里，志士的典型形象是：长发髭面，全身污秽不堪，衣着轻便且随性，光脚穿着木屐。1860 年 3 月，井伊直弼在江户城门外遭到暗杀，此事件无疑打响了之后数年里志士暴力的第一枪。[1] 当时一起采取行动的有 18 名志士，一人来自萨摩藩，其他来自水户藩，他们要惩罚井伊直弼缔结"不平等条约"的行为。[2] 同样在志士受害者名单中的，还有在英国公使馆工作的翻译小林传吉。他因为经常出入满足外国人情色需求的场所，并以担任公使馆人员的向导而为人所知。但据说引来杀身之祸的，是他和他的英国同事对着名为"四十七浪人"（脱藩武士）的石像公然表现出不敬。这次暗杀的真实动机我们不得而知，无论哪种说法，听起来都像传说，而非实情，但是 1860 年初，小林确实惨死在义愤填膺的志士手中。[3] 同样在江户，一小群来自萨摩藩的志士将目标瞄准了在美国公使馆担任秘书和翻译的荷兰人亨利·休斯根（Henry Heusken）——他因为本身出色的语言能力，在协商"不

（接上页）（Cambridge：Cambridge University Press，1989），8 - 10。若我们可以将暗杀定义为"选择性、故意地，而且是为了政治（包括宗教）目的而杀害某个知名人物的行为"，那么，一些（但并非全部）暗杀就可以被认为是恐怖主义。这个对暗杀的定义取自 Asa Kasher and Amos Yadlin，"Assassination and Preventive Killing，"*SAIS Review* 25，no. 1（winter-spring 2005）：44。

1　译注：此事件后来被称为"樱田门外之变"。

2　Marius B. Jansen，*Sakamoto Ryōma and the Meiji Restoration*（Princeton：Princeton University Press，1961），103 - 104，136；Beasley，*Meiji Restoration*，173.

3　芳贺登：《幕末志士の世界》（雄山閣，2004），94—98 頁。芳贺对暗杀所陈述的版本与海塞林克（Hesselink）的有些不同；海塞林克描述受害人的名字是"熊野传吉"。Reinier H. Hesselink，"The Assassination of Henry Heusken，"*Monumenta Nipponica* 49，no. 3（autumn 1994）：342。

平等条约"中担任了要角。1861年1月15日夜晚，一名全身黑衣的蒙面志士埋伏在一处检查哨，企图给休斯根及其随行人员致命一击。不久后人们发现，这些刺客是"虎尾之会"的成员，该会由清河八郎领导，他曾经设立私塾，让学生学习中国经典、剑道，并讨论政治。虎尾之会由信奉"尊皇攘夷"理念的清河八郎亲信所组成。[1] 同年7月，志士袭击位在东禅寺的英国公使馆。[2] 十四五名志士突破理应严防死守的围墙，直闯公使馆内，造成数十名人员伤亡。[3] 在这几年间，其他志士的攻击目标还对准了一名俄国海军军官、一名荷兰商船船长以及一名在法国领事馆工作的中国人。[4]

虽然志士自认为暗杀行动是英雄行为，但许多外国人士自然不能苟同。即便已表明，暴力可因其立场而有不同的理解，外国人士依然视志士暴力为恐怖主义，并再次确认了日本人的野蛮形象。第一位英国驻日本公使阿礼国爵士（Rugherford Alcock，1809—1897）在谈论井伊直弼遭暗杀事件时，确也认同了志士们的决心与牺牲精神。[5] 然而，整体而言，阿礼国仍对他切身感受到的暴力威胁极为不满。在1859年8月9日提交给日本政府（应该是幕府）的一份声明中，他力陈外国人所遭受的恶意对待，阿礼国向东道

15

1　Hesselink, "Assassination of Henry Heusken," 331 – 337, 344 – 348.

2　译注：此事件后来被称为"东禅寺事件"。

3　芳贺登：《幕末志士の世界》(雄山閣，2004)，98—99页；Rutherford Alcock, *The Capital of the Tycoon: A Narrative of a Three Years' Residence in Japan*, vol. 2 (New York: Harper & Brothers, 1863), 146 – 158。

4　Beasley, *Meiji Restoration*, 172.

5　Alcock, *Capital of the Tycoon*, vol. 1, 308 – 309。阿礼国也指出，英国人需要一定程度上为紧张情势的高涨负责，因为英国人在非必要时期拔刀抢。Alcock, *Capital of the Tycoon*, vol. 2, 23。

国陈述了在江户危机四伏的日常生活：

> 无论是英国还是美国，任何一个国家大使馆的官员只要走出他们的官邸，就会遭受粗鲁、无礼的对待。尤其是最近，他们会遭受最残暴和冷酷的暴力威胁。手无寸铁、毫无威胁的绅士就算走在大街上，都会被丢掷石块、拳脚相加，甚至拔刀相向。[1]

那之后大概过了两年，也就是发生了东禅寺袭击事件后，阿礼国又说到，永无宁日的危险实在是"难以忍受"，以至于他身边的人"越来越麻木且心灰意冷"。[2] 在他心中，暗杀事件反映了日本人与东方的背信、残忍以及仇恨心。同时也透露出幕府的懦弱，幕府根本无法控制此等不法行为，尤其还是在首都；这种如他所称的"集团暴力"，让人联想起过去封建时期的欧洲，阿礼国宣称，当下的现代欧洲政府是绝不允许此等志士暴力事件发生的。[3] 因此对这位英国公使来说，针对外国人的暴力攻击，验证了他内心的想法，即日本人民和政治无法跟上欧洲的文明、理性与进步。

志士的暗杀行动在19世纪60年代早期达到高峰，自1862年中

1　Alcock, *Capital of the Tycoon*, vol. 1, 216.

2　Alcock, *Capital of the Tycoon*, vol. 2, 146。阿礼国并未使用"志士"这个词，但是言及"刀"，这表示攻击者绝非常人。而志士通常至少会携带一把长的打刀和一把短的小太刀。芳贺登：《幕末志士の世界》（雄山閣，2004），29—30頁。

3　Alcock, *Capital of the Tycoon*, vol. 2, 34; vol. 1, 215－217, 224, 309。当然，英国也不是没有暴力犯罪或政治纷扰。1862年的《伦敦新闻画报》（*The Illustrated London News*）就描述了"首都街上暴力犯罪的频繁及胆大包天"。*The Illustrated London News*, December 6, 1862。

期的这两年内，就发生了70起案件。[1] 其中包括1862年5月对土佐藩家老[2]的攻击。这次暗杀行动由武市瑞山策划，原因可能是惩罚这位家老支持被视为支持幕府的藩政改革。[3] 同年9月，英国商人查尔斯·理查森（Charles Richardson）和他的3名同伴遭到3名来自萨摩藩的志士攻击，史称"生麦事件"。英国领事馆人员萨道义（Ernest Satow）评论此事所造成的恐慌时说："这（暗杀行动）对欧洲人的心理所造成的最大冲击是，此事之后，欧洲人把每个身带双刀的男人都视作刺客，如果他们在街上遇见这样的人，而后发现自己竟安然无恙地经过他身旁，他们会立刻感恩上帝。"[4] 1864年初，英国人成为志士的打击目标，有两名士官在镰仓惨遭杀害。[5]

　　暴力事件在朝廷所在的京都屡屡发生，从土佐藩、萨摩藩和长州藩来的志士，杀气腾腾地环绕在攘夷派和倒幕派的公家[6]周围。这些志士将他们的暴力合理化为"天诛"行动，并且透过看板、传单等形式公开宣传，威胁着每一个反抗他们的人。第一批"天诛"的受害人之一是幕府高官岛田左近，在19世纪50年代末，他被雇来刺探和告发那些对德川政权说三道四的勤王派。就在几年后的某个夜里，正在沐浴的岛田就被来自土佐藩、萨摩藩和肥后藩的志士所杀。他的头颅被志士以一种挑衅幕府的方式悬挂在告

16

1　Huber, "'Men of High Purpose,'" 109.

2　译注：家老，为江户时代幕府或藩中的职位，地位很高，仅次于幕府将军和藩主。

3　Beasley, *Meiji Restoration*, 161, 188.

4　引用自Ian C. Ruxton, ed., *The Diaries and Letters of Sir Ernest Mason Satow*（1843 – 1929）, *A Scholar-Diplomat in East Asia*（Lewiston: Edwin Mellen Press, 1998）, 27。

5　Daniel V. Botsman, *Punishment and Power in the Making of Modern Japan*（Princeton: Princeton University Press, 2005）, 135 – 136.

6　译注：公家，即为天皇和朝廷工作的贵族及官员之泛称。

示下公开示众，告示上写着："此人坏事做尽，为天地难容之大奸贼，今枭首诛戮之。"[1]几个月后，24名志士拦截了4名执行井伊直弼肃清任务的人。他们4人遭受攻击时，正住在从京都前往东京路上的旅店中；其中3人当场死亡，另一人逃走不久后便丧命。志士选择袭击目标的政治警告意味，在1863年2月一起事件中尽显。因为这次他们刀下的受害者不是活人，而是足利将军的雕像。志士不满这3位足利将军在14世纪背叛后醍醐天皇的行为，因而砍下3人（或者说，他们逼真的雕像）的头颅。[2]和岛田的头颅一样，3位幕府将军的木像头颅也被公开示众，同时附上清楚的信息，以免有人误解其象征意义："我辈执行天诛，处置这些可耻叛徒。"[3]

虽然志士暴力在制造恐怖氛围方面极见成效，但情况很快变得明朗，单靠暗杀是无法攘夷或倒幕的。1863年，一次大规模暴力行动为幕府军队所击溃，暴露出志士的局限性。到了1864年底，一些志士受到了严惩，许多人在冲突中死亡。而其余多数志士终于承认，要将具有军事优势的西方列强从日本驱逐，对现在的日本来说只是痴人说梦。最暴力且最引人注目的志士被一一围剿；数百名志士同时遭到逮捕，或被驱逐到京都以外的地区。各藩军队协助打击志士，由浪人组成的军队（如"新选组"）通过以暴制暴的方式来支持幕府。外国势力也加入了这场遏止志士暴力的活动中，他们的出现更是证明，要将夷狄驱逐出境绝无可能。1863年8月，英国船舰对萨摩

1　Huber, "'Men of High Purpose,'" 113.

2　译注：史称"足利三代木像枭首事件"。

3　Huber, "'Men of High Purpose,'" 112 – 113; Jansen, *Sakamoto Ryōma*, 131 – 132。关于公开展示与官方处罚，见Botsman, *Punishment and Power*, 20 – 28。

藩的鹿儿岛展开攻击，强迫日方对英国商人理查森的暗杀事件签下条约。大约一年后，英国、法国、荷兰以及美国的海军轰炸了长州藩的下关，以此报复该藩由志士鼓动攻击西方船只的事件。所有这些发展，预示了暗杀政治的结束，以及"尊皇攘夷"意识形态的式微，因为残存的志士不是退出政治舞台，就是加入了推翻德川幕府的军队。[1]

明治初期志士的贡献

17

　　虽然志士的倒幕运动在1868年之前便已式微，但他们为暴力反抗国家提供了先例，为后期的反抗者行动提供了参考。他们创造了丰富的意识形态传统，并受到其后继者的复兴、重塑，以合理化成其自身的政治暴力。[2] 这一贡献相当引人注目，因为如此具有可塑性——志士可能因为他们对国家激昂的反抗、对天皇的效忠，或者为了保护国家而奉献的行为而被美化，这一切全看个人的政治取向。所有这些可能性——虽然有时被政治立场根本不同的人僭用——依然为志士增添了浪漫主义色彩。将志士投射为有勇气、果敢且具英雄气概的年轻人，致使志士的暴力行为与他们近代版的暴力变得更好接受，甚至令人敬仰。

　　采取并重新诠释国家草创时期的意识形态、合理化暴力，这

1　Beasley, *Meiji Restoration*, 215－218; Botsman, *Punishment and Power*, 136; Jansen, *Sakamoto Ryōma*, 138; Huber, "'Men of High Purpose,'" 116.

2　马里乌斯·詹森在书中提出相同的看法，*Sakamoto Ryōma*, 376－377。

在独立战争后的美国也很常见；当时"人民主权"的用语和概念被援引为维持治安、施以私刑、对那些被视为"公众利益的敌人"淋焦油、涂柏油粘羽毛[1]等行为的合理解释。19世纪40年代中期，纽约北部的反租税抗议者在敌人身上贴"托利党"（Tories）的标签，而且穿得像"莫霍克族"（Mohawks），将自己乔装成如波士顿倾茶事件里的"印第安人"；而独立战争时期的"义勇兵"（minutemen）[2]则历经过数次的复兴，如20世纪60年代的反共准军事"义勇兵"，就涉及了一次银行抢劫案和多次攻击行动。[3]

日本明治时期初年，受到志士精神感召的士族（或之前的武士阶级）开始以暴力挑战新政府。[4]这些士族叛乱，吸取昔日志士的精神，将英勇行动的概念带到了近代。近代化的明治政府开始剥夺武士阶层的特权，实行征兵制（1873年1月）来瓦解他们的军事地位，颁布《废刀令》禁止他们身上佩带象征地位的刀（1876年3月），又下令将他们世袭的薪俸转成政府债（1876年8月），使其沦落到经济不稳定的地步；以上种种于19世纪60年代至19世纪70

---

1 译校注：是自近代起，可见于欧洲及其殖民地的一种严厉的惩罚和公开羞辱对方的行为，意在伸张非官方认可的正义。

2 译注：义勇兵，原文意为"分钟人"，原指美国独立战争时期，在马萨诸塞州一个召即来的特殊民兵组织，具高机动性，是早期响应革命的组织之一，后来也被用于称呼许多美国公民组织的准军事部队，以纪念当年"分钟人"的成功，并宣扬爱国主义。

3 Richard Maxwell Brown, "Violence and the American Revolution," in *Essays on the American Revolution*, ed. Stephen G. Kurtz and James H. Hutson（Chapel Hill: University of North Carolina Press, 1973）, 103‒108, 112‒115.

4 "士族"不能完全等同于武士后代，因为有些在德川时代不是武士的人被拔擢为士族，而有些曾经是武士的人（例如支持幕府的藩主家臣）并未成为士族。落合弘樹：《明治国家と士族》（吉川弘文館，2001），1—3頁。

年代的措施剥夺了士族的特权，使其勃然大怒。怨声载道的前武士想重新拿回属于武士的特权，就像志士想重回没有"夷狄"入侵的国家；两者都对政府不满，认为政府阻碍了他们维持旧秩序的使命。1874年到1877年之间，对明治政府的反感，加上其他政治问题，引发了六场暴力叛乱事件。

　　这种反叛决定直接继承于19世纪60年代初期前志士的遗留传统。六场叛变均由幕末（德川政权最后的15年）早期讨幕行动的拥护者所领导。一名作者强有力地指出，这些反抗者坚持使用武力解决政治争端，因为他们自己就是明治维新的产物。[1]更确切地说，"萩之乱"的领袖就是来自前长州藩的志士。前原一诚是19世纪50年代末期的志士领袖吉田松阴的弟子，而"直接行动"这一教导，可能在年轻的前原身上留下了长远的影响。1876年10月，他计划领导一群来自长州藩（今天的山口县）的反抗者，攻击萩的县厅，可惜这群叛军最终为政府军所逮捕。[2]

　　在"神风连之乱"里，志士们的影响是存在意识形态方面的。这群叛乱者的政治取向和世界观，源于神道教的神职人员兼学者林樱园，他在幕末时期曾表达出极端的排外主义，并主张"外夷"理应被阻挡在外，而且可以靠神风与武士团结来驱除"外夷"。林樱园于1837年成立的私塾原道馆，经营至明治维新时期。1872

18

1　Stephen Vlastos, "Opposition Movements in Early Meiji, 1868 – 1885," in *The Cambridge History of Japan*, vol. 5, ed. Marius B. Jansen（Cambridge：Cambridge University Press, 1989）, 382 – 383；松本二郎：《萩の亂—前原一誠とその一党》（鷹書房, 1972）, 131頁。

2　来原慶助：《不運なる革命児前原一誠》（平凡社, 1926）, 5—6頁；松本二郎：《萩の亂》, 136—139頁。

年，也就是林樱园去世后两年，他的一群更加排外的门生强烈反对明治政府的西化改革，于是成立"敬神党"，或称"神风连"。1876年10月24日，受神风连启发的"萩之乱"爆发的前两天，181名敬神党员穿戴武士装备，攻击了熊本镇台，这件事后来被称为"神风连之乱"。第二天围城行动被平定时，叛军中有28人死亡，85人自杀。[1]

最后的，也是最戏剧化的叛乱，则是西南战争，在英文里较常被称为"萨摩藩之变"（Satsuma Rebellion），这起事件与前志士及其意识形态的关联微乎其微，但因为这仍然是一起暴动，所以总是和志士的记忆及形象纠缠在一起。使西南战争浪漫化的是这场战役的领袖西乡隆盛；西乡是来自萨摩藩的前武士，受到幕末时期一些萨摩志士的敬重，也曾为倒幕运动奋战过。西乡在明治政府初期就任天皇参议、陆军大将、近卫都督等重要职位，但是由于朝鲜问题，和其他政府官员起了争端，所以众所周知，他在1873年辞官。回到鹿儿岛（之前的萨摩藩）后，西乡对政治一直保持冷漠，除了在1874年成立了私立学校，还专门进行军事训练（步兵和炮兵）以及一些学术科目的教导。往后几年，中央政府废藩置县、缩减武士特权以及政府严密监视鹿儿岛上的活动等一连串的动作，惹恼了私立学校的学生；1877年1月底，由西乡领导，发起反抗明治政府的叛变行动。经过八个月的零星战斗，叛军全数

1　John M. Rogers, "Divine Destruction: The Shinpūren Rebellion of 1876," in *New Directions in the Study of Meiji Japan*, ed. Helen Hardacre with Adam L. Kern (New York: Brill, 1997), 408 - 409, 414, 424, 428 - 430; Vlastos, "Opposition Movements in Early Meiji," 391 - 392.

被歼灭——共有一万八千人伤亡，西乡本人也自杀了。[1]　　　　19

所有这些士族叛变，都与他们志士先驱的暴力和意识形态交相呼应，所以士族为近代遗留的传统，经常与志士传统交织在一起。有些反抗者成了传奇人物，围绕着他们的生平而涌现出的传奇，超出了国家所能控制的范畴。西乡隆盛当时虽然被政府贴上反贼的标签，但是报纸报道他升天成为彗星，后来甚至化身为火星，他就成了大受欢迎的人物；佛教出版物也将他描述成得道之人。拥戴西乡的人当中，也包括自由民权运动分子，由于西乡对明治政府的反抗，西乡被他们视作"自由与抵抗"的象征。[2]神风连的反叛者也得到部分人士的赞颂，其中最著名的是战后作家三岛由纪夫；1970年11月25日，三岛占领日本自卫队位于东京的驻地，鼓动自卫队员发动政变，让天皇复权，随后便切腹自杀。[3]

不只是反叛者会利用志士的传统历史，明治国家本身也会透过一些象征性的行动，意图颂扬志士对天皇的忠诚。例如，1863年某次志士叛变的9名领导者，死后即被追赠皇室身份。同样地，志士组织"虎尾之会"的7名成员也被授予同样的荣誉，其中2名志士甚至曾参与暗杀翻译亨利·休斯根的行动。[4]

1　Mark Ravina, *The Last Samurai: The Life and Battles of Saigō Takamori*（Hoboken：John Wiley & Sons, 2004）, 183 – 210; Jansen, *Sakamoto Ryōma*, 189; Vlastos, "Opposition Movements in Early Meiji," 398.

2　Ravina, *Last Samurai*, 7 – 11; Ivan Morris, *The Nobility of Failure: Tragic Heroes in the History of Japan*（New York：Holt, Rinehart and Winston, 1975）, 221.

3　Rogers, "Divine Destruction," 438 – 439.

4　Huber, "'Men of High Purpose,'" 118; Hesselink, "Assassination of Henry Heusken," 350 – 351.

志士也给了一些人灵感，让他们变成激进、有影响力的国家主义者。其中一例是成立于1881年的政治组织"玄洋社"，其成员便自认为是幕末志士在明治时期的化身。尤其是该团体富有清晰的民族主义色彩，由玄洋社发出的传单，以及他们的同情者，都称其追随者为"志士"，并强调他们与志士的相同之处：忧国忧民，尤其是还要执行强硬的对外政策。[1]

僭用志士身份是直接且理所当然的，因为某些未来的玄洋社领袖也参与了19世纪70年代的士族叛乱。就"萩之乱"而言，重量级人士如箱田六辅、进藤喜平太、头山满，都曾协助招募叛军。他们后来都被福冈警察严密监视，警察在搜查头山满的住处时，不只找到叛变相关的文件，也找到了暗杀内务卿大久保利通的计划：大久保利通在1873年曾因为当时反对征韩论[2]，激起某些士族的怒火。头山、箱田、进藤和其他人都遭到逮捕，锒铛入狱；箱田在狱中做苦役；头山和其他人一直被关到1877年，因为证据不足而被宣判无罪。[3] 另一次发生于1877年3月的事件中，玄洋社的母企业——"强

20

1　参见玄洋社社史编纂会编：《玄洋社社史》，1917（复刊：葦书房，1992）；葛生能久：《東亜先覚志士記伝》，1933（复刊：原書房，1966）。

2　译校注：在日本幕末至明治初期，当时留守政府的领导者（未随岩仓使节团出访欧美的维新领袖），如西乡隆盛（学者毛利敏彦认为，西乡本身并非主张对朝鲜出兵，而是主张自己作为使节出使朝鲜，劝其开国，也称遣韩论。但该观点遭到了学者田村贞雄等人的反驳）、板垣退助、江藤新平、后藤象二郎、副岛种臣等，主张以武力迫使朝鲜半岛开国。征韩论背后的目的也在于解决武士于明治维新后，严重的失业问题。

3　王希亮：《大陸浪人のさきがけ及び日清戦争への躍動》，《金澤法學》第36卷第1-2合併號（1994年3月），55—56頁；渡辺龍策：《大陸浪人：明治ロマンチシズムの栄光と挫折》（番町書房，1967），71—73頁；相田猪一郎：《70年代の右翼：明治・大正・昭和の系譜》（大光社，1970），82—83頁；玄洋社史編（转下页）

忍社"和"矫志社"2名成员从福冈招募了800名反抗者，谋划攻击福冈城，以支持西南战争。他们包围福冈城后，却被天皇军逼出，在试图逃往西南战争战场时遭到逮捕。[1]9月，西乡战败后，这些明治时期的"志士"意识到，他们必须抛弃重建武士特权的希望，而且要培养某种更加进步的眼光，但他们仍对明治政府抱有敌意，也没有丧失拳拳的爱国心。因此，玄洋社的要角头山满和内田良平皆视西乡隆盛为英雄，奉他为对抗明治政府的反抗者、爱国者、强硬外交的鼓吹者。事实上，内田还编纂了一套关于西乡隆盛与西南战争评传的史书（六册），于1908年出版。[2]头山、内田这样的人物掌控着玄洋社及其政治分支，影响了日本内政和外交政策数十年，直至20世纪30年代。尽管他们对特定议题的立场在60年间并非一成不变，但他们的意识形态与策略，往往透过他们从志士先驱身上学习到的经验、感受以及重塑，而为人所理解并被合理化。

在明治政权诞生的各种意气风发的叙事中，志士暴力被反复包装，但是志士暴力并非停留在近世的过去式，而是与时俱进，经过若干次重整后，成为近代政治风貌的一部分。

（接上页）纂會編：《玄洋社社史》，109—113頁；都築七郎：《頭山満：そのどでかい人間像》（新人物往來社，1974），43頁。关于头山满的狱中生活，见薄田斬雲編：《頭山満翁の真面目》（平凡社，1932），23—24頁。大久保利通可能没有活超过1878年，当时萨摩出身的士族将他杀害了。

1　相田猪一郎：《70年代の右翼》，84頁；James H. Buck, "The Satsuma Rebellion of 1877：From Kagoshima through the Siege of Kumamoto Castle," *Monumenta Nipponica* 28, no. 4（winter 1973）：443。

2　译注：即《西南記傳》。E. Herbert Norman, "The Genyōsha：A Study in the Origins of Japanese Imperialism," Pacific Aff airs 17, no. 3（September 1944）：265；Morris, *Nobility of Failure*, 221, 223.

博徒：不法之徒、罗宾汉和地方领袖

德川幕府势力衰退的幕末时期，志士与博徒无不涉足政治。然而，与志士不同的是，博徒并非出于对国家社稷的关心，或是对西方势力鲸吞蚕食的恐惧，而是因为他们是地方上以暴力闻名的人，所以被卷入了政治当中。

幕末时期，施暴能力是博徒崭露头角不可或缺的一部分。虽然赌博早在17世纪便是流行娱乐，德川时代中期，为赌博划设的空间开始在全国大量涌现，成为较不正式的赌博场所（如私宅）之外的另一种选择。[1] 这些赌场由博徒组织经营，早期主要是由劳力中介、工人与消防员组成。[2] 当这些团体变得越来越有组织，他们就根

---

[1] 关于近代之前的赌博简史，见安丸良夫编：《監獄の誕生—歴史を読みなおす22》（朝日新聞社，1995），26頁。较长的论述，见田村栄太郎：《やくざの生活》（雄閣出版，1964），8—16頁。

[2] 田村栄太郎的焦点在于季节劳动者与消防员，而星野周弘指出，贫困的农民、武士、相扑士与工匠也成为博徒。田村栄太郎：《やくざの生活》，17—19頁；Hoshino Kanehiro, "Organized Crime and Its Origins in Japan"（unpublished paper），3。这些赌场当然不是人们赌博的唯一场所。田村指出，赌博的地点在藩主的"屋敷"（房舍）里，因为这样可以享有治外法权，免于被"町奉行"（掌管行政、司法的江户时代官员）逮捕。武士的所有地（尤其是兵舍与仓库）也是赌博的场所，同样因为这些地方明显较难进入。田村栄太郎：《やくざの生活》，22—23頁。

赌博的武士困扰着德川幕府，于是幕府将赌博列入犯罪，并且对地位高的人施予更严苛的罚责。根据丹尼尔·博茨曼（Daniel Botsman）的研究，"在1792年（宽政改革）最初的禁令下，涉及任何种类赌博的'足轻'（步兵）和'中间'（武士的听差）将被无条件逐出江户。虽然这项处罚不如上级武士的严厉（他们会被放逐到偏远小岛），但无疑仍比处罚涉赌的普通百姓罚金严重。（转下页）

据"亲分"（老大）与"子分"（小弟）的关系，形成了有拟亲关系的"一家"。[1] 这些"一家"逐渐由那些认定博徒是他们主要，甚至是唯一职业的人组成，所以，博徒往往是"无宿者"，也就是没有正式户籍、在德川时代的身份制度中没有地位的人。[2] 随着不可计数的博徒一家成立——他们的收入全仰赖赌场——能够迎战竞争团体、捍卫并扩张地盘的能力就成了维持"一家"命脉的核心能力。因此，逞凶斗狠的蛮力成了野心勃勃的博徒的重要资本和成为老大的先决条件。

21

19世纪80年代起，有权势的博徒老大逐渐崭露头角，他们透

（接上页）更有甚者，1795年，幕府补充原来的规范，命令所有的武士，包括足轻和中间，若被抓到在主君的屋敷内赌博，都将被无条件放逐至远岛。"Botsman, *Punishment and Power*，72－73。

1　神田由筑认为，博徒组织里的亲分—子分关系，与相扑集团里的亲方—弟子关系有很紧密的联结。他认为，相扑士（他们本身也是一种暴力专家）也会成为博徒，他们带来相扑士内部的组织结构，有助于形塑博徒团体。神田由筑：《近世の藝能興行と地域社会》（東京大學出版会，1999），247—248頁。第二次世界大战后的博徒组织成为庞大的黑社会联盟，仍保留非血缘的拟亲关系。从这方面来看，他们与西西里和美国的意大利裔黑手党不同，与俄罗斯的黑手党较类似。见Peter B. E. Hill, *The Japanese Mafia: Yakuza, Law, and the State*（Oxford: Oxford University Press, 2003）; Diego Gambetta, *The Sicilian Mafia: The Business of Private Protection*（Cambridge, Mass.: Harvard University Press, 1993）; Francis A. J. Ianni, *A Family Business: Kinship and Social Control in Organized Crime*（New York: Russell Sage Foundation, 1972）; Federico Varese, *The Russian Mafia: Private Protection in a New Market Economy*（Oxford: Oxford University Press, 2001）。德川时代后，博徒组织和仪式变得更复杂精细，见田村栄太郎：《やくざの生活》，44—45、94—106頁；岩井弘融：《病理集团の構造：親分乾分集団研究》（誠信書房，1963），128—130、146—150、160—161頁。

2　增川宏一：《賭博の日本史》（平凡社，1989），154—155頁。关于德川时代的身份制度，以及为什么"无宿"不应该译为"无家者"，见Botsman, *Punishment and Power*，59－62。关于身份制度问题的经典英文著作[博茨曼（Botsman）亦曾引用]，见John W. Hall, "Rule by Status in Tokugawa Japan," *Journal of Japanese Studies* 1, no. 1（autumn 1974）: 39－49。

过斗殴和杀人来铲除异己，进而拓展自身的影响力。幕末时期的国定忠治即是其中一个博徒老大，一生以骁勇侠义闻名。[1] 国定忠治出生于日本中部的豪农之家，求学时不仅学习读书写字，也学习剑术。17岁时，国定在一场斗殴纠纷中杀死了他的对手，之后便与家人和村人断绝了关系，家人把他从人口登记册中除名，使他沦为"无宿者"。他在今群马县一带四处游荡时，几名博徒老大将其收入羽翼下，不久后，他就在田部井村建立了国定一家。在身为博徒老大的生涯中，国定为争夺地盘，杀了很多人，也派遣几十个佩带镖枪和枪支的亲信介入喋血冲突。"关东取缔出役"[2] 派出600人来追捕国定忠治，这足以说明他的势力有多么庞大。当他最后于1850年被幕府当局在一千多人面前施以磔刑[3] 时，高札（即幕府公告板）上张贴了他的七大罪状，包括接连（携带镖枪和枪支等武器）入侵关所，以及谋杀（受害者包括关东取缔出役人员）等。正因为有了这些行动，日本历史小说家阿部昭才称国定一家为"无赖的暴力集团"。[4]

博徒一家的暴力导致他们无论居住或活动，都与当地社会之间的关系非常，与幕府当局的关系亦然。一方面，像国定忠治这样

1　关于这时期的博徒老大，见今川德三：《考證幕末俠客伝》（秋田書店，1973）。

2　译注：关东取缔出役为幕府时期的关东警力。

3　译校注：在日本，使用的十字架称之为磔。用该刑具执行的死刑被称为磔刑。而磔在中国指的是凌迟。日本江户时代中期以后开始有十字架处死的磔刑和称为锯挽（鋸挽き）的情况。受刑者会从小传马町的牢房中被带出并游街示众。磔刑的情况是游街后被带往刑场。锯挽的情况是把头以外的部分埋在地下两日，之后再执行磔刑。

4　阿部昭：《江戸のアウトロー—無宿と博徒》（講談社，1999），11—16、20頁。亦见田村栄太郎：《やくざの生活》，179—205頁；高橋敏：《国定忠治》（岩波書店，2000）。关于入侵关所，以及设置"高札"的习惯，见Botsman, *Punishment and Power*, 19, 46。

的人所使用的暴力，确实招致数百人同时缉拿他。而且我们也不
应忽视，博徒一家参与了各种敲诈勒索、恐吓、强盗等犯罪活动，
不太可能不被案件发生地的村町严惩。[1]另一方面，某些地区视博
徒为正当甚至是重要人物。至少，某些博徒的行为从更宽松的社
会规范来看，"非法"与"非非法"之间的界线有可能非常模糊。
例如，从18世纪00年代初期起，幕府便利用刺青来标志罪犯，未
想到后来刺青成为工人与传统匠人（消防队员、木匠、车夫、建　　22
筑工人以及打零工者）之间的普遍常规。在他们的手上，幕府偏好
以刺青线条标示罪行（如在前臂上的两条线表示此人第二次犯盗窃
罪），后来，刺青演变成彩色和装饰性的图案，用以标示自创的身
份。[2]我们可以进一步推测，刺青后来不只成为宣告个人特色的象
征，也是一个人忍受刺青冗长且痛苦过程的体力象征。博徒也乐于
展示这些华丽的标志，促成一种与某些群体常规相呼应的文化；这
群人经常是博徒团体的衣食父母，而且似乎也不把博徒当作非法之

1　因为缺乏特定村庄以及谁在当地得到或损失利益等详细信息，博徒在乡村的地位
　　之模糊性就更严重了。例如，若我们知道是谁协助关东取缔出役追捕像国定忠治
　　这样的博徒，或者在村子里谁成为勒索、胁迫、强盗的对象，会很有帮助。大口
　　勇次郎讨论了19世纪30年代多摩地区的多起犯罪，包括无宿的暴力事件，让我们
　　看到村落如何处理这种攻击，以及村庄和类似关东取缔出役这类机构之间的关系。
　　大口勇次郎：《村の犯罪と関東取締出役》，资料来源：川村優先生還暦記念會編：
　　《近世の村と町》（吉川弘文館，1988），79—101页。
2　博茨曼指出，不是所有刺在犯人身上的刺青，皆如幕府原先设想的刺在手臂上
　　的线条那样简单："例如在广岛藩，再犯者的前额中间有一'犬'字刺青。在纪
　　伊藩，他们用的是'恶'字。"Botsman, *Punishment and Power*, 27–28。关
　　于吸引人的刺青图样（博茨曼也有引用），见Donald Richie and Ian Buruma, *The
　　Japanese Tattoo*（New York：Weatherhill, 1980）。这些彩色的、繁复的、装饰性的
　　刺青，在第二次世界大战后继续成为极道的标志。

徒。在这种与博徒交融的（非非法）文化常规下，博徒游走于不合法的非法之徒以及合法的工人与传统匠人之间的模糊界线上。[1]

更重要的是，在很多方面，博徒融入他们所经营赌场的村町，而且还颇受欢迎。赌博受到广泛欢迎，意味着他们能提供一种被需要的服务，而赌场变成三教九流聚集的场所。在德川时代初期，有些博徒更可能被视为镇上的士兵或保护当地社町的町奴，可以让村民免于浪人的侵扰。[2] 据传，博徒会试着讨好村里较不幸的人。例如有一位名为势力富五郎的博徒老大就给村子里的穷人以赏钱（一二两）而闻名，也会给农民提供一些矛枪，让他们保护自己。其他的博徒老大同样特别留意要对村民作出贡献。国定忠治尽职

1　杉山·勒布拉（Takie Sugiyama Lebra）提出一个类似二战后的论点："当时，异常可能被视为一种文化应变的产物，或者某种主流价值的极端表现，而不是正规文化的相反面。"勒布拉强调，"极端"表现是异常的，但是对德川时期而言，博徒（或极道）文化既不异端也不异常。Takie Sugiyama Lebra, "Organized Delinquency: Yakuza as a Cultural Example," in *Japanese Patterns of Behavior* (Honolulu: University of Hawai'i Press, 1986), 169。

　　另一个源自德川时代现象的博徒（或极道）仪式是"仁义"，是博徒之间（通常是旅人与他想落脚当地的亲分之间）正式的见面仪式。它最早是德川时代临时的职人要求训练或工作时执行的仪式，后来变成由临时的工人向"人足寄场"（类似现在工人聚集找工作的收容所）的亲分要求食物与住处时，所执行的仪式。关于更多的"仁义"，见岩井弘融：《病理集团の構造》，262—267頁；田村栄太郎：《やくざの生活》，59—60頁；田村栄太郎：《上州遊び人風俗問答》，资料来源：林英夫編：《近代民眾の記録(4)流民》（新人物往來社，1971），218—222頁。关于刺青方式，见 Richie and Buruma, *Japanese Tattoo*, 85 - 99。

2　岩井弘融：《病理集団の構造》，37頁；George A. De Vos and Keiichi Mizushima, "Organization and Social Function of Japanese Gangs: Historical Development and Modern Parallels," in *Socialization for Achievement: Essays on the Cultural Psychology of the Japanese*, ed. George A. De Vos (Berkeley: University of California Press, 1973), 286 - 287。

做好村里好几口井的清理工作，村长就不仅允许他经营赌场，还会在幕府官方派人来巡查时，向他通风报信。用史学家安丸良夫的话来说，博徒与村庄的这种关系，使他们无登记或非法之徒的地位，转化成某种地方上的"有力者"（有影响力的人）。[1] 基于此，老大们在村子里排解争端的事时有所闻，而且众所周知，在幕末时期，他们甚至成为一些乡村起义事件的领导者。19世纪00年代中期，名为北泽伴助的人，曾因为赌博和其他违法事件被先后逮捕六次，后来他在信州带领穷困潦倒的农民、佃户、小佃农参加各种起义，因而被判终身监禁。[2] 从他们与农村社会盘根错节的关系来看，博徒就像史学家埃里克·霍布斯鲍姆（Eric Hobsbawm）谈论意大利社会运动里的"强盗"一样——虽然博徒不是职业抢匪，而是某种"社会强盗"，严格来说是非法之徒，但至少得到了农民社会中某些人的尊敬。[3]

幕府也尝试与博徒们维持某种微妙的平衡，试图打压扰乱治安或威胁主权的行为。一方面，幕府容忍符合自身利益的冒犯行为；另一方面，在统治期间，幕府发布了大量法规以控制赌博和赌客。[4] 虽然单就法规的数量来看，博徒并未受到重视，但幕府确实会惩罚这些公然违法的行为，例如当国定忠治如此挑衅幕府权威的时候。此外，博徒也可能被当成经济不稳与道德沦丧问题的替罪羊，

23

1　安丸良夫編：《監獄の誕生》，27—28 頁。

2　James W. White, *Ikki: Social Conflict and Political Protest in Early Modern Japan* (Ithaca: Cornell University Press, 1995), 4 – 6, 15.

3　Eric Hobsbawm, *Bandits* (New York: Delacorte Press, 1969), 13, 78.

4　田村栄太郎：《やくざの生活》，19、24 頁。关于侠客相关的法令，见尾形鶴吉：《本邦侠客の研究》（博芳社，1933），309—314 頁。

例如1827年幕府文政改革时，就指示村长举报制造麻烦的强盗和博徒。[1]当然，幕府可能会为了借助博徒势力维持社会秩序，而对部分违法的博徒活动睁一只眼闭一只眼。

德川时代前半期，对博徒的宽松处理可以解释为在执法层面上有意识且深思熟虑后的手段。幕府官员将包含博徒在内的犯罪者当作信息提供者的情况也屡见不鲜。这些人协助官方缉拿犯人，以此免于牢狱之灾或免除小部分罚金。由于他们本身即是犯人，而且即使在身为情报提供者时，仍在继续非法勾当，他们总能提供消息、犯罪网络和犯罪关系，最终抓捕到被通缉的犯人。因为博徒不在官方的管辖范围内，所以这些人尤其受到大名（藩主）的关注；信息提供者大可不经任何官方申请，越界到另一个管辖权的所在地，而由官方聘任的武士则不行。这种对信息提供者的策略性利用，缓和了官方管辖区的重叠及分散所造成的混乱，也反映出比起捉拿情节较轻的罪犯，幕府将重点放在逮捕重大要犯上。如史学家丹尼尔·博茨曼主张的，维系信息提供者网络源于这一重视选择性且引人关注的犯罪惩罚体系，而非惩戒所有犯罪的目的。[2]

德川时代后半期，尤其是幕末期，幕府愿意和博徒合作，与其说是基于谨慎思考的策略，不如说纯粹是因为政府软弱无能。[3]当

1　David L. Howell, "Hard Times in the Kantō: Economic Change and Village Life in Late Tokugawa Japan," *Modern Asian Studies* 23, no. 2（1989）: 358.

2　Botsman, *Punishment and Power*, 93 - 95. 对博徒而言，成为"目明し"可以换取金钱以及较高的地位。见阿部善雄：《目明し金十郎の生涯—江戸時代庶民生活の実像》（中央公論社，1981）。感谢艾米·斯坦利（Amy Stanley）提供的这则参考，以及本章其他多处参考。

3　安丸良夫强调，由于幕府的软弱，形成了一种权力真空地带，使得博徒可以获得地方上的名望，挑战既成的主权形式。安丸良夫编：《監獄の誕生》，28頁。

时的幕府已经因为19世纪30年代的饥荒以及接踵而至的农民起义疲于奔命，之后的19世纪50年代，又只能身不由己地处理列强的"开国"压力。由于财政上的困窘，幕府决定缩减在他们直接统领地区的"代官所"（地方法官）官员人数，并缩减幕府直辖"旗本"（一种日本武士身份，将军的直属家臣）的土地。在这些地区，具有影响力的博徒势力蓬勃发展，博徒一家会在光天化日下公开斗殴，不惧制裁。在管辖权属于多方或模糊的地带，幕府根本无力维持秩序。信浓国（今长野县）正是如此，这里孕育出了许多的博徒。三河国以警力不彰闻名，遂成了博徒老大们的避难所，他们在其他藩国犯罪，而后逃到此处躲避法律制裁。[1] 当幕府企图打击某些博徒的嚣张行径时，却发现自身也得仰赖其中某些较温和的博徒。1805年，当幕府成立前面提过的关东取缔出役时，便得仰赖博徒老大担任"案内役"（向导），才得以追捕通缉犯。可惜这并非绝对有效的策略。1844年8月的一起案件里，在关东取缔出役老大饭冈助五郎的协助下，幕府去拘捕他的博徒对手之一笹川繁藏。然而笹川繁藏的左右手听到饭冈助五郎的风声，不但有备而来，更是予以反击，偷袭饭冈的住所作为报复，之后顺利逃离，躲掉了被捕的命运。[2] 在这起事件中，幕府和博徒老大的合作不但没有成果，反而助长了一家之间的暴力火拼。

24

1　長谷川昇：《博徒と自由民権：名古屋事件始末記》（平凡社，1995），46—47页。

2　1805年与1827年的关东取缔出役体系，由四个"代官所"（地方法庭）各派两人，总共八人组成。在每个代官所人员下，有两名聘任的"足轻"（步兵）、一名"小者"（职位较低者），以及两名"道内案"。一组人含六个人，两组形成一个巡逻班。安丸良夫编：《監獄の誕生》，27页。

　　幕府与博徒合作无形中默许了他们的暴力行为。让博徒成为眼线，及后来成为向导，幕府等于向博徒暗示，他们的势力只要不危及整个国家主权，就会被容许。如果博徒对村庄有正面贡献，当地就会忍耐博徒的暴力。此外，像势力富五郎这种帮助贫困农民的老大，则助长了往后博徒"劫强济弱"的理念。那些怀有罗宾汉情结的人想到博徒时，不只想到了赌徒，还想到了"侠客"。就像是西西里黑手党的"荣誉者"（man of honor），日本的侠客先在传说中受到青睐，后来通过颂扬如国定忠治这类博徒，在小说与电影中也大受欢迎。[1] 在1927年伊藤大辅的默片《忠次旅日记》中，国定忠治就被浪漫化成英雄式的博徒，在杀了一个对赤贫农民课重税的恶霸官员后，他成了逃犯。经过许多类似故事和电影描绘，国定变成典型侠义博徒的传奇，一个超然法律之外的人物，因他高尚的道德准则而受到正面评价。[2] 更重要的是，博徒"劫强济弱"的理念后来在近代经过整理及曲解，用来合理化那些根本不是侠义之举的暴力行径。

　　德川时代后期，博徒主要在彼此之间使用暴力，但也是在此

1　关于西西里黑手党的"荣誉守则"与"缄默法则"，见Robert T. Anderson, "From Mafia to Cosa Nostra," *American Journal of Sociology* 71, no. 3（November 1965）: 302; Raimondo Catanzaro, *Men of Respect: A Social History of the Sicilian Mafia*, trans. Raymond Rosenthal（New York: Free Press, 1988）, 31; Gaia Servadio, *Mafioso: A History of the Mafia from Its Origins to the Present Day*（New York: Stein and Day, 1976）, 27–28。关于俄罗斯的"律贼"（vor-v-zakone or vor-zakonnik），见Varese, *Russian Mafia*, 145–166。

2　以国定忠治为题材的艺术创作，包括剧作家行友李风的《国定忠治》（1919）、マキノ省三监制《国定忠治》（1924）、衣笠贞之助监制《弥陀ヶ原の殺陣》（1925）、小说家子母澤寛的《国定忠治》（改造社，1933）、山中贞雄监制《国定忠治》（1935）、谷口千吉监制《国定忠治》（1960）。

时，他们开始被幕府视为武力的提供者，也许在一些地区早已如此。然而，即使被当成幕府的眼线或是关东取缔出役的向导，博徒都无法被描述为具有政治性——他们并不寻求政治目标，他们也不涉及任何一种政治意识形态。值得附带一提的是，博徒习惯上被视为日本黑手党的先驱。[1] 在此时期，他们确实开始发展出像"家族"一样，有时提供保护的组织，但是博徒一家的目标仍不是独占保护产业——定义黑手党的特征之一。[2]

25

博徒与明治维新

在德川时代与明治时代的过渡期，博徒位处政治领域的中心，成为暴力的提供者。明治维新时期，一些拥有暴力实战经验的博徒老大与其亲信被各藩招募，参与了戊辰战争，这是1869年6月底，在最后一批德川派遭镇压之前，旧德川幕府顽固势力与明治勤王派之间的一连串战役，造成成千上万人的伤亡。

---

1 赌博与极道（ヤークーザ，音ya-ku-za）的关联，可以从这个词的源头来看。ヤークーザ分别代表八、九、三这三个数字，在一种名为"花札"或"花かるた"的纸牌游戏中，这是输家的牌（牌的总数加总尾数为零的，是最输家）。ヤクザ这个词意谓他们被某些人认为是"输家"；我们不清楚这个词何时重新调整，被免除这个负面涵义。见加太こうじ：《新版日本のヤクザ》（大和书房，1993）。

2 迭戈·甘贝塔（Diego Gambetta）曾定义黑手党为"一种生产、宣扬并销售私人保护的产业"。关于建立一个保护的垄断事业，"暴力是一种方法，不是目的；一种资源，不是最后的产品"。彼得·B. E. 希尔（Peter B. E. Hill）在研究二战后日本黑手党时，采用了甘贝塔论点的变化版本。Gambetta, *Sicilian Mafia*, 1 - 2; Hill, *Japanese Mafia*, 6 - 35. 甘贝塔强调，黑手党是一种产业，这与其他以生活方式、"心理状态、思考和行动的体制"来定义黑手党的作法不同。见Servadio, *Mafoso*, 20, 22。

　　史学家长谷川升将许多史料拼凑起来，得知了尾张藩那些势力庞大的博徒老大是如何由藩主亲自挑选的。他们领导主要由博徒组成的平民（非武士）军队，而这些人正是以逞凶斗狠而闻名的。两名接受征召的博徒老大分别是近藤实左卫门和云风龟吉。近藤实左卫门是有名的博徒和剑士，二十多岁时是相扑力士，附近的一名博徒老大听闻了他打架斗殴的威名，便将他纳入麾下。近藤最终建立起了自己的地盘，成为尾张藩最具势力的博徒团体——北熊一家的首脑。云风龟吉则是平井一家的老大，是相对非法地带——三河国最大的博徒团体。他之所以成名，是因为他时常逞凶斗狠、四处恶意刁难他人，而且在与博徒老大清水次郎长对决时，证明了他强大的搏斗能力。[1] 近藤与云风之前似乎都曾与官方合作过，但他们在戊辰战争中作出了前所未有的贡献。1868年1月中旬，尾张藩官方向两名博徒老大主动提议，征召他们带领小组人马去镇压该国东北部的挺幕派顽固分子。云风召集了86名博徒手下，近藤也招到50名；3月时，这两队人马正式成为"集义队"的第一队和第二队。两队均包括平民志愿者，而非藩军，他们还同时召集了一些不属于近藤、云风一家的博徒。5月时，集义队离开名古屋，在接下来的7个月参加了一连串的战役，直至12月底凯旋。[2]

　　在征召近藤和云风的大队成军时，即使是范围较大的尾张藩也要慎重行事，藩需要倚仗打斗技能高强的博徒来弥补他们那些没有战斗经验的正规军。近藤与云风由于高超的武艺，显得格外突

26

1　长谷川升补充道，大正初期，在三河约有14个博徒一家，其中平井一家是最重要的两大家之一。长谷川昇：《博徒と自由民権》，19—22、29、70—71页。

2　長谷川昇：《博徒と自由民権》，62—63、68—70、72—80、90—91页。

出，况且藩主也愿意忽略他们非法之徒的身份。[1] 借由同意担任集义队的先头部队，近藤和云风投身进超出他们势力范围的政治舞台。他们当然没有更大的政治野心或目标，但是他们无意间为旧秩序盖上棺木，巩固了新统治者的权力。

随着明治时代的大幕拉开，这些博徒一度不受西化政府的青睐，此时的新政府正计划通过现代化军事和警力强化自身的武装力量，而非通过与这些非法之徒的结盟。当博徒再次活跃于政治舞台时，就已经站在了明治政府的对立面。此时的政府则试图将博徒罪犯化，即使他们当中有些人（如近藤与云风）曾经在19世纪60年代晚期的内战中与他们是统一战线。

作为政治暴力专家的博徒们：自由民权运动

在自由民权运动的背景下，博徒堂而皇之地重新踏进政治世界。当明治政府于19世纪70年代逐渐站稳脚跟，很多日本人开始疑惑，在新兴政治体制中人民的角色应是什么？那些倡议通过制定宪法与设置国会来扩大民众政治参与的人，促成了此次的自由民权运动。虽然呼吁议会政治和立宪政治是该运动团结的要素，但其中也包括了在意识形态、动机以及背景上不同站位的人。一些主要领袖是明治之前的元老政治家，和西乡隆盛一样，他们曾

1　長谷川昇：《博徒と自由民権》，70—72頁。关于这个时期博徒的其他著作，见高橋敏：《博徒の幕末維新》（筑摩書房，2004）。

于1873年因为征韩论争议而离开政府，后来却和西乡隆盛走上了完全不同的道路。板垣退助则是这股潮流中，民权活动分子的重要典范。他主要得到了前武士的支持，甚至多次离开运动，重新加入明治政府。其他派别的人不是板垣那样的精英分子，而是真正的草根群体，例如农民组成的读书会与地方政治协会，他们讨论彼此的想法，甚至起草了属于他们的宪法。[1]

本章开头提到的秩父事件，即19世纪80年代自由民权运动普及的一个革命性阶段，其中包括无数次的暴力冲突（激化事件）。这个阶段的自由民权运动，起于基层人民对明治政府政策的失望。如德川晚期的农民一样，赤贫农民使用暴力抗议他们的经济困境。而如今，他们的贫穷是因为国家执行松方正义通货而紧缩的财政政策，他们的不满和牢骚表现在自由民权运动的语言和概念上，而他们的攻击目标则包括明治政府的象征。博徒身为此次暴力运动的领袖和参与者，融入了政治世界，而且他们如今在很多方面都更加现代化了。[2]博徒角色的转变，在我接下来要探讨的三次抗议中格外明显：群马事件、名古屋事件以及秩父事件。

27

1　自由民权运动的草根面相，见Irokawa Daikichi, *The Culture of the Meiji Period*, trans. and ed. Marius B. Jansen（Princeton：Princeton University Press, 1985）, 108 - 113。

2　史蒂芬·弗拉斯托斯（Stephen Vlastos）与安妮·沃尔索（Anne Walthall）都认为，在德川时代的前半期，农民抗议并不特别暴力。沃尔索写道，甚至在破坏性的抗议中，政府机关也很少成为攻击目标。Stephen Vlastos, *Peasant Protests and Uprisings in Tokugawa Japan*（Berkeley：University of California Press, 1986）, 3, 20；Anne Walthall, *Social Protest and Popular Culture in Eighteenth-Century Japan*（Tucson：University of Arizona Press, 1986）, 15, 121。而且，詹姆斯·怀特（James White）也指出，博徒在1868年前的民众抗议中，也未扮演重要角色。White, *Ikki*, 185 - 186。

博徒之所以参与群马事件，是因为赌博和赌客二者深深扎根于当地社群。在明治初期的群马县，据说唯一不赌博的就是寺庙里的佛（本尊）和地藏菩萨的石像。在多山的日本中部，农夫们前往高崎周边的神社与佛教寺院参拜时，都会去赌上一把，高崎可谓是经营赌场的人的金矿。由于此处复杂的管辖权纷争，赌博业在德川时代于此就已欣欣向荣了。19世纪中叶，农人养蚕业的发达也带来了丰厚的现金流。[1]这一带有众多的博徒，单是在群马西部，至少就有十个博徒组织。[2]

身为在地的一分子，博徒也与这些农民一样，体验到了财务上的困窘。19世纪80年代初期，造成财政紧张的罪魁祸首就是放高利贷者和明治政府。即使有1878年的法律（《利息制限法》）来防止高利贷，但是在地方层级上，仍有一种称为"生产会社"的财务单位，得以放出高利息。[3]当时大藏卿松方正义的通货紧缩政

1　森長英三郎：《群馬事件—博徒と組んだ不発の芝居》，《法學セミナー》第20卷第14號（1976年11月），124頁；田村栄太郎編：《上州遊び人風俗問答》，216；福田薫：《蚕民騒擾録：明治七年群馬事件》（青雲書房，1974），16頁。

2　碓冰峠：新井一家。高崎：浜川一家、福島一家、金子一家、大类一家。富岡：小串一家、田島一家。藤岡：田中一家、山吉屋一家。下仁田：大和一家。清水吉二：《群馬自由民権運動の研究上毛自由党と激化事件》（あさを社，1984），184頁。

3　1878年的法律规定了年利的上限，100日元以下的债务为20%，100日元到1 000日元的债务为15%，超过1 000日元的债务为12%。回避这条法律的机制（切金贷）以收取本金的20%~30%为前金，例如一名放款人曾记录，100日元的贷款，只会收到70或80日元。如果贷款未在预先约定的时间内付清，利息会开始计算，且原来的贷款金额会重新誊写，原来本金加上利息变为为新本金，而利息会根据新的本金来计算。例如，本金为100日元（只会给出70或80日元）的债务会有5%的利息，使得新本金为105日元，若加上另外20%的利息，总债务便达126日元。田中千弥：《秩父暴動雑録》，资料来源：大村進、小林弌郎、小池信一編：《田中千弥日記》（埼玉新聞社出版局，1977），586—587頁；群馬縣警察史編纂委員會編：《群馬県警察史（第1卷）》（群馬県警察本部，1978），336—337頁。

策使蚕丝的价格大幅滑落，生丝从 1881 年的每斤 7.459 日元，跌到 1884 年的每斤 5.844 日元。[1] 这导致农民很难偿还他们生意兴隆时借贷的债务，而且养蚕业也开始被迫借高利贷，以便在价格暴跌后能存活下来。博徒同样深感这一波的财务危机，不只因为可想而知的赌金萎缩，也因为博徒本身也是农民，他们也养蚕。[2]

博徒在 1884 年 1 月的全国《赌博犯处分规则》公告后，或许更能感受到明治政府的强力管制，这部法律明确说明了惩罚赌客和赌博集团成员的广泛规范。[3] 法律还把执行和惩处的细节留给地方层级，到了 3 月，群马县宣布细则，包括刑期长度、罚款金额，以及减刑内容。[4] 单在 1884 年，群马县就有 1 297 人遭受反赌博法的惩罚。[5]

1　1880 年至 1885 年之间，每斤生丝的价格如下：1880 年为 6.742 日元；1881 年为 7.459 日元；1882 年为 6.936 日元；1883 年为 5.021 日元；1884 年为 5.844 日元；1885 年为 4.983 日元。群馬縣警察史編纂委員會編：《群馬縣警察史（第 1 卷）》，336 頁。

2　森長英三郎：《群馬事件》，124 頁；福田薫：《蚕民騒擾録：明治七年群馬事件》，16 頁；清水吉二：《群馬自由民權運動の研究》，服部之總引用，187 頁。

3　赌博的人会被处以 1 个月到 4 个月的监禁，以及 5 日元至 200 日元的罚金。组成集团、携带武器和骚扰邻里的赌博会被处 1 到 4 年的监禁，以及 50 日元至 500 日元的罚金。法律不但允许警察没收赌博的工具，而且也允许警察在任何时间持令状进入民宅。萩原進：《群馬県博徒取締考》，资料来源：林英夫編：《近代民眾の記録 ⑷：流民》（新人物往來社，1971），577 頁；清水吉二：《群馬自由民權運動の研究》，185—186 頁。

4　福田薫：《蚕民騒擾録：明治七年群馬事件》，17 頁；萩原進：《群馬県博徒取締考》，578 頁。

5　1884 年后数年间遭处罚的民众人数如下：1885 年 1 012 人；1886 年 1 002 人；1887 年 876 人。群馬縣警察史編纂委員会編：《群馬県警察史（第 1 卷）》，383 頁。这笔资料来源中印出的表格跳过了 1888 年，但是持续到 1892 年；可能是由于 1889 年后的资料是根据不同的反赌博法编写的，因为 1889 年《赌博犯处分规则》被废止了。萩原進：《群馬県博徒取締考》，577 頁。

当博徒和农民切身体验到财务上的困难，感受到明治政府权力所及时，他们开始与自由党产生联系；自由党是日本第一个政党，也是自由民权运动早期的产物。在博徒、民权结社"有信社"以及自由党激进派"决死派"三者之间，联络网逐渐成形。[1]

和起义领袖有紧密联结的博徒之一是山田丈之助，原名山田平十郎，他后来成为群马事件中最重要的博徒。山田是来自碓冰郡的博徒老大，从幕末时期开始，就在上州与信州（明治时期的群马与长野县）拥有一群追随者。[2]山田是德川时代知名新井一家的成员，年轻时就被创立者新井一家的老大收留，学习剑术且频繁出入赌场。山田最后成了新井一家的老大，他最为人所知的，是他在他庞大地盘上巡访各个赌间时的干劲。[3]山田和新井一家成员，与群马事件的其他重要人物联合建立起了网络。

1883年春天，农民们的沮丧和不满逐渐高涨，他们向县府请愿，呼吁政府重视他们的困境，也向财政机构请求延长还清贷款的时间。从1884年3月起，有信社举办政治集会，开始鼓励农民加入自由党。这场运动的地方领袖——活动家汤浅理兵、县的党员清水永三郎、教师三浦桃之助，还有前武士日比逊——鼓吹用

1　例如：有信社的宫部襄在担任前桥警长时，就靠着耐心与手腕协调分歧，与该区博徒维持了良好的关系。秩父事件的决死派成员新井愧三郎和自由党激进派村上泰治，都与博徒井丑五郎的老大有过交情，所以自由党和博徒也有着一定的协作关系。田村荣太郎编：《上州遊び人風俗問答》，215頁。

2　福田薰：《蚕民騒擾録：明治七年群馬事件》，16—17、95頁；萩原進：《群馬県遊民史》（復刊：國書刊行会，1980），139頁；森長英三郎：《群馬事件》，126頁；関戸覚蔵編：《東陲民権史》，1903（復刊：明治文献，1966）。

3　福田薰：《蚕民騒擾録：明治七年群馬事件》，96頁；萩原進：《群馬県遊民史》，139頁。

武力获得人民权力与自由；他们招募了数百名农民、博徒、猎人和力士，在当地山区对他们进行军事训练。[1]

4月14日的一次政治集会时，部分受过训练的新成员和当地警察产生冲突。有信社集会的参与者手中挥舞着竹枪和旌旗，并高唱革命歌曲：

> 彼若想起往事，这亦是解放美利坚的旌旗。
> 若此处不飘血雨，自由之基将永不稳固。[2]

当警方与群众之间的小型纷争演变成公共冲突，博徒老大山田丈之助来到了现场，身后紧随的百名身带武器的手下冲入混乱之中，逼迫警察撤退，结束了此次集会，最终无人被逮捕。那晚，为了赞颂山田的义勇行为举办了一场宴席。[3]

不像明治维新时期的博徒，在群马事件中，至少有些老大不单纯是被请来的打手——山田不只因为他的善战而备受重视，同时也扮演着组织者的角色。几名领导者便是在他住处筹划的抗议行动的。5月1日是决定生死的重要时刻：天皇将出席在高崎举行的开幕式，庆祝连接东京和京都的中山道铁路的完工典礼。他们的计划是派遣约三千名农民俘虏与天皇一同前来的高级官员，但地

29

1　群馬県警察史編纂委員会編：《群馬県警察史》，337—339頁；萩原進：《群馬県遊民史》，137頁。
2　宇田友豬、和田三郎合編：《自由党史（下卷）》，206—207頁。
3　群馬縣警察史編纂委員会編：《群馬県警察史》，339頁；萩原進：《群馬県遊民史》，140頁；森長英三郎：《群馬事件》，126頁；宇田友豬、和田三郎合編：《自由黨史（下卷）》，207頁。

点不在高崎市的典礼现场，因为那对天皇太不敬了，所以选在火车将短暂停留的本庄站。同时，山田会带领一支两千五百人的博徒攻击东京镇台高崎分营，之后，在沼田城向世界宣告正义得到伸张。[1] 在这次行动中，山田将得到同为新井家成员和心腹的关纲吉协助。关纲吉原本因为赌博被定罪而在服刑中，但是他在劳役时脱逃，正好来得及加入山田这支武装力量。[2]

从各种意义上来说，群马事件算是一场失败的行动。当自由党成员开始在本庄附近以二三十人的方式聚集在一起时，警察便对如此大规模的动员起了疑心，因此5月1日当天并未举行通车典礼。据事件的领导人所知，仪式被推迟到5月5日，所以他们前往高崎，与山田协商新日期，然后返回本庄。回程时，他们攻

1　福田薫：《蚕民騷擾録：明治七年群馬事件》，11、127、130—131頁；萩原進：《群馬県遊民史》，141頁；森長英三郎：《群馬事件》，126頁。

2　有关纲吉的监禁过程，在某种程度上呈现了民权运动领导者和博徒紧密的联系，以及互相掩护的程度。关于这起事件的某些细节有所出入，但是故事大致如下：1884年1月，关违法开设赌场，不久他得知自己已被警察监视。这时藤田让吉来找他，有些资料说，藤田是关认识的一名密侦或刑事人员，他向关提议一种协调方案：如果关自首，他只会被处60至70天的监禁。在藤田的建议下，关向松井田的警察自首。未想关却在新的反赌博法下，被判处最重的10年禁锢和惩役，外加50日元罚金。藤田对关的背叛行为激怒了新井一家的博徒。4月1日这一天，町田鹤五郎和神宫茂十郎决定为关的禁锢报仇。4月3日晚上，町田和神宫带着刀剑前往藤田住所。他们等到一名客人离开后，在藤田住所门口放火。藤田从家中跑了出来，挥舞着他的剑，攻击饱受惊吓的町田，他根本来不及拔出自己的武器，只用手上的棍棒回击。神宫急忙加入战局，重击藤田，背起负伤的町田，并逃离现场。町田当晚丧命，藤田也在4月6日死去。博徒神宫的胸部和肩膀受伤，在民权运动领袖三浦桃之助家中避难，三浦把他藏匿在另一名民权运动筹划者清水永三郎的一间仓库里。群马县警察史编纂委员会编：《群馬県警察史》，339—340頁；福田薫：《蚕民騷擾録》，97、100、110—112頁；萩原進：《群馬県遊民史》，140頁；森長英三郎：《群馬事件》，126頁。

击了一个以痛恨自由党闻名的村长的住处，但并未如计划般断送其性命。5月5日到了，通车典礼仍未举行。最后他们决定要做点什么，毕竟，集结了这么多参与者却一事无成委实浪费，也会被认为是一场骗局，未来可能再难招募到群众。[1]因此，5月15日深夜，数千名农民手持火把，聚集在妙义山麓的阵场之原，放火烧了一个高利贷业者的住所，抢劫了几个富农，而且根据一些资料显示，他们还包围了松井田警察署。[2]之后，他们试图攻击高崎镇台，但当时的士气低迷，中途脱逃的人数众多，以致行动失败，多人被警察逮捕。[3]高崎攻击行动的困难之处，也在于三浦桃之助指挥的秩父武力未到，山田丈之助底下的博徒部队亦尚未抵达。

整个5月，警察都在逮捕参与者，总共追捕到52人，而且直到12月都在持续追捕起事者。[4]1887年7月29日，前桥重罪裁判所（法院）作出多人判刑，最严重的是12到13年的徒刑；三浦被判7年的

1　估计聚集的人数在200到3 000人之间。群馬縣警察史編纂委員會編：《群馬県警察史》，342頁；萩原進：《群馬県遊民史》，141—142頁；森長英三郎：《群馬事件》，126頁。

2　萩原進：《群馬県遊民史》，142頁。有些人称警察署实际上并未遭到袭击。群馬縣警察史編纂委員會編：《群馬県警察史》，344頁；《下野新聞》，1884年5月22日，資料来源：《明治ニュース事典（第3卷）》，261頁。

3　福田薰：《蚕民騒擾録》，11頁；群馬県警察史編纂委員会編：《群馬縣警察史》，340、344頁；萩原進：《群馬県遊民史》，142—143頁；森長英三郎：《群馬事件》，126—127頁；《下野新聞》，1884年5月22日，資料来源：《明治ニュース事典（第3卷）》，261頁。

4　群馬縣警察史編纂委員會編：《群馬県警察史》，345頁；森長英三郎：《群馬事件》，126—127頁。

轻惩役。[1]山田逃过一劫，据说，他也保护了日比和清水免遭逮捕。[2]

山田丈之助和关纲吉在计划5月1日袭击高崎分营的行动中发 　30
挥了领导作用，他们招募心腹组成了这支队伍的骨干，这说明在
此次事件中，博徒被视为武力的核心提供者。我们很难争辩未发
生的事，强称5月15日袭击高崎分营未遂的行动若有博徒参加，
就会成功；但是很明显的是，少了他们，整个行动会彻底失败。[3]这
使得查尔斯·蒂利的论点格外有力，他认为："暴力专家的现身与
否，往往造成暴力与非暴力的结果之间产生极大差异。"[4]博徒不只
是身强力壮的人，他们也是在攻击明治政府高级官员与明治政权
象征（镇台）的政治抗议行动中，担任计划与组织的人。[5]群马事
件中博徒的领导与参与角色，显示他们相当迅速地适应了一个正

1　在1880年的《刑法》（后来被为称为《旧刑法》，以有别于1907年的《刑法》）中，
　　犯罪被分为三种类别：重罪、轻度犯罪，以及违抗警察条例的违警罪。"重惩役"
　　与"重禁锢"都翻译为"重劳动伴随禁锢"。重惩役通常是重罪，刑责为9到11年
　　的刑期；重禁锢通常是轻罪，刑期为11天至5年；"轻惩役"也有监禁和劳动，但
　　刑期是6到8年。见明治《旧刑法》第1条、第22条、第24条。我妻荣编：《舊法
　　令集》（有斐閣，1968），431页。
2　森长英三郎：《群馬事件》，127页；田村荣太郎：《上州遊び人風俗問答》，215页。
3　福田薫认为，山田丈之助与关纲吉不可能夺下镇台，而五月一日的袭击计划只是
　　"极道的喧哗式作战"。福田薫：《蚕民騷擾錄》，131—133页；森长英三郎：《群馬
　　事件》，127页。
4　Charles Tilly, *The Politics of Collective Violence*（Cambridge：Cambridge University
　　Press, 2003），4 - 5.
5　萩原进可能会无法认同我为博徒增添了政治色彩，因为他主张，博徒是受雇的。
　　像山田丈之助这样的人很可能从领导者手中拿到钱，然而，单纯视博徒为雇用枪
　　手似乎是错误的。第一，事件的主导者要怎么补偿山田和纲号召2 500名手下的参
　　与？如果赌徒的唯一动机是金钱，应该是很大一笔金额。第二，如果博徒只是雇
　　用的枪手，山田和关就不会参与计划，或者这样的网络早就存在于博徒和事件主
　　导者之间。见萩原进：《群馬縣遊民史》，142页。

在变得现代的社会，并通过对更大的政治环境的感知，形成了一种近代的形式。[1]

　　由于博徒是自由民权运动的一部分，明治政府极欲控制他们以及他们的暴力行为。以前述的1884年全国反赌博法为例，其所针对的对象，比较可能是在政治上活跃的博徒，而非真正的赌博。然而，和政府预期背道而驰的是，这道法律可能反而鼓动了博徒的暴力，这在名古屋事件中尤为明显。该事件与其说是独立事件，不如说是为筹措民权活动家的活动资金而频发的一系列抢劫事件。最后还发生了两名警察被残忍杀害的事件，导致该运动瓦解。和先前的群马事件一样，名古屋事件也遭遇了经济上的困窘，并且享有同一政治目标：推翻政府，将民权倡导者推上权力舞台。所有这一切都因最近的博徒与国家的对立而变得更加复杂。博徒对明治政权的不满，在戊辰战争结束后就很迅速高涨起来。时值1872年1月，所有集义队的志愿民兵团都被认为是平民，不是前武士（士族），他们中至少有一部分人之前因为服役而被授予士族地位。他们因此展开了一段要求恢复前士族地位的漫长征途，直到1878年7月，才取得成功。[2] 此外，全国的反赌博法也尤其重创了爱知县（名古屋的所在地）。根据反赌博法在爱知县被解释并执法的情况，

1　萩原进发表了类似的观点，但是他将他们的寄生性质视为博徒改变的动力（萩原进用了"极道"这个词）。就本质上而言，极道作为"社会的寄生虫"，在他们明治时期的新宿自身上适应、保护自己并继续抓紧既得利益。这种思维无法解释为什么博徒选择在政治领域上采取行动，更无法解释为什么他们要与明治政府对抗。如果金钱是博徒最关心的事，他们可能会把焦点放在赌博、恐吓、特种行业等这类事情上。萩原进：《群馬縣遊民史》，137—138、142頁。

2　長谷川昇：《博徒と自由民権》，11、101—105頁。

单是参加博徒团体就可能遭受处罚——博徒老大可以因为"招揽"博徒与"横行"乡里而接受管训，其党羽则必须因为身为集会中的一员而接受盘问。这样的规定让人联想起美国1970年的《反勒索及受贿组织法》。比之前只逮捕正在从事赌博行为的现行犯更为严厉，刑期更长罚金更严苛。[1] 此外，这些法条似乎不只是纸上谈兵，而是确有执行，从1884年2月到5月，逮捕博徒的行动达到了高潮。史学家长谷川升注意到，国家可能把目标瞄准那些以流血斗殴、抢食地盘以展现其势力的著名博徒集团。在爱知县大约四十个博徒团体中，只有七八个遭到追捕，其中两个（平井一家和北熊一家）是戊辰战争中集义队的核心力量。由于他们比其他博徒集团拥有相对更多的武器和作战经验，这些在戊辰战争中充当政府战力的队伍，逐渐变成了明治政权重建秩序过程中的威胁。

　　全国的反赌博法对被锁定的一家造成了重大打击——赌博行为变得越来越危险，所以赌博活动被迫中断，这切断了博徒的收入，博徒集团也面临土崩瓦解的危机。由于参与民权活动的，都是这些收入不稳定的博徒，长谷川升因此认为，博徒筹划暴力事件的动机，与其说是他们作为农民而对松方通货紧缩失望，不如说他们是被反赌博法逼入了绝境。名古屋事件核心的博徒（大岛渚）也是如此。大岛渚是北熊一家的成员，曾经在集义队的第二队。他开始积极参与武装活动，是在北熊一家成员不断被逮捕之

31

1　因赌博被捕的标准刑期是1至2个月。在新的法律下，博徒老大被禁锢4年或更久，或重要的干部被禁锢2年或更久，是常见的事。即使是低阶的手下也可能服监1年左右。我用美国联邦法《反勒索及受贿组织法》与之对比，因为他们同样针对"组织犯罪"，只要属于曾涉及某个犯罪活动的团体或企业，就是违法的。

后；他重新集结前集义队的同袍，和那些没有参与过戊辰战争的博徒们一起展开行动。

大岛渚带领这群博徒和事件中其他两个主要（非博徒）分遣队——"爱国交亲社"和"爱知自由党"。爱国交亲社大多由都市底层的民众组成，鼓吹增进国力以及成立国会。这群参与者在名古屋事件中，是由名为山内德三郎的人领导的，他因为与大岛渚都对剑术感兴趣而相识。爱知自由党则由一群相信"行动派"的年轻党员组成。他们基本上是流氓，从1883年3月在名古屋一间高级旅馆发生的事便可见端倪。这些年轻人在旅馆中扰乱敌对政党的成立大会；他们不但当场质问受人敬重的贵宾尾崎行雄，并为自由党欢呼，导致大会陷入一片混乱。同一天深夜，这些年轻人中的三十人由内藤鲁一领导，带了一桶排泄物，追打敌对党员，用满是粪便的粪勺向旅馆的大厅、他们的政敌直接泼洒。[1]

这三个团体在1883年12月底本来应该一起行动的，大岛渚和山内德三郎也同时说服了自由党的久野幸太郎加入他们的抢劫行动。大岛一伙人已经参与过四起窃盗案了，山内一伙人则参与过三起。他们通常把目标锁定在富商和富农身上，很可能是要用这些战利品来维持因为松方正义的紧缩政策或《赌博犯处分规则》，或两者加乘导致的生活品质下降。对大岛、山内和他们的党羽而言，抢劫主要是为了保住他们生存下去的钱，另一部分旨在抗议

32

高利贷。而久野的动机可能不太一样。身为自由党中较有学识的一员，他认为偷窃若是为了最终推翻政府所做的集资，那么就是可接受的手段；他后来参加了十一起抢劫行动。不管是合理化还是政治承诺的层面，对所有参与者而言，为了达成目标，违法和暴力都是可接受的手段。

在历经十余起强盗案后，几名久野的自由党同僚涉及了一起由十二人犯案杀害两名员警的事件。1884年8月的一天夜晚，原定的窃盗计划因为打不开门锁而受阻，这些人只好无功而返，凌晨两点多时，一行人来到平田桥。他们各自分成三伙人，其中一伙人遇到中村和加藤这两名员警，并受到了他们的盘问。突然间，大岛开了枪，呼喊其他人，慌乱间每个人都拔出剑，攻击了这两名员警。他们追打着中村和加藤，有些人则阻止附近因骚动而从家中赶出来的人靠近。最后，中村身受19处伤，7处在头部，当场死亡。加藤身受15处伤，8处在头部，倒在附近的稻田中，最终死亡。[1]

又发生了十余起强盗案件后，警方逐步厘清了有哪些人涉案，并且将他们和中村、加藤遭杀害的事件联系到了一起。1884年12月14日，一群人抢劫了知多郡长草村存放税金的町役场（地方政府），过程中有3人受伤、5名职员遭到捆绑。当他们准备逃跑时，一名参与者被逮捕，供出了整起名古屋事件的来龙去脉。虽然有几人在1886年8月被逮捕，但是大部分的要角都在这起强盗案告

---

1 長谷川昇：《博徒と自由民権》，203—204、223—225、242—245、251頁。

一段落后被捉拿归案。[1]

名古屋事件的审判从1887年2月4日开始，属于名古屋高重罪裁判所的审判范围。两星期后，判决结果出炉，29名受审人中，有26名获判不同名目的罪行。最严重的是由畏罪潜逃导致的过失杀人，有3人获判死刑，其中包括大岛渚。久野幸太郎则因和其他两人或两人以上的同伙犯下武装强盗罪，获判15年徒刑。[2]

和群马事件一样，博徒领导人和参与者的动机不单纯是政治，因为他们无论抢劫或掠夺，多少都为了在经济上获益。然而，加

33 入爱国交亲社与爱知自由党的同时，他们有意识地为自己的行动附上政治色彩，即使他们的窃盗行为不一定出于政治原因。吸引他们的，是他们对明治政府的共同厌恶，以及本身动武的意愿和能力。

最后，我们回到秩父事件，也是这一章开头所提及的事件。相较于群马和名古屋所发生的一切，秩父事件是持久的全方位叛变，上千名反抗者对抗明治政府的武装部队。最初于11月1日在一座当地神社聚集了大约一千人，之后起义人数达高峰时，壮大至三千人，而且遍布埼玉县，扩及附近的群马县及长野县，最终被自卫团、警察以及政府军击溃。[3]

---

1 久野幸太郎和其他三名自由党在此事件一星期之前被逮捕，他们被怀疑与饭田事件有关联，企图推翻政府（为民权运动的一部分）。然而，12月14日的强盗事件，则将他们与名古屋事件联系在一起。長谷川昇：《博徒と自由民権》，251—253頁。

2 7人被判终生监禁，有些是因为杀人，有些是因为在抢劫过程中造成伤害。11人在狱中死亡。3人被判无罪的原因是罪证不足。長谷川昇：《博徒と自由民権》，243、255—258頁。也可参见寺崎修：《明治自由党の研究（下卷）》（慶応通信，1987），105—114頁。寺崎称名古屋事件的参与者为"志士"。

3 千嶋壽：《困民党蜂起：秩父農民戦争と田代栄助論》（田畑書房，1983），280、324頁；我妻栄他編：《日本政治裁判史録：明治》（第一法規出版，1969），80頁。

正如群马事件和名古屋事件一样，秩父事件也是多方因素堆叠的结果——因松方通货紧缩恶化和因高利贷者而加重的乡村贫困问题、自由党的意识形态和组织，以及使用暴力的意愿——所有这些因素都体现在此次事件的领导人（博徒田代荣助）身上。博徒参与像秩父事件这类乡村的、几层的运动并不是头一遭。19世纪60年代，博徒就参与了称为"社改起义（世直し一揆）"的农民反抗运动。一贫如洗的农民、佃农以及农村劳工，奋起攻击村中的富人、高利贷者、当铺老板和商人。[1] 秩父事件在很多方面是一场混乱叙事的延续，当中交杂了人们面临的经济巨变和对"改造世界"的希冀。[2] 秩父事件之所以为人所知，在于其处在自由民权运动的脉络中，有著名的博徒充当关键角色，还有明治政府通过谨慎处理博徒及其武力，企图消解叛变正当性的行为。

田代荣助早年就扎根于秩父地区。他出生在大宫乡一个地方领袖家庭；父亲是村长，村长之位由最年长的兄长世袭。虽然田代永远不可能继承村长，但他也会照顾乡里一些较为不幸的人。一份户籍登记资料显示，1880年，田代名下的两间房子里，住了二十三个人，意味着他不仅照料九名亲人，包括他的妻子KUNI

1　須田努：《「惡党」の一九世紀：民眾運動の變質と「近代移行期」》（青木書店，2002），168—172頁。

2　大卫・豪威尔（David Howell）指出，许多秩父事件的参与者有千年王国的愿景，见 David Howell, "Visions of the Future in Meiji Japan," in *Historical Perspectives on Contemporary East Asia*, ed. Merle Goldman and Andrew Gordon（Cambridge, Mass.: Harvard University Press, 2000）, 107－108。稻田雅洋也观察到类似的情况，但他指出，秩父事件在对国家的直接挑战方面，不只是一个"社改起义"。稻田雅洋：《日本近代社会成立期の民眾運動：困民党研究序書》（筑摩書房，1990），222—223、226頁。

（クニ）、四个儿子、一个女儿、一个养子与养子的妻子，他还收留了好几个人——那些因为贫困而无法自力更生的人。田代也为当地人仲裁纠纷，无疑是一位"三百代言"（一种无照律师），并借此和当地社群建立紧密的联系。[1]

34　　由于本身为养蚕业者，田代亲身体会到松方紧缩政策与高利贷所造成的痛苦。他平日的工作是采集野生蚕茧，深受19世纪80年代生丝价格崩塌对财务上的打击，又因1884年春天的收成不佳而加剧了窘境。艰困的财务状况迫使田代和当地许多农民一样，转向借贷业者借钱，1883年前，他贷款的总额为153日元。[2]

普遍的财务危机是"困民党"成立的主要动机，在一场冻结拖欠债务的请愿活动失败后，1884年7月，困民党抗议高利息债务的行动逐渐具体化。[3] 困民党的政治立场——要求成立国民议会、

1　大宫乡警察当部：《逮捕通知，田代荣助》，1884年11月5日，资料来源：《秩父事件史料集成（第1卷）》，100页；《邮便报知新闻》1884年11月6日，资料来源：《秩父事件史料集成（第6卷）》，381页；高桥哲郎：《律义なれど、仁侠者——秩父困民党総理田代荣助》（现代企画室，1998），60页；千嶋寿：《困民党蜂起》，45—50、58页。

2　稲田雅洋：《日本近代社会成立期の民衆運動》，219—220页；淺见好夫：《秩父事件史》（言叢社，1990），60页；高桥哲郎：《律义なれど、仁侠者》，60页。关于更多此地区养蚕业，请见Kären Wigen, *The Making of a Japanese Periphery, 1750 – 1920*（Berkeley: University of California Press，1995），第五章。田代必须向人借贷，似乎和他平日经济宽裕，能收留亲族以外的人住进家中的形象矛盾。然而，1880年户籍登记为23人住在一起的资料，在接下来的两三年都没有维护。而且，在1885年夏天，也就是田代被处死后的几个月，有些田代的地产被转到他的债权人名下。平野义太郎：《秩父困民党に生きた人びと》，资料来源：中澤市郎编：《秩父困民党に生きた人びと》（现代史出版会，1977），67页。

3　Roger W. Bowen, *Rebellion and Democracy in Meiji Japan: A Study of Commoners in the Popular Rights Movement*（Berkeley: University of California Press，1980），53 – 54；新井佐次郎：《秩父困民軍会計长：井上伝藏》（新人物往來社，1981），87页；群马県警察史編纂委員会編：《群马県警察史》，347—348页。

减税、推翻明治政府——深受自由党的影响，两者有许多共同党员。[1]

9月初，初建的困民党邀请田代荣助担任总理。他们与田代接洽，不只因为田代身为当地一员，或许能理解财务方面的困境，也因为他已用拳头打响了名号。确实，田代是受加藤织平推荐担任总理的，加藤即博徒老大，也是后来困民党的副总理，他促请田代以暴力对抗高利贷业者。[2]加藤本身也学习柔道，在警方的记录里，他被描述成高大圆脸，据说已有三四十名手下。[3]那年夏天，加藤站在一场会议的群众面前，滔滔不绝地叙述田代如何在下影森村砍断一个高利贷业者的头颅，同时提醒在场党员，或许他们对暴力感到羞愧，但因正义而死是这些人的命运。这种罪有应得

1　有些历史学者指出，困民党与自由党在秩父郡的密切关系，是迫使对经济情况和国家的失望情绪，以民众起义的形式爆发出来的原因。例如色川大吉主张，困民党与自由党在秩父郡的重叠，导致了暴力事件；而在较贫困的武相，困民党与自由党之间的紧张关系，则抵消了有效起义的努力，事实上，这还刺激了困民党攻击自由党员经营的银行和金融机构。色川大吉：《困民党と自由党》（搖籃社，1984），18—19、23—25页；亦可参见稻田雅洋：《日本近代社会成立期の民衆運動》，24—25、29—34、223—224页。

2　高崎警察署：《第二回訊問調書：小柏常次郎》1884年11月15日，资料来源：井上幸治、色川大吉、山田昭次共編：《秩父事件史料集成（第3卷：農民裁判文書3）》（二玄社，1984），175页。对于加藤是否为博徒，几乎没有争议。一名检察官将加藤描述为一个在博徒社会有影响力的人，而田代也在他的证词里提到加藤的博徒人脉。大宫乡警察署：《第五回訊問調書：田代榮助》1884年11月19日，资料来源：埼玉新聞社出版部編：《秩父事件史料（第1卷）》（埼玉新聞社出版部，1971），117页；千嶋壽：《困民党蜂起》，312页。

3　淺見好夫：《秩父事件史》，21—22页；Bowen, *Rebellion and Democracy*, 277；千嶋壽：《困民党蜂起》，312页。关于加藤织平身为博徒老大的描述，见松本健一：《暴徒と英雄と一伊奈野文次郎覚え書》，《展望》第223號（1978年5月），118页；我妻榮他編：《日本政治裁判史録》，72页。

的观念，是从加藤自称为"我们侠客"这种话语中衍生而来的，同时援引了博徒劫强济弱的说法。[1] 不论田代是否真的犯下那次杀人案，加藤支持田代，是因为田代与该团体一致的理念，以及他的行动的能力。而招募田代入党的党员也很清楚，他所身怀的绝技将引领一场起义。[2]

历史学者对于田代是否为博徒这一问题存在一些争论。大家公认他似乎并不是全职博徒，他也没有赌场。然而，田代与博徒世界纠葛极深，自己也表现出一副博徒老大的样子。在一次警察拷问中，田代作证说，他"喜欢劫强济弱"，而且他有超过两百名手下。裁判所后来写道，他在乡里间被视为侠客。当然，田代的证词中也可能涉及逼供，而裁判所也极欲将他贴上声名狼藉的标签（虽然他们若使用"博徒"而非"侠客"的话，会更见成35 效）。田代在困民党的集会中使用这种如罗宾汉的正义之辞，而乡里的人似乎也认定他为"大宫的侠客"。1884年初，他曾经因一起犯案者身份不明的犯罪（《读卖新闻》声称是一宗赌博罪）被判监禁60日和劳役，且几个有名的博徒据称是田代的手下。[3] 不管

1　千嶋壽：《困民党蜂起》，115—116頁；淺見好夫：《秩父事件史》，21—22頁；高橋哲郎：《律義なれど、仁侠者》，27頁。

2　田代荣助是否曾为自由党正式党员，一直是个疑问。在秩父事件后一次警察审问时，田代供述自己于1884年1月底或月初加入自由党，但是他的名字从来没有出现在《自由党新闻》的新党员介绍栏。大宮鄉警察署：《第五回訊問調書：田代榮助》1884年11月19日，资料来源：埼玉新聞社出版部編：《秩父事件史料（第1卷）》（埼玉新聞社出版部，1971），14—15頁；千嶋壽：《困民党蜂起》，126—128頁。

3　大宮鄉警察署：《第五回訊問調書：田代榮助》1884年11月19日，资料来源：埼玉新聞社出版部編：《秩父事件史料（第1卷）》（埼玉新聞社出版部，1971），116頁；《讀売新聞》1884年11月18日，高橋哲郎：《律義なれど、仁侠者》，79頁；大宮鄉警察署：《第一回訊問調書：田代栄助》1884年11月15日，（转下页）

田代的博徒身份有几分是真，很清楚的是，他的一举一动都像是个博徒，他也被看作博徒——尤其当谈到他施展暴力的能力和意愿时。

9月7日，困民党正式成立时，田代荣助接任总理，当天也清楚说明了该组织的四项诉求："（一）高利贷使财富缩水，致使许多人维生困难，故促请债主将债务冻结10年，按40年的分期付款；（二）促请县政府关闭学校3年，以节省学费开支；（三）促请内务省减少杂收税；（四）促请村吏减少村费支出。"[1]虽然这四项原则都和财务问题有关，但田代表达的该团体对政治方面的关心，却也是地方对国家层级之政府主权的直接挑战。这位新任总理站在聚集的群众前面，他宣称："这是真正重要的事（如四项诉求中所描述的）。我们必须反对国家、县府、乡所，以及警力。"[2]

田代于10月中旬开始积极履行他的总理职务，从中可知，他在施展武力方面的能力是困民党的一大资产。此时，党员在不断增加；大约100名农民在9月时已经加入，到了10月，秩父郡84个町村中的30个，已选出了困民党代表。更重要的是，他们清楚

（接上页）资料来源：埼玉新聞社出版部編：《秩父事件史料（第1卷）》，100頁；淺見好夫：《秩父事件史》，365頁；小池喜孝：《秩父颪：秩父事件と井上伝蔵》（現代史出版會，1974），84頁；Bowen, *Rebellion and Democracy*, 278；高橋哲郎：《律義なれど、仁侠者》，91—92頁；千嶋壽：《困民党蜂起》，59頁；中嶋幸三：《井上傳藏：秩父事件と俳句》（邑書林，2000），110頁。

1　大宮鄉警察署：《第五回訊問調書：田代榮助》1884年11月19日，資料來源：埼玉新聞社出版部編：《秩父事件史料（第1卷）》，101頁；高橋哲郎：《律義なれど、仁侠者》，19—20頁；千嶋壽：《困民党蜂起》，131頁。

2　井上光三郎、品川榮嗣：《写真でみる秩父事件》（新人物往來社，1982），32頁。

合法行动的限制，决定要进行武装起义。[1] 田代在决议后的隔天，开始为反抗行动准备，他与加藤一起统筹资金及弹药。10月14日夜晚，与名古屋事件的窃盗案不同，田代带队袭击横濑村两户富裕人家——他们把在场的人捆绑起来，然后在进行抢劫时用剑威胁他们。10月15日夜晚，一伙人又锁定西入村的一户人家。后来田代将焦点从资金转向招募人员，接下来的八九天，他巡游多个乡町招募叛军。[2] 我们很难说这些反抗者中有多少人是博徒，但博徒确实在反抗运动中偶有出现。针对此次事件，自由党官方历史文献中指出，除了农民，博徒也是事件的参与者。[3]

11月1日，站在田代前面的群众，以忠于困民党的名义组成了一支军队。困民党领导者随之改以军队头衔称呼——司令官田代荣助、副司令官加藤织平，而现场聚集的人则分成各个大队与中队，每一队都有队长。他们高声念出五条军规：禁止私掠金钱与物品、禁止侵犯女色、禁止饮酒过度、禁止挟私怨纵火或其他暴力

---

1 千嶋壽：《困民党蜂起》，227—228頁；中嶋幸三：《井上傳藏》，6頁；浅見好夫：《秩父事件史》，42頁；Bowen, *Rebellion and Democracy*, 57；群馬県警察史編纂委員会編：《群馬県警察史》，349頁；色川大吉：《民眾史の中の秩父事件》，《秩父》（1995年3月號），6頁。

2 田代的手下柴冈熊吉是袭击事件中的一员，他在10月14日参与了两次抢劫。后来担任困民党的会计兼中队长。浅見好夫：《秩父事件史》，42、56頁；千嶋壽：《困民党蜂起》，250頁；高橋哲郎：《律義なれど、仁俠者》，110—112、116—119頁；群馬県警察史編纂委員会編：《群馬縣警察史》，351—352頁；我妻栄他編：《日本政治裁判史録》，75頁。

3 文献中也提到特定的博徒，例如青木甚太郎及其4名手下，他们都是秩父的反叛之徒。《自由党史》（1910年），资料来源：井出孙六编：《自由自治元年：秩父事件资料、论文と解說》（现代史出版會，1975），65頁；高橋哲郎：《律義なれど、仁俠者》，41頁。

行为，以及禁止违抗司令官命令。同时宣布的还有五项目标，主要是针对军队的指导原则，包括若协商失败可杀死借贷者，以及攻击警察署以解救任一收监的领导人。[1]

　　仪式结束后，田代指挥分成两大队的军队，各自从两个方向接近小鹿野町。途中，田代的第二大队烧毁并窃取下小鹿野村一个高利贷业者的私宅，而第一大队烧了下吉田村一个高利贷业者的住处。当两大队在小鹿野会合时，他们攻击了警察署、町役场，以及数个高利贷业者的私宅，同时派遣游击队成功袭击了更远的目标。11月2日清晨6点左右，军队离开了小鹿野，朝东南的大宫前进。中午前他们抵达目的地，反抗者烧了高利贷业者私宅，突袭并占领郡役所、抢劫富人和上流社会家庭大约三千日元，向商人索要食物，并且闯入警察署和裁判所。那天晚上，困民党干部在大宫郡役所召开会议，讨论在全国制造骚乱，并建立新政府。[2]

　　然而，这群反抗军的决心和武力在隔天便遭到明治政府部队的冲击，主要是警察部队和宪兵队。[3]一听闻他们步步紧逼的消息，

1　大宫郷警察署：《第二回訊問調書：田代榮助》1884年11月16日，资料来源：埼玉新聞社出版部編：《秩父事件史料（第1卷）》，103—104、106—107頁；千嶋壽：《困民党蜂起》，279—281頁。士官的任命和1836年志士的天誅組叛乱并无不同。Huber, "'Men of High Purpose, '" 117。

2　大宫郷警察署：《第二回訊問調書：田代榮助》1884年11月16日，资料来源：埼玉新聞社出版部編：《秩父事件史料（第1卷）》，107頁；千嶋壽：《困民党蜂起》，8、279—281、315頁；高橋哲郎：《律義なれど、仁侠者》，149、153、234頁；Bowen, *Rebellion and Democracy*, 60 - 61；我妻榮他編：《日本政治裁判史錄》，75頁。

3　色川大吉：《困民党と自由党》，25頁；群馬縣警察史編纂委員會編：《群馬県警察史》，361—362、371頁；千嶋壽：《困民党蜂起》，9、337頁。

困民党便分成三个大队。第一大队击溃几处村落，集资并发动游击战，往附近一座山里去了。第二大队在下午三四点和警力及宪兵队交火，并取得胜利，只是他们取得胜利的原因是宪兵队带错了枪弹。第三大队在田代的指挥下，终于和第一大队汇合，并在皆野的一间旅馆成立了总部。

此时，困民党情况危急。领导者不是失踪就是负伤，一个民兵团正在追捕他们，政府部队包围了该地区。11月4日下午，在皆野的困民党干部放弃了军队指挥的任务，并解散了部队。田代成功躲过了追捕，直到11月15日凌晨3点半左右，他在黑谷村被捕，嘴巴被塞住，关进"唐丸笼"（用来运送罪犯的竹笼）里。[1]

37　　　11月4日是困民党草创时期的统帅解散，以及田代领导地位瓦解的日子，但其他的博徒却顺势而起，成为秩父事件第二波游击战的要角。11月5日，一百多名反抗者重新组织成一支队伍，并在接下来的5天内，从埼玉、群马到长野县，共同抵抗从东京派遣过来的大约80名警察部队和120名镇台兵部队。[2] 这支游击队由新就任的领导者担任指挥：菊池贯平担任总理，坂本宗作担任副总理，伊奈野文次郎担任参谋长，另外还有荒井寅吉、横田周作和小林西藏。几乎所有的第二代领导要么本身就是博徒，要么就是之前

1　大宮郷警察当部：《逮捕通知，田代榮助》1884年11月5日，资料来源：《秩父事件史料集成（第1卷：農民裁判文書1）》，31页；千嶋壽：《困民党蜂起》，9—10、316、337—339页；高橋哲郎：《律義なれど、仁侠者》，291—294、302页；高野壽夫：《秩父事件：子孫からの報告》（木馬書館，1981），132—133页。

2　Bowen, *Rebellion and Democracy*, 64–65；高橋哲郎：《律義なれど、仁侠者》，305页；松本健一：《暴徒と英雄と》，117页；我妻栄他編：《日本政治裁判史錄》，76页。

因赌博被定罪过。[1]

11月6日，新兵招募完毕，这支困民党游击队在中川河畔与一支自卫团激战大约50分钟，直到游击队被迫脱逃。11月7日和8日，困民党部队继续招募新血，将抓到的警员置之死地，袭击了一个又一个村庄，不同小组又进攻了当铺和高利贷业者。到了这个时候，游击队包括了一支剑士分队和一个自称"自由队"的"倒毁组"。然而，游击队最终打不过战力十足的政府军。11月9日，反抗军被长野县警和高崎镇台兵击溃，36人死亡，200人被捕，约200人逃逸。那些逃走的人，也在第二天下午宣告投降。[2]

明治政府集结重兵成功镇压秩父反抗军后，接着便仰赖正规军严惩那些公然挑战政府的人。单是在埼玉县的裁判所就判了296人重罪、448人轻罪，以及2 642人罚金。1885年2月19日，田代荣

1　坂本宗作有可能是加藤织平的手下。据说伊奈野文次郎是博徒，在1884年10月中就被处以2个月的重禁锢和4日元罚金，另外因为携金潜逃，被处以6个月的保护观察处分；他逃过刑责，在11月3日加入皆野附近的困民党。荒井寅吉于1883年9月因赌博罪被判两个月的重禁锢、5日元罚金；而横田因为赌博被判80日惩役刑。小林西藏为多摩川一家的博徒，曾于1882年1月被判处2个月的重禁锢，后来又因为赌博被判处3个月的重禁锢和7日元罚金。小林原本是警察的间谍，但是他在11月2日被困民党逮捕后，就加入叛军行列，最远到长野县，而且在途中杀死了一名群马县的警察，因为杀警罪，小林隔年于前桥被处死。松本健一：《暴徒と英雄と》，117—119、122—123页；千嶋壽：《困民党蜂起》，311、314页；淺見好夫：《秩父事件史》，365页。
学者新井佐次郎说，博徒在筹划秩父事件中并未扮演重要角色，显然是错误的。新井佐次郎：《明治期博徒と秩父事件—その虚実を地元資料でただす》，《新日本文學》第34卷第1號（1979年1月），131页。
2　松本健一：《暴徒と英雄と》，125—126页；群马县警察史编纂委员会编：《群马县警察史》，373页；Bowen, *Rebellion and Democracy*, 65－67；千嶋壽：《困民党蜂起》，11頁。

助被浦和重罪裁判所判处死刑，是7个被判死刑中的一人。[1]

虽然政府将秩父叛乱分子贴上罪犯的标签，亲明治政府的报纸也借由将叛乱分子描绘成非法之徒，企图消解整个叛变行动的正当性。这些报纸夸大这起事件是动摇国本的手法之一，强调田代与其他人都是博徒，希望这个标签为叛变抹上负面色彩，而所有反抗者都会因为与此有关而被判有罪。[2]一些刊物对博徒的批判更是不假辞色。如《东京日日新闻》描述博徒是下层社会的卑贱、无赖之徒。借此称他们为"残暴的赌客与激进的游荡者"，这篇报道令人想起德川时代的浪人和无宿者，暗指博徒反抗者是倒退到封建时代的人。[3]博徒也被一些似乎与政府无关的人士所严厉斥责。下吉田村一座寺庙的一位名叫田中千弥的宫司诋毁他们，说他们是毫无教养之流，不懂道德，也不尊敬天皇政府。[4]

秩父事件中博徒的领导者和参与者都受到了《邮便报知新闻》

---

1 依据1880年的明治刑法第二编第138条，田代荣助被判有罪。浦和重罪裁判所：《裁判言渡书：田代荣助》1885年2月19日，资料来源：《秩父事件史料集成（第1卷）》，53—56页。被判处死刑的有：田代荣助、加藤织平、新井周三郎、高岸善吉、坂本宗作、菊池贯平、井上传藏。井上被判刑后，成功脱逃到北海道。对于这起事件领导方面的处罚如下：菊池贯平遭到缺席宣判；他的团队于1889年大赦时减刑至无期惩役。伊奈野被判至北海道服刑15年，但后来因为罪证不足，提早被释放。小林因为杀害警察被判死刑。横田服刑8年、荒井6年的重惩役。我妻荣他编：《日本政治裁判史录》，78、81页；松本健一：《暴徒と英雄と》，126—127页。

2 见《朝日新聞》、《明治日報》、《東京日日新聞》1884年11月5日，《東京日日新聞》1884年11月25日，资料来源：《秩父事件史料集成（第6卷：日記、見聞記／報導、論評他)》，852、965、951、627、506页。

3 《東京日日新聞》1884年11月17日，资料来源：《秩父事件史料集成（第6卷：日記、見聞記／報導、論評他)》，506页；Bowen，*Rebellion and Democracy*，296。

4 田中千弥：《秩父暴動雑録》，586页；Bowen，*Rebellion and Democracy*，259；千嶋壽：《困民党蜂起》，300—301页。

的谴责，这份报纸虽然对自由民权运动比较友善，却依然是自由党政敌"立宪改进党"的喉舌。该份报纸的编辑在报道中严厉批评这场叛乱："如果这场骚乱真的是由博徒及其同党所主导的，他们的行动可能被视为强盗帮派……迟早会受到审判与严惩。"[1]同一份报纸的另一篇文章则指出，烧毁当铺的行为是"为了逃避他们（叛乱者）的债务"，抗议者只是"寻找制造骚乱的机会，希望谋取个人利益"。[2]虽然反抗者确实不想支付债务，也的确为了私事铤而走险，但报纸选择使用像"逃避"和"个人利益"这样的字眼，描述抗议者为"无耻的赌客"，这对秩父事件的参与者，以及整个事件，传达出一种武断的负面观点。可以料想的是，这类叙述不会出现在同情自由党的刊物上。例如《改进新闻》中最难以认同的说法，就是称这些反抗者不过是被激进又暴力的博徒牵着走。[3]

这种将不受控的人予以定罪的行为，在新兴的民族国家中屡见不鲜。例如在意大利，1861年国家统一后，为了巩固政权，政府面对极大的反抗，主要来自那些对高赋税、失业与征召入伍不满的人，尤其是在西西里岛。意大利政府的做法是，与其处理动荡不安的源头，不如全力将西西里岛的反抗人士罗织入罪，说他们是泛滥的密谋组织里堕落的成员，或者"黑手党"（mafia）。第一次正式提到类似"黑手党"的说法，是在1865年4月，菲利波·盖特里欧伯爵（Filippo Gulterio）写给内政部长的一封信里，盖特里欧伯爵是当时西西里岛

1　引用自1884年11月8日 *Japan Weekly Mail* 里《郵便報知新聞》中一篇报道的英文翻译。

2　*Japan Weekly Mail*，1884年12月13日。

3　《改進新聞》1884年11月8日，资料来源:《秩父事件史料集成（第6卷）》，974页。

首府巴勒莫（Palermo）的行政长官，正为该区的政治动乱忙得焦头烂额，也许极欲寻找替罪羊。那个年代，多数评论者都坚持，在当时的西西里岛，不太可能存在拥有大型犯罪社群或网络的"黑手党"。[1]

并非所有的报纸都对博徒大肆批评。有些只是批评明治政府应承担助长此次暴动的部分责任，尤其是指1884年之前处理博徒问题的方式。《朝野新闻》毫不留情地描述博徒是毒瘤，赌博是摧毁社会的勾当，但也暗示若政府及早控制，这起事件可能就不会发生。[2] 多份报纸指责在1884年全国反赌法之下，不合理地打压博徒，制造出了一群一贫如洗又失去工作的博徒，导致他们发动了起义。例如《明治日报》主张，新的赌博法与原本的初衷相反，将博徒推往犯下骇人罪行的绝路。[3]

39

---

1 Christopher Duggan, *Fascism and the Mafia*（New Haven：Yale University Press，1989），23‐27，85‐86.

2 《朝野新聞》，1884年11月11日，资料来源：井出编：《自由自治元年》，34—35页。

3 《明治日報》，1884年11月15日，资料来源：《秩父事件史料集成（第6卷）》，970页。《時事新報》也讨论到自从赌博法施行以来，博徒如何骚扰村町，而《邮便报知新闻》认为，赌博法是促使赌徒参与事件的原因。《時事新報》1884年11月21日，《郵便報知新聞》1884年11月6日，资料来源：《秩父事件史料集成（第6卷）》，949、379页。

　　日本的史学家和媒体一样，他们也将博徒，尤其是田代荣助，放在解释更大事件的架构里——他们对田代的博徒身份的立场，似乎透露他们理解秩父事件架构的方式。而主张田代非博徒的学者，通常将这起事件直接放在自由与民权运动的脉络之中，或者强调大众意识形态的复杂性。例如井上幸治将田代降格为"傀儡"，而比较重视自由党与困民党当中具政治意识的领导人的重要性，以及启蒙大众的角色。他大致上对博徒参与该事件的部分轻描淡写，而且提到"亲分"（老大）这个词可以指称任何一种老大，不一定和赌博有关（有理的论点）。千嶋寿也提到，用"亲分"来描述田代，不意味着他是博徒老大，还说没有证据显示田代经营赌场，而且真正的博徒老大可能召募到更多手下来参与这次起义。对千嶋寿来说，对田代角色的罪犯元素的轻描淡写，与他将这起事件的核心解释为人民对公义的渴望，是一致的想法。　　　　　　　　　　　　　（转下页）

　　我们很难厘清报纸对博徒与秩父事件的论述，是如何被阅读并理解的。这些报纸的读者很可能同意，博徒是个社会问题，为明治新政府带来不必要的政治惨案。但不可否认的是，有大量的博徒被罗织入罪，是因为他们被许多乡村的草根群众认同，作为自由党的政治领袖，也被许多自由民权运动的参与者认同。明治政府当然不能宣称他们所持的是正统观点，所以才要认定博徒是制造麻烦的底层人民。确实，对博徒的模糊地位与多种观点，有助于他们以及他们的政治暴力延续下去。

　　到了19世纪80年代中期，不论通过一连串的暗杀，还是通过全面暴动，企图推翻政府与当时政治秩序的暴力行为，几乎都是徒劳无功的。在许多方面，新的明治政权很擅长镇压暴力威胁。叛变的前武士，以及与他们有关的维新前志士，轻易就被平定了，所以博徒参与的自由民权运动中的暴力事件也是如此。

　　然而，志士与博徒以各自的方式，成功延续到了明治早期。志士

（接上页）

　　与井上和千嶋相对的是，有些历史学者无所顾忌地将田代贴上博徒标签，他们似乎对博徒有正面（甚至浪漫）的观点，而且通常不关心田代与自由民权运动脉络的关系。高桥哲郎在田代是职业还是业余的博徒的问题上摇摆不定，并将焦点放在这名领导者的侠义和正义感上。松本健一虽然提到田代，但也讨论到其他不同的博徒，认为他们为这场起义增加了勇气。井上幸治：《秩父事件：自由民権期の農民蜂起》（中央公論社，1968），37頁；千嶋壽：《困民党蜂起》，55、350—351頁；高橋哲郎：《律義なれど、仁侠者》，88—90頁；松本健一：《暴徒と英雄と》，117—128頁。

　　井上与千嶋隐约拉开博徒与秩父事件的距离，假设暴力和犯罪在某些方面是与民主相左的。认可田代荣助的博徒身份，或者承认博徒在这场自由民权运动中最持久的暴力事件中的参与程度，有可能使这起事件看起来比较不民主、不草根，较缺乏意识形态。井上与千嶋都不认为这起事件可以既暴力，又民主。对于田代荣助与秩父事件例外地以公平且非浪漫主义观点来评论的，见安丸良夫：《困民党の意識過程》，《思想》726號（1984年12月），90—95頁。

所称的爱国主义不断强调反抗和反政府暴力的正当性，当中有一部分仿效志士的策略，即便规模有所不同。志士和爱国主义与暴力纠结的模式，对20世纪最初几十年的日本政治方向有着深远的影响。19世纪80年代的博徒则与时俱进，有些人在融合了近世与近代战略目标的政治里，扮演起了暴力专家的角色。19世纪80年代的博徒暴力事件，一部分是在近世政治模式中的抵抗，一部分则属于近代、民主的运动。博徒并未试图死咬着过去的德川幕府不放，而是开始对自身进行改造，因此确保了自己得以继续留在政治里。明治时期第二个十年的开放性问题是，博徒是否要继续保有基层草根式的反政府暴力专家这层色彩？

志士的形象在政治想象中反复被唤醒，博徒逐渐涉足政治，揭示了明治国家有能力通过军事、法律和文化手段的结合来打击对其统治的最直接、最暴力的挑战，但它并没有对暴力分子进行普遍控制。事实上，早期的明治国家的国力不应被夸大。尤其是在最初的20年里，由于正面临近代国家成型初期所有无法预知的挑战，致使明治政府仍处于一种前途未卜的状态。这个过程或许十分无情，却充满不确定性，尤其是从统治的角度来看，这个政权曾经靠武力拿下权力，而如今，竟得让不久前才参与过的那种暴力叛变失去正当性。[1] 然而，明治政府无法驯服所有暴力专家，不

40

1　关于明治政府所面对的建立国家暴力（警察与军人）的困难，见大日方纯夫：《日本近代国家の成立と警察》（校倉書房，1992）; D. Eleanor Westney, *Imitation and Innovation: The Transfer of Western Organizational Patterns to Meiji Japan* (Cambridge, Mass.: Harvard University Press, 1987); 戶部良一：《逆說の軍隊》（中央公論社，1998）; Roger F. Hackett, *Yamagata Aritomo in the Rise of Modern Japan, 1838 - 1922* (Cambridge, Mass.: Harvard University Press, 1971)。感谢科林·乔德瑞尔（Colin Jaundrill）让我留意到户部的书。

应被视为一种失败——压制所有的暴力需要铁血的军事国家；而多数国家是在绝对镇压和混乱秩序之间，保持着一个平衡。我解释马克斯·韦伯（Max Weber）的知名理论，关于政府在使用武力这方面的垄断，不是为了完全控制，而是设置底线，无论多么模糊，国家可以设法平息对其统治的最根本挑战。[1] 明治政府确实行使了垄断权，但由于这个政权没有也无法避免所有的暴力政治行动，因此近代国家成立初期的暴力，不可避免地成为接下来发展的一部分。

相对于明治政府，刚统一的意大利试图根除反对势力，以达成中央集权，无论其暴力与否。所以，过程更是一场灾难。关于意大利为何会如此，历史学家曾经争论过，尤其在谈到合并南方时，有许多不同的论调，例如领导者未能全然相信军方、政府的高压政策，以及缺乏当地精英的支持等。政权形成与国家建立的缺失——有些人甚至会说失败——会刺激政府转而寻求更铁血的军事镇压，问题也会更加恶化；这种激进的方式并未处理潜在的社会经济问题，也无助于为政权在地方上巩固基础。镇压所造成的结果，就是鼓励了南部人（特别是西西里岛上的人）越发想要投靠有力的非政府角色（黑手党），以寻求保护与安全。[2]

1　韦伯描述国家对武力的合法使用拥有垄断权，这是有问题的，不只因为垄断的概念是模糊的，也因为这个想法（错误地）暗示所有国家的暴力都是合法正当的。见 Max Weber, *Economy and Society: An Outline of Interpretive Sociology*, vol. 1, trans. Ephraim Fischoff et al., ed. Guenther Roth and Claus Wittich（Berkeley: University of California Press, 1978）, 54。

2　安东尼奥·葛兰西（Antonio Gramsci）强调，政治领导阶层对政治改变少了一些作为，因为他们并未与中阶军官调解，形成联盟。他启发了马克思主义者，他们强调政府压迫的残酷。相对地，L. J. 里亚尔（L. J. Riall）则将焦点放在地方精英对现代中央集权国家的反抗上。L. J. Riall, "Liberal Policy and the Control（转下页）

　　不像意大利政权希望自由政府能设法改善意大利南部的贫困，并对以武力建立并维持政权的手段不以为然，18世纪90年代法国的斗争正是在自由与安全之间的左右为难。当督政府在1795年的宪法创建中成型，其重点即是建立一个自由民主共和国。而在面对政治动荡时［又因为暴力事件日益恶化，如左翼的雅各宾（Jacobin）极端主义者和右翼的保皇党、外战以及盗匪之间的斗争］，国内缺乏一个机关来建立秩序，并且执行将自由置于安全之上的措施。因此，**41** 在接下来的两年里，对政权持续不断的挑战促使第二督政府背弃法治，转向整肃、简易司法与军队。之后所形成的稳定政权或许标记着法国大革命的结束，但同时也成了拿破仑独裁的基石。[1]

　　日本的明治维新不是以自由或民主之名施政的，而且人民也并不期待新政府会是一个自由民主的政体，明治政府因此暂时避免了如18世纪的法国那样，必须在面对反对阵营的暴力时，建立一个自由民主的共和国。然而，当日本的自由民权运动在19世纪70年代势头逐渐高涨，以及明治政府承诺建立议会与立宪政府时，暴力将与日本的民主实验紧密相连。

（接上页）of Public Order in Western Sicily 1860 – 1862," *Historical Journal* 35, no. 2（June 1992）: 345 – 351, 355, 365 – 368。

1　霍华德·G. 布朗（Howard G. Brown）自己说得很清楚："一般公民与所谓秩序维持力量达成的浮士德式的协定，创造了一个现代的'治安国家'，其基础是行政监视、强制的管理，以及伴随恢复与维持秩序的正当性。"Howard G. Brown, *Ending the French Revolution: Violence, Justice, and Repression from the Terror to Napoleon*（Charlottesville: University of Virginia Press, 2006）, 8, 14 – 16; on "the militarization of repression," 119 – 233。

第二章

暴力的民主：流氓与议会政治的诞生

1889年2月11日，《明治宪法》在一场精心策划的仪式中颁布，这场仪式试图展现日本即将跻身19世纪末期政治上"文明"国家的一员。在这个试图象征开明政治的历史性时刻，明治天皇一身军装，站在他的欧式皇位前，面对一小群身着西式服装的日本及外国高官，颁布了《大日本帝国宪法》（即《明治宪法》）。[1] 精心营造帝王与绅士政治经典场面的这一幕，正面预示着在新的宪法和议会政府下，政治与社会秩序的稳定发展。

然而，与理想政治愿景相左的是，要求更广泛政治参与和贯彻宪法中关于民主条款的现实，这无疑是一段暴力的过程，而且往往是不稳定且失序的。与所有议会制的政府一样，政策实际执

1　Carol Gluck, *Japan's Modern Myths: Ideology in the Late Meiji Period*（Princeton: Princeton University Press, 1985）, 42 – 45; Takashi Fujitani, *Splendid Monarchy: Power and Pageantry in Modern Japan*（Berkeley: University of California Press, 1996）, 76 – 78.

行时，并非如理想中的包容或平等。在明治时期的日本，传统的政治集团并不乐于和他们的国民分享政治影响力，而且对其自身权力有着某种程度的不安全感，这使他们迈向宪法与议会政治的脚步充满迟疑。他们更期待的，是被视为"西方宪政体系的一分子"，而非真心欢迎新声音进入政治。[1] 19世纪80年代冗长的制宪过程，以及对于谁有投票权的严格限制，无疑是明治时期的政治元老操弄政治的结果，而这些则刺激了那些拒绝被边缘化的人转而使用暴力。而这些政治元老以国家暴力回击的决定，只是提油救火，助长了政治动荡，致使暴力成为日本政治样貌的常态。

最能描述19世纪80、90年代成形的政治体制与文化的，是"暴力民主"（violent democracy），即暴力与民主以一种不安且时而矛盾的关系共存着。"暴力民主"这个专有名词，因政治哲学家丹尼尔·罗斯而为人所知，他坚信，"民主的起源与核心，基本上是暴力的"，这与明治时期的日本完美呼应。罗斯完美捕捉到暴力催生民主这充满讽刺意味的结果；在他的观点中，民主的建立总是，而且必然是暴力的，还有，这段暴力的奠基时期将"纠缠着每一件后来发生的事"。[2]在明治时期的日本，暴力的奠基时期即自由民权运动，而19世纪80年代结出的果实，的确是民主。然而政治参与度有限，宪法是天皇为人民所颁布的，当时大众对人民主

1　George Akita, *Foundations of Constitutional Government in Modern Japan, 1868 - 1900*（Cambridge, Mass.：Harvard University Press, 1967）, 13.

2　Daniel Ross, *Violent Democracy*（Cambridge：Cambridge University Press, 2004）, 7 - 8.

权的认知有限，这些都是事实。只是，如色川大吉和罗杰·鲍温等学者已经阐释草根运动是明治政治的进步力量，而史学家坂野润治亦使用"明治民主"这样的字眼，来强调民众的力量对催生宪法、政治代议制度以及扩大政治参与的重要性。[1] 到了 19 世纪 90年代，日本已经能为一部宪法、投票产生的众议院议会，以及人民普选而感到自豪了。

这个时期的政治也是暴力的，19 世纪 80 年代的年轻民权活动家很愿意假民主与自由主义之名，使用肢体武力。这些后来被称为"壮士"的人，在他们作为政治守护者与策动者而实施暴力时，逐渐打响了自己野蛮暴力的名声。19 世纪 90 年代前后，当自由民权运动失势，一些志士将他们的暴力出口到朝鲜和中国，并称之为"大陆浪人"。其他人则留在国内的政治领域，经历自我转型，从活动家演变成了职业流氓。壮士与大陆浪人的暴力出现在议会政治及帝国创建的时刻，成为与近代政治纠缠不清的一部分。随着议会民主的开启，暴力行为为什么不见缓和，反而日益壮大，是我此处主要关心的议题。随之而来的问题是，这股暴力势力对日本早期的民主实验而言有何意义，以及暴力势力是如何在接下来的几十年里"阴魂不散"地纠缠着民主政治？

1　Irokawa Daikichi, *The Culture of the Meiji Period*, trans. and ed. Marius B. Jansen（Princeton：Princeton University Press, 1985）; Roger W. Bowen, *Rebellion and Democracy in Meiji Japan: A Study of Commoners in the Popular Rights Movement*（Berkeley：University of California Press, 1980）; 坂野潤治：《明治デモクラシー》（岩波書店, 2005）。

从活动家到流氓：19世纪80年代的壮士

"壮士"一词——字面上主要的意思是"战士"——在19世纪80年代早期成为政治词汇的一部分，指的是那些参与政治的年轻人，他们的使命是扩大人民的权利。这个既新颖又冠冕堂皇的诉求，被参与自由民权运动的人和自由党人所赞颂，至少在他们之中，有两人宣称自己创造了这个名词。据说是自由党员星亨建议使用这个词语的，以取代我们在前一章讨论到的幕末"志士"。另一名政治人物是尾崎行雄，他提议以这个词语取代过时的"有志家"一词。[1]不论是谁最先想到"壮士"这个标签的，它都在星亨和尾崎行雄等名人的宣传下普及了起来，而且在19世纪80年代的多数时候，至少在人权领域，这个词语都维持着正面的形象。一名壮士在1886年写下他临死前的遗言，表达他对年轻政治伙伴的尊敬："我们壮士早就为了国家，置个人福祉于度外，即使就在明

---

1 《時事新報》，1882年4月28日，资料来源：《明治ニュース事典（第2卷）》，296頁；《郵便報知新聞》1883年11月22日，资料来源：《明治ニュース事典（第3卷）》，363頁；高橋彦博：《院外団の形成-竹内雄氏からの聞き書を中心に》，《社會勞動研究》第30卷第3、4號，1984年3月，106頁；Ozaki Yukio, *The Autobiography of Ozaki Yukio：The Struggle for Constitutional Government in Japan*, trans. Hara Fujiko（Princeton：Princeton University Press, 2001），94。星与尾崎似乎注意到，"壮士"一词源自约公元前200年的中国，有"为大义牺牲"的寓意，尤其是反抗专制政权。摩天楼・斜塔：《院外団手記：政薫改革の急所》（時潮社，1935），57頁。

天，我们也会为了自由，牺牲生命。"[1]这个时期出版的书籍高度赞扬了壮士；其中，更是有人描述他们为国家的"元气"。[2]

然而，在"壮士"取代"志士"或"有志家"而广泛被使用之前，还有一段过渡期。整个19世纪80年代中期，一些报纸仍指称这些政治青年为"志士"，通常强调他们有别于政府的立场，或者是将他们与德川时代后期志士前辈的高尚爱国情操相结合。[3]有时候，这三种称呼还可以交替使用。[4]至少有一份报纸，即崇尚自由主义与反政府的《朝野新闻》，结合了这两个名词，创造出新词"志士壮士"[5]。这种用语的混合，可能是因为对于谁才真正是壮士有所混淆，或者另一种可能是，因为了解这些年轻人相对复杂的背景。这也反映了早期壮士的复杂性质，他们在政治活动、对政府的怀疑，以及爱国主义方面，和他们的志士前辈极其相似；但是他们在身为进步的人权先锋方面，则与德川后期的青年完全不同。

壮士活动的第一阶段，亦即19世纪80年代前半期，确实能看

1　遠山茂樹編：《三多摩の壮士》，资料来源：《明治のにない手（上）人物・日本の歴史11》（読売新聞社，1965），181頁。

2　梅田又次郎：《壮士之本分》（博文堂，1889），14頁。又見清水亮三（瓢々居士）編：《社會の花：壮士運動》（翰香堂，1887）；内村義城：《明治社會壮士の運動》（翔雲堂，1888）。梅田試图要重建，而非維持，壮士的正面形象。见木村直惠：《「青年」の誕生：明治日本における政治的实践の転换》（新曜社，1998），276—279頁。

3　《國民之友》1887年4月3日；《朝野新聞》1887年4月5日。

4　《朝野新聞》1887年9月6日；《國民之友》1887年11月15日。

5　《朝野新聞》1888年2月23日。1910年最初由自由党的創建者板垣退助刊載的自由党历史，也使用"壮士"和"志士壮士"来形容那些倡议民权的人。板垣退助監修，遠山茂樹、佐藤誠明校訂：《自由党史（下卷）》，1910（復刊：岩波書店，1958），279頁。

出混合性。壮士在从事暗杀或小型叛乱等，以动摇统治权的象征性行动时，确实和幕末的一批人相似。和志士一样，从他们只为个人而行使肢体暴力、受个人欲望的驱动而改变政治秩序来看，他们并不算是暴力专家。[1] 然而，壮士在接受更民主的愿景方面，角度更是崭新而且不同以往。如我们在前一章讨论的博徒，壮士也参与了自由民权运动的暴力事件（激化事件）。[2] 例如，在1884年9月的加波山事件，壮士反抗者（一些史学家称"志士"）计划用炸弹暗杀明治政府的重要官员，以利建立更为民主的政府。这次事件被认为是为了报复镇压1882年福岛事件的政府领导阶层；壮士曾批评统治集团滥用国家权力、压制自由言论。1885年的大阪事件，起因于活动家计划干涉朝鲜、扶植亲日改革者金玉均。壮士负责为这件事筹措资金并制造武器；负责武器的人聚集在东京文京区的一间房舍，伪装成一间钢铁工厂，秘密制造炸弹。[3]

19世纪80年代后半期，由于参与者陆续被逮捕并判刑，壮士暴力的第一阶段渐渐结束。加波山事件后，十余名反抗者送审，七名被判死刑；而大阪事件里，一百多人被捕，超过三十人被判

---

1 色川大吉主张，这些明治时代前半期的壮士（他称为"青年志士"），在他们在深刻的意识形态与对民权思想的投入方面，和后来数十年的流氓／无赖汉有所不同。色川大吉、村野廉一：《村野常右衞門伝（民權家時代）》（中央公論事業出版，1969），142—143 页。

2 有一篇文章列出了壮士参与的事件：暗杀大久保利通，以及福岛、高田、加波山、埼玉、饭田、静冈事件。《國民之友》1887年8月15日。

3 高橋哲夫：《風雲・ふくしまの民權壮士》（歴史春秋出版，2002），20、24—25 页；我妻栄他編：《日本政治裁判史錄：明治》（第一法規出版，1968），43—53 页；佐藤孝太郎：《三多摩の壮士》（武蔵書房，1973），10—14 页。我妻使用"志士"称呼加波山事件的参与者。

刑。[1]国家对这些壮士的镇压，削弱了民权运动使用暴力的意愿，吓退想采取暴力行动的人，而且彰显了大规模起义或暴动只会徒劳而返。也许更重要的是，随着地方议会的召开、各政党政治人物的崛起、日本国会的成立，政治参与随之日渐扩大，针对几名明治政府主导者的象征性暗杀行动，因而变得没有了意义。由于政治势力不再集中于一小群人手里，暗杀一个主导者并不足以促进改变或革新。此外，政府也更加具有参与度，这使得推翻该民主政府的行动不再那么急迫。

壮士活动的第二个阶段，是由另一种于19世纪80年代末较常见的暴力形式凸显出来的：包含斗殴、拳架、破坏财物、威胁、恐吓等暴力行为。相对于暗杀策略，这类暴力的盛行有很多种理由。其中一种是关于其意图的，这时的壮士追求的是影响政治行为，而不是从根本上改变社会秩序。尚未决定投票意向的选民可能会被拳头胁迫，但是置他于死并除去这潜在的一票，并不符合壮士的利益。

政治参与的扩大，以及政治更公共化的本质，也助长了暴力行为的滋长。随着政治权力越来越分散，消灭全部的政敌是不可能的，但是透过暴力行为、尝试影响政治结果，不但有效，更是大有可为的。肢体暴力不再只针对明治政府内具威望的主导者或地方大老，而有了一个更大群体的目标，包括候选人、雄心勃勃的政客、党员以及地方级和国家级议员。此外，由于政治越来越普及，也越来越公开——演说会、辩论、选举造势——把暴力当成政治工具的

1　我妻荣他编：《日本政治裁判史録：明治》，53—56頁；手塚豊：《自由民権裁判の研究（中）》（慶応通信，1982），133頁。在卡波山事件中，有些人因为违反1884年12月27日生效的《爆発物取罚责》而受审。手塚豊：《自由民権裁判の研究》，132頁。

机会也就更多。当公开的政治活动越发普遍且日常，随之而来的暴力亦然。壮士突袭、捣乱政治集会、威胁并以肢体恐吓政敌、保护政治同盟免于有敌意的壮士暴力，成了壮士们的例行活动。

持续被压抑的政治参与也助长了壮士的暴力行为。选举权和被选举权均存在限制，这意味着政治人物的整体人数虽然较过去增多，但绝对数量还是少的。此处，就有壮士发挥其影响力的余地了。从另一个角度看，这些限制造就了一批希望参与国家政治生活但被排除在正式政治之外的年轻人。那些政治能量来源有限的青年可能会被诱导成为壮士，通过暴力表达他们在投票箱中无法表达的东西。

暴力行为不仅受到这些制度因素的鼓舞，民权领袖也积极培植暴力，他们不但促成且组织了壮士暴力。自由党从19世纪80年代的前十年着手训练壮士，在1883年的一次会议上，党内献金被用来成立剑术学校。而同一笔资金可能用于支援成立1884年的"有一馆"，有一馆是东京自由党总部的附属学校，主要教授文学与武艺。有一馆是党内壮士团的训练基地，同时筹备多场政治演说集会，讨论自由等议题。学校由内藤鲁一担任馆长（前一章谈到名古屋事件时曾提过他），成员中有些人曾经参与过大阪事件。其他教育机构，包括位于东京外围三多摩地区的学校里，民权运动领袖表面上教授文学与武术，却都特别强调体能。[1] 例如"关东会"

---

1 《郵便報知新聞》1883年11月22日，资料来源：《明治ニュース事典（第3卷）》，363页；安在邦夫：《自由民権裁判派壮士に見る國権意識と東洋認識》，《アジア歴史文化研究所：シンポジア報告集：近代移行期の東アジア政治文化の變容と形成》（早稲田大学アジア歴史文化研究所，2005），20页；遠山茂樹編：《三多摩の壮士》，178、182页；我妻榮他編：《日本政治裁判史録：明治》，51页；色川大吉編：《三多摩自由民権史料集》（大和書房，1979），444—449页。

就是主要由三多摩壮士组成的组织。19世纪80年代末，各种壮士团体以及协会如雨后春笋般出现。"大阪壮士俱乐部"成立于1888年4月；1889年春天，"东京壮士俱乐部"刊载一则报纸广告招募壮士，特别锁定那些有犯罪记录的人。离首都较远的土地上，其他类似团体也如此一一成立，包括青森县一有350名壮士的大型联盟。[1]

大体而言，壮士的组织相当松散且各不相同。例如政党"院外团"（压力团体）就和政党有直接联结，自由党就在19世纪80年代成立了一个院外团，他们就会利用壮士暴力为政党的利益服务。其他的团体、俱乐部和协会多多少少会与某一政党有着非正式的伙伴关系。关于招募壮士的文献记录少得可怜，但确实有些重要领袖、政客或政治首脑召集当地年轻人，加入这些组织。至少在自由党的例子中，比起对政党的支持，壮士对特定政治人物的忠诚是更加明确的。

19世纪80年代晚期，壮士暴力因"大同团结运动"的政治纷争而更加风起云涌，这是从1886年持续到1890年的运动，目的是支持较进步且自由的政党力量，如自由党与立宪改进党，为1890年的新国会正式召开而有所准备。同时一起携手并进的，是1887年的"三大事件建白运动"，事后证明，此事件是让壮士持续受全国关注的关键。[2] 在19世纪50年代日本与多个西方列强签订"不

47

1　真辺将之：《宫地茂平と壮士たちの群像》，《土佐史談》第211號，1999年8月；遠山茂樹等人編：《三多摩の壮士》，166、190頁；高橋彥博：《院外団の形成》，89頁；《朝野新聞》1888年7月28日，资料来源：《明治ニュース事典（第4卷）》，5頁。
2　历史学者安在邦夫非常强调1887年是19世纪80年代初激化事件结束的一年，该事件同时促进了壮士剧增。安在邦夫、田崎公司合編：《自由民権の再發現》（日本經濟評論社，2006），214—218頁。河西英通也發表相同的論點。河西英通：《明治青年とナショナリズム》，资料来源：岩井忠雄編：《近代日本社會と天皇制》（柏書房，1988），139—141頁。

平等条约"的问题上，外务大臣井上馨提出仅作微幅修改的要求，该消息一经披露，愤怒的民权分子备受打击，并强烈要求更实质的条约修订。而他们所列的"三大事件"，分别是减少地租、更大范围的言论和集会自由。

身为这些运动的一分子，壮士在1887年后半年，筹办且经常参加大型公共集会。这些集会通常以"运动会"的形式出现，融合了运动竞赛、扮装游行以及畅饮会的示威活动。其典型形式是，数百名壮士通过口耳相传、传单或是报纸公告等方式一起出现，他们携带着写满标语的旗帜，参加兼具娱乐性和政治性的公开活动。例如11月25日在京都的运动会，就有150到160名壮士一边游行，一边挥舞红色、白色的横布条和旗帜，高呼"皇室万岁""自由万岁"。[1] 这些运动会以其政治内涵与多样的形式不断考验着明治政府，因为这些集会多元的本质是在试图规避1880年4月颁布的《集会条例》。该条例为了控制自由民权运动，禁止了学生的室外政治集会和政治活动。[2] 运动会也反映出体能是壮士重视并培养的能力，运动本身、身体活动与训练程度，都是这些运动会的一部分。[3]

壮士肢体的强健在各种政治活动上同样也是有目共睹的，他

---

1 《朝野新聞》1887年11月25日，资料来源：《明治ニュース事典（第3卷）》，366页。

2 1880年的《集会条例》要求所有的政治结社与集会须向当地警方登记，并获得许可。制服员警可以监视并解散这类集会。除了禁止户外集会，此条例也禁止不同政治组织之间的联系。而公职人员、警察、老师以及学生，也不能参加政治活动。

3 有些运动会包含军事训练，相当于初级的肢体武力训练。而且，在那十年间稍早时期，运动会就曾经举办过，至少有一次有运动竞赛（一种夺旗运动），让民权活动分子与明治政府的支持者互相较劲。木村直惠：《「青年」の誕生》，64—78页。

们通常扮演煽动者及保镖的角色，为策划暴力的特定政治家服务。协助重整自由党与大同团结运动领导人之一的星亨，本身即是拥有流氓随从的政治人物。1887年10月的一起事件中，星亨放任壮士对付立宪改进党的政客和《东京横滨每日新闻》的发行人沼间守一，任由沼间的个人的敌意凌驾于自己对自由团结的政治目标。在一次自由党与立宪改进党的联合公开会面中，据说星亨被醉酒的沼间激怒，家世较好的沼间羞辱星亨，说他不过是一介农夫，接着两人言语交锋。此刻，灯突然暗掉，星亨叫来他的壮士，将沼间团团围住，用铜制烛台狠狠地揍了他，直到警察前来制止。沼间身负重伤[1]，为了抗议此事，立宪改进党后来不再派代表参加两党原定的下一次会议。除了政治余波，星亨似乎也不受攻击沼间事件的影响。[2] 少了法律上的惩戒，只会助长长此以往的现象——更多的政治人物开始招募壮士，尚未招募壮士效劳的政客，发现自己也需要人身保护。壮士充斥的结果并未中和暴力，反而制造出一种更加剑拔弩张的氛围，肢体冲突更凸显了政治上的分歧。

48

　　1887年底，大同团结运动获得了相当大的势力，这引起了明治政府的警戒。11月，一次支持者全国集会上的演说，猛烈地抨击了政府。12月，在发起者后藤象二郎多次尝试向天皇递交请愿书被断然拒绝后，一场全国支持者的造势活动就被酝酿起来了。活动家们原本打算在东京集结三千名壮士，要在皇宫前游行，要求中止关于"不平等条约"的谈判。壮士确实进入了首都，但是

1　译注：原文写沼间守一身负重伤而亡，但实际上，沼间守一于三年后的1890年才过世。

2　Ozaki, *Autobiography of Ozaki Yukio*, 92.

由于组织力不佳，人数仅三百人。[1] 然而，数百名壮士出现在东京街头，已经足够让政府焦虑了，尤其是8月时，外务大臣井上馨因条约问题辞职，政府元气大伤，也担心进步运动的力量以及日益高涨的情势，尤其是在议会政治正要展开之际。因此，1887年12月25日，政府颁布《保安条例》，而且立即生效——共七条法律限制政治集会与意见表达。这种限制的想法并不陌生，因为明治政府已经在1875年实施《新闻纸条例》，还有1880年的《集会条例》，试图遏制住自由民权运动。特别被期待能够取缔拥武壮士的是第五条条款，赋权各地区禁止携带、运送、私运"枪械、短枪、火药、刀剑或杖剑"等壮士使用的武器，除非有地方当局的允许。更能反映出壮士对政府带来巨大压力的，且与大同团结运动在东京游行更相关的，是第四条，只要是被认定为"计划煽动叛乱或妨害治安"的人，便允许警视厅在内务大臣的同意下，清空皇居半径3日里（大约11公里）内的范围。在第四条下，共超过五百名政治人物与壮士被逐出首都，有些由当地警察护送出指定区。虽然《保安条例》得以让东京中心摆脱反政府分子的骚扰，但并没有浇熄他们的热情或能量，有些壮士只是撤退到附近的横滨和八王子去了[2]。

1　鈴木武史：《星亨—藩閥政治を揺がした男》（中央公論社，1988），77—79頁；Ozaki, *Autobiography of Ozaki Yukio*, 93‐94；佐藤孝太郎：《三多摩の壮士》，15—16頁。

2　R. H. P. Mason, "Changing Diet Attitudes to the Peace Preservation Ordinance, 1890‐2," in *Japan's Early Parliaments, 1890‐1905: Structure, Issues, and Trends*, ed. Andrew Fraser, R. H. P. Mason, and Philip Mitchell（New York: Routledge, 1995），91‐94，115‐117；Ozaki, *Autobiography of Ozaki Yukio*, 95‐97；佐藤孝太郎：《三多摩の壮士》，16頁。木村强烈主张，《保安条例》应该被理解为壮士对政府产生威胁的结果。木村直惠：《「青年」の誕生》，108頁。

随着2月11日《大日本帝国宪法》的颁布，《保安条例》虽没被废除，但暂时被搁置了。而且受该条例或《出版条例》《新闻纸条例》的影响，因政治罪被监禁的人，大多获得了大赦与释放。[1]此外，德川时代的志士领袖兼导师吉田松阴，以及士族叛变者如西乡隆盛等人，也都获得死后平反。其他包括参与自由民权运动激化事件的博徒们，也都得到大赦、释放或者减刑。简言之，在宪法诞生的这一刻，明治政府的敌人获得了宽恕，甚至得到了尊崇。历史学者木村直惠认为，这些大赦是明治政府的慷慨表现，源自深植其中的信心——他们一定能够战胜这些具敌意的暴力元素，他们相信，法律、国家与其合法性终将赢得胜利。[2]

然而，壮士的暴力行为依旧气焰嚣张。就在同一个月的大阪，一场庆祝宪法颁布的活动后（所有人都喝了很多酒），约一百名壮士突袭了一间土木建筑公司，以及《大阪每日新闻》的公司。几个月后，在冈山县，壮士闯进地方议事堂，在旁听席不停地高声咆哮。[3]壮士也在他们各种政治攻击手段中，加入决斗，或是决斗威胁。他们寄信给政敌，要求一对一的决斗。德岛县和冈山县都成为目标，1889年3月到4月间，新任的内阁阁员后藤象二郎就收到12封的类似信件。我们不清楚那些一较高下的确切地点，但至少在青森县，壮士敢于不断挑衅地方议会的议员，要求决斗，并借此施压，要他

1　1869年的《出版条例》，如1875年修改的版本，规定所有的出版品必须交由内务省查核。1875年的《新闻纸条例》也赋予内务省审查报纸的权力。这两个条例被明治政府用来管控自由民权运动。

2　木村直惠：《「青年」の誕生》，108—111頁。

3　《東京日日新聞》1889年2月17日，资料来源：《明治ニュース事典（第4卷）》，651頁；《山形新報》1889年5月30日，资料来源：《明治ニュース事典（第4卷）》，79頁。

们在1889年之前辞职。政治人物因此纷纷前往偏远的地方度假，或是把自己关在家中。[1]即使在宪法颁布后的数月，《保安条例》的施行充其量虚有其名；1889年10月，来自东京及横滨的壮士依旧肆无忌惮地包围着内阁官员，递送关于条约修改议题的陈情书。[2]

19世纪80年代晚期，壮士在日本政治圈的存在已无法被忽视，木村直惠称可以通过"实践"来定义壮士的形象，如他们的服饰、发型和说话方式等。1889年《每日新闻》上的一篇文章便提到，可以从粗野的举止辨识出壮士，加上肮脏破旧的衣物、长发、声音粗犷，以及旧到松松垮垮以致随意贴在他们脸上的棉帽。[3]壮士也会佩带武器，例如杖剑、短剑或手枪。而且他们散发着某种独特的风格；如一名前壮士团成员（演歌师添田哑蝉坊）便留意到，他们"粗俗、不修边幅，不管走到哪里，肩膀后都甩着一根长棍"。[4]史学家杰森·卡尔林（Jason Karlin）认为，这种粗俗是一种"'阳刚'的男子气概"，或者说"正统的男子气概"，与西化的日本绅士所表现出的相对阴柔的男子气概形成了反差。[5]

1　《東京日日新聞》1888年12月28日，资料来源：《明治ニュース事典（第4卷）》，190頁；《山形新報》1889年5月30日，资料来源：《明治ニュース事典（第4卷）》，6頁；木村直惠：《「青年」の誕生》，100—101頁。

2　《東京日日新聞》1889年10月15日，资料来源：《明治ニュース事典（第4卷）》，387—388頁。

3　木村直惠：《「青年」の誕生》，14、103、120—121頁。

4　Jason G. Karlin, "The Gender of Nationalism: Competing Masculinities in Meiji Japan," *Journal of Japanese Studies* 28, no. 1（winter 2002）: 59.

5　Jason G. Karlin, "The Gender of Nationalism: Competing Masculinities in Meiji Japan," 41 – 44、60. 虽然在资料中似乎不常见，但壮士中也有一些女性。有一例可参见《東京日日新聞》1891年4月28日，资料来源：《明治ニュース事典（第4卷）》，389頁。

从壮士形象的变化，可以看出一名壮士所属的地区，也许还能 50
辨识出他所属的政党。位于日本中央金泽地区的壮士被称作"袴
壮士"，因为他们穿着短版、打褶、像裤裙一样的袴裤，还有极高
的木屐。他们的腰带绑得很低，刻意带着粗棍，并将左肩抬得很
高。三多摩的壮士是金泽壮士的一种变体，他们戴着白棉布做的
头巾，绑上腰带，携带约2日尺（约60厘米）长的杖剑，还有棍
子和枪支。信浓的壮士称为"毯壮士"，因为天冷时，他们会披上
一条粗毯。从衣物的长度也能区别出所属的政党。[1]

壮士不仅在穿着和举止上有可兹辨别的风格，他们也会推广自
身文化——通常带有政治意识且暴力。他们表演政治剧（壮士芝
居）批评政府，创作流行的"演歌"，例如有一首1887年左右的歌
曲，歌词中就有："增进国家利益与人民福祉，还权于民！若非如
此，炸药伺候——砰！"[2]

这种粗蛮的文化与学生流氓（硬派）的男性虚张声势重叠，而
且也受其鼓舞。如历史学者大卫·安巴拉斯（David Ambaras）对
他们的描述那样，这些特定的流氓是"这类型的学生，致力于如
柔道等体能活动，行事风格趾高气扬、具攻击性，拒绝和女性接
触则是出于唯恐变得软弱又阴柔的缘由"。[3]这种行为举止可追溯到
明治早年，当时有些学生把自己装扮成志士，在成为自由民权运动

1　木村直惠：《「青年」の誕生》，99、103、119—121頁；色川大吉、村野廉一：《村
　　野常右衛門伝》，203頁；*Japan Weekly Mail*，1892年5月28日。

2　Karlin，"Gender of Nationalism，"60.

3　David R. Ambaras，*Bad Youth: Juvenile Delinquency and the Politics of Everyday Life
　　in Modern Japan*（Berkeley：University of California Press，2006），69.

的活动家中可见此类学生。在 19世纪、20世纪之交，东京的 学生暴力不但公开且常见："很 多（学生流氓）身上带着短剑、 杖剑，或者刀子；而且学生团 体之间的'决斗'，以评论者 的话来说，'无形中成为一种 流行'。"[1]

壮士因这种凸显他们年轻 且男性化的文化而团结起来。 然而，除了年龄和性别外，他 们在背景及动机方面，又大相 径庭。可惜参考资料不足，无 法全面了解壮士的社会学特 性。阶级和教育背景的问题太 过模糊，我没有把握可以进 一步探讨；其他关于壮士组成

图2.1 明治时期两种类型的壮士（1889年 5月）。左边是典型的金泽壮士，特 征为穿着特有的高木屐、带着粗棍， 左肩抬高。右边则是信浓地区的壮 士，称为"毯壮士"。

图片来源：《每日新闻》，1889年5月28日。

的问题，也只能试探性地处理。19世纪80年代的壮士似乎融合了 前武士、农民、商人、企业家、博徒，以及上述那种学生，另外 还有流浪汉和没有固定工作的粗人。[2] 所以，这十年间的许多壮士 很可能还是兼职流氓，他们把精力分别放在政治和工作或学习上。

51

1　David R. Ambaras，*Bad Youth: Juvenile Delinquency and the Politics of Everyday Life in Modern Japan*，69 – 72.

2　Karlin，"Gender of Nationalism，" 58；佐藤孝太郎：《三多摩の壮士》，32頁。

有其他固定职业的壮士则不必仰赖暴力行为讨生活，因为他们另有收入来源，可能是农业、商业或赌博。

　　然而，当19世纪80年代即将步入尾声，自由民权运动失去了驱动力，壮士的角色才开始有了转变。如今，他们为人所知是因为流氓帮派，而非为人民权利而奋斗，壮士人数的迅速壮大，也是因为对逞凶斗狠赚钱有兴趣的青年人增加，这些人为金钱报酬所吸引，甚至是为使用武力时的兴奋感所吸引，而非对政治改革有兴趣。例如三多摩的壮士，曾经是民权活动家的农民和地主，却在往后几十年，因为一群更"像黑帮"的流氓而逐渐黯然失色，这些流氓通常是地主的次子或者三男，是一群反社会的闲人。[1] 若要说这样的情况在三多摩以外也是壮士的大致趋势，倒也不一定。但是，这种新兴的壮士形象确实在19世纪80年代晚期的某些报章杂志中饱受诟病。知识性杂志《国民之友》于1887年7月号和8月号刊载了一系列关于"新日本"的青年及政治文章，并于第二辑专门谈论了壮士在近代政治中的定位。编辑坦承，壮士在明治时期的前十年扮演了重要角色，因为青年们为他们的正义感与人道关怀所鼓舞，实现了政治上的改变。然而，明显破坏性的行为，虽然符合幕末时期的日本，但是在明治时代第二个十年的建设时期，已经完全不符合时代需求了。随着"新日本"黎明的到来，壮士行事鲁莽和不公义的做法，被认为是没有必要的，而且该杂志希望，他们能从政界直接消失。如木村直惠所认为的，这份刊物借由谴责这种暴力、

52

1　这种三多摩壮士改变的论点由色川大吉提出，高桥彦博也有引用《院外团の形成》，116頁。

批判壮士的负面形象，鼓励培养新的政治人物。更适得其所的是，这篇社论在该刊物的刊头下方，节录了一段约翰·米尔顿（John Milton）的引言："啊！更高贵的任务正等待你们（因为战争，那无尽的战争能孕育出什么呢？），直到真理与正义从暴力中解放。"[1]

甚至一向支持民权运动的出版物，也对壮士无礼和过时的本质做出类似的评论。1887年9月，《朝野新闻》上的一篇社论描写了当今文明世界与壮士所属的"腕力"（暴力）世界存在割裂的地带。这篇社论宣称，壮士的野蛮消耗了国家的能量、动力及生命力。[2]1889年3月，该报指控壮士是虚伪者，只关心自身的言论自由，并不关心其他人的言论自由。他们对于演说集会的干扰，被认为为会公然侵犯人民表达意见的权利，该篇社论促请壮士以言语回应政治意见，而非以暴力相向。该社论更是大加挞伐那些挟个人恩怨和鲁莽行事的政客，他们的作风被认为是鼓励了暴力行为。[3]1890年2月底，新闻称壮士为"暴民"或"暴徒"，他们的"乱暴"（暴力）和言论自由以及宪政核心的议会是相对立的。报纸感叹地方议会选举已经被贿赂、恐怖、暴力和"暴行"玷污了。[4]

自由党内部刊物《绘入自由新闻》也痛斥暴力是不文明的，但并没有谴责所有壮士。1887年10月的一篇社论，清楚划分了理想的"文明壮士"与"野蛮壮士"，以免污蔑了近期该党年轻的民权

---

1 《国民之友》1887年8月15日。我从本村直惠的书中看到他对这篇文章的讨论。木村直惠：《「青年」の誕生》，43—48页。

2 《国民之友》1887年9月10日。

3 《国民之友》1889年3月31日。

4 《国民之友》1890年2月25日与28日。

运动分子的理想。但是，该篇社论并未作势要求野蛮壮士弃绝他们的暴力作为。壮士对自身及他人的身体缺乏尊重，这种态度被认为是过时的、对自由主义有腐蚀作用，而且对平等概念有害。[1] 到了19世纪80年代后期，在宪法与议会政治的黎明时期，壮士已不再因他们的政治意识形态而著称，反而是以其粗蛮和暴力而为人所知。

暴力的输出：越过边界的国家主义大陆浪人

随着宪法的颁布与国会的召开，自由民权运动在19世纪90年代早期失去了动力，一些壮士抛下对民权运动的使命，将所有的精力投入到扩大日本在东亚的影响力上。那些漂洋过海执行这项任务的人被称为"大陆浪人"。他们的暴力虽然源自民主运动，但后来的行动大多是不民主的，且受到他们想将日本的外交政策导向国家扩张的欲望所驱使。

19世纪90年代这股全心全意的转向并非全新或是突然出现的，而是由前十年的民权意识形态和暴力活动中萌生而来的。整个19世纪80年代，自由民权运动老生常谈的便是拥抱国家——民主不是最终的目的，而是要致力发展一个更好、更强大的日本。某些民权运动组织，如福冈县的"向阳社"，就把重点放在民族国家主义而非其他。向阳社成立于1879年4月，由当时年轻的箱田六辅、头山满和进藤喜平太等人成立——他们因为参加19世纪70年代的

53

---

1 《絵入自由新闻》1887年10月8日。

士族叛乱而入狱，这在前一章提及过。向阳社附属学校向阳义塾的宗旨，便是敦促借由教育，不仅"培养民权"，而且要促进国家发展。整体而言，向阳社倡导的是"国权回复"的口号。1881年2月，向阳社更名为"玄洋社"，新社名即彰显出对外交事务有更深入的参与，因为"玄洋"所指的是分隔福冈县与亚洲大陆的"玄界滩"。此时，该组织同时投注心力在民权以及国家的力量上，其三项正式的方针为"尊崇天皇、热爱日本、捍卫人民权利"。[1]

玄洋社多数成员都是壮士，他们是发动暴力行为、为民权问题而向明治政治元老施压的年轻活动家。虽然他们多自称为志士，但主流报纸通常形容他们为"玄洋社壮士"。他们参与国内的政治斗争，以扩大政治参与，但玄洋社对国力的极度关切，也促使他们以大陆浪人的形式，将暴力输出到日本国界以外。

"大陆浪人"所指的范围很广，曾被用来描述远赴亚洲大陆

---

[1] 玄洋社社史編纂會編：《玄洋社社史》，1917年（復刊：葦書房，1992），209—211、223—225頁；石瀧豊美：《玄洋社發掘：もうひとつの自由民権》（西日本新聞社，1981），23頁。最后一项方针不只是慎思后的想法——头山满远赴福冈、大阪和东京，鼓吹民权，而玄洋社的指导者箱田六辅、进藤喜平太也前往首都与他会合，并向明治政府施压，以成立国会。都築七郎：《頭山滿：そのどでかい人間像》（新人物往來社，1974），85頁；渡辺龍策：《大陸浪人：明治ロマンチシズムの栄光と挫折》（番町書房，1967），79—80頁。

中岛岳志主张，头山满与玄洋社社员，以及玄洋社分派黑龙会，皆缺乏意识形态。他指出，他们只关心个人的能力、精神以及行动，比知识型的亚洲主义者多愁善感。中岛的论点也许对他特别感兴趣的泛亚洲主义者而言确实如此，但是对这些团体与领导者的国家主义倾向过于轻视。缺乏意识形态的复杂性，不一定意味着像是自由主义或国家主义这种想法，不会传递或激励他们的行为。中岛岳志：《中村屋のボース—インド独立運動と近代日本のアジア主義》（白水社，2005），129頁。

的知识分子、国家主义组织的领导人、商人，甚至是军人。[1] 历史学者塑造他们的角度各有不同，有人说他们是理想主义的先锋，有人说他们是日本帝国主义的先行者。[2] 在这里，我把焦点放在玄洋社成员中，最能代表大陆浪人典型的一种——他们是忧国忧民，对新的明治政府深恶痛绝的年轻人、非国家行为者，他们的行为受此态度所驱动，他们同时追求两相矛盾的目标，即扩大自由主义以及鼓吹日本向朝鲜及中国扩张。这些玄洋社的大陆浪人并非最严格定义的暴力专家：他们动用武力是为了实现自身的愿景，而且很可能不收取钱财。从这点看来，他们和同时期的壮士不同，当时的壮士只是被雇佣的打手，缺乏政治信念。然而，要把大陆浪人当成有政治远见的人，将壮士当成佣兵，如此严格的一分为二也是错误的。有些大陆浪人的动机很可能是出于金钱考量或冒险欲望，而一些壮士也可能对自由主义或政党政治具备政治信仰，虽然只是很模糊的信仰。但应该谨记的是，政治信仰和金钱利益不一定是互斥的。甚至，大陆浪人与壮士都

54

1　渡边龙策将大陆浪人做了以下八种分类：往北走的（北方型）；往南走的（南方型）；爱国者的（国士型）；政治的无赖汉（壮士型）；作为后卫的（后方型）；前卫的（先兵型）；知识分子（思想型）；以及行动派的（行动型）。渡邊龍策：《大陸浪人》，10—11頁。

2　关于大陆浪人可参考的史学论文，见赵军：《「別働隊」と「志士」のはざま—近年来大陆浪人研究の回顧と展望》，《千葉商大紀要》第36卷4號（1999年3月），105—124頁。将大陆浪人浪漫化的人包括（前面提过的）渡边龙策和升味准之辅。赫伯特·诺曼（Herbert Norman）和马里乌斯·詹森则采用较严厉的角度。升味準之輔：《日本政党史論（第3卷）》（東京大學出版會，1967）; E. Herbert Norman, "The Genyōsha: A Study in the Origins of Japanese Imperialism," *Pacific Affairs* 17, no. 3（September 1944）: 261–284; Marius B. Jansen, *The Japanese and Sun Yat-sen*（Cambridge, Mass.: Harvard University Press, 1954）。

是19世纪80年代的产物，在往后数十年亦同时存在。不仅某些壮士同时也是大陆浪人，而且还存在本国与他国之间的暴力流动——壮士可能出国变成大陆浪人，而大陆浪人也可能归国成为壮士。

19世纪80年代前半期，玄洋社开始将目光投向亚洲大陆，但在这段时间，他们的暴力似乎没有发挥太大作用。1882年，朝鲜发生"壬午兵变"（又称"壬午事变"或"朝鲜事变"），明治政府对于反日本势力以及中国对朝鲜半岛的干涉等，皆采取规避正面冲突的"被动政策"，玄洋社对此极为不满。因此，玄洋社把这件事往自己身上揽，招募义勇军，打算对政府层级的谈判施压。这项工作由同为西南战争狱友的平冈浩太郎和野村忍介发起，再由一先遣部队劫持一艘蒸汽船而宣告行动的展开，他们威胁船长载送他们去釜山。只是他们抵达时，谈判已经结束了。义勇军主力接着计划暗杀文官井上毅，这项计划也失败了。1884年，玄洋社希望招募一支军队，支持朝鲜的亲日改革派发动政变，然而，当由大井宪太郎主导，且有类似扶植朝鲜亲日政权想法的大阪事件失败后，导致更多警力开始监视玄洋社成员，他们便中止了这项计划。[1]

虽然如此，1889年，由玄洋社成员筹划的暗杀行动在政治高层掀起了一阵涟漪。玄洋社对明治政府的外交政策不满，他们将明显且具象征意义的目标指向了外务大臣大隈重信，因为大隈想和西方

---

[1] 石瀧豐美：《玄洋社發掘》，134—136頁；升味準之輔：《日本政党史論（第3卷）》，151頁；玄洋社社史編纂会編：《玄洋社社史》，239頁。

列强讨论"不平等修约"改正案，这普遍被视为向西方俯首的行为。玄洋社成员来岛恒喜决定暗杀这名外务大臣，并得到头山满的支持，头山满答应协助他获取所需的武器。头山满去找大井帮忙，此时的大井刚刚出狱，他循着联络人的轨迹，最后找到村野常右卫门和森久保作藏——两位知名的壮士领袖（也是下一章的重要人物），他们藏匿了一枚炸弹，并愿为了该计划将炸弹贡献出来。1889年10月18日傍晚，当大隈回到外务省大楼，来岛把炸弹丢向了大隈的座驾。来岛相信他成功杀死了这位外务大臣，并当场刎颈自杀了。可最终大隈并没有死，只是受了重伤，得暂时离开工作岗位；最后，条约改正提案还是被撤回，协议破局，主要原因是民众对大隈处理整件事存在不满。参与这起暗杀案的约四十名玄洋社成员均接受调查，但仅一人因为谋刺而入狱，其他人则扣留至隔年3月。[1]

55

19世纪90年代初期，玄洋社与其前民权运动的同志分道扬镳，开始追求激进的外交政策议题，实施的暴力也变本加厉，这是因为政府的漠视，甚至暗地里的支持。1894年春天，当朝鲜一个名为"东学党"的宗教团体发起一场大型叛变，玄洋社就抓住了这个机会，协助东学党驱逐半岛上的中国势力。[2] 玄洋社成员和已经

---

[1] 头山满被大阪警察逮捕，但隔天就与其他人一起被释放。玄洋社社史编纂會编：《玄洋社社史》，393—394页。都築七郎：《頭山滿》，133—143頁；相田猪一郎：《70年代の右翼：明治・大正・昭和の系譜》（大光社，1970），93—94頁；渡辺竜策：《大陸浪人》，66—67頁。

[2] 姜昌一：《天佑俠と「朝鮮問題」:「朝鮮浪人」の東学農民戦争への対応と関連して》，《史學雜誌》第97編第8號（1998年8月），16—19、23—27頁；Hilary Conroy, *The Japanese Seizure of Korea, 1868－1910: A Study of Realism and Idealism in International Relations* (Philadelphia: University of Pennsylvania Press, 1974), 230－231。

在朝鲜的日籍大陆浪人（也被称为"朝鲜浪人"）奋起，成立了"天佑侠"。[1] 天佑侠这个团体最初共有14人，其中5人为玄洋社的大陆浪人，分别是武田范之、铃木天眼、大原义刚、白水健吉，以及时年20岁的内田良平。另外有7人是朝鲜浪人，他们与政府或军队无关，是釜山"大崎法律事务所"的相关人员；另外两人则是军人。[2] 天佑侠大部分的精力都投入在设法筹措武器和弹药上，尽管在离开日本、前往釜山前，内田与大原便尝试从玄洋社名人平冈浩太郎经营的煤矿场运走一些炸药。一到釜山，这个团体计划从日本领事馆炸药仓库偷取炸药的行动就受阻了，但最后，他们还是从一名日侨经营的金矿场抢走了一部分炸药。[3] 因为此事，他们被日本公使以"强盗罪"的罪名发布逮捕令，但是日本军的兵站部（后勤）最终只逮捕了一名卷入此事件的天佑侠成员——而且，当领事馆的一名内部人员为这名被告骗取到有利证词后，他便被判无罪。[4]

1　"天佑侠"这个名词没有惯用的英文翻译，内田用的是"天佑英雄（Heavenly Blessing Heroes）"，希拉里·康罗伊（Hilary Conroy）用的是"拯救天下的侠义精神（Saving Chivalry Under Heaven）"，而诺曼用的是"被压迫者天国救赎会（Society of Heavenly Salvation for the Oppressed）"。Jun Uchida，"'Brokers of Empire'：Japanese Settler Colonialism in Korea，1910‑1937"（Ph. D. diss.，Harvard University，2005），42；Conroy，*Japanese Seizure of Korea*，230‑231；Norman，"Genyōsha，"281。

2　姜昌一：《天佑侠と「朝鲜問題」》，5—9頁；蔡洙道：《「天佑侠」に關する一考察》，《中央大学大学院研究年報》第30號（2001年2月），442—444頁。

3　葛生能久：《東亜先覚志士記伝》1933年（復刊：原書房，1966），181—194頁；西尾陽太郎：《頭山滿翁正傳》（葦書房，1981），215—216頁；姜昌一：《天佑侠と「朝鮮問題」》，15頁；石瀧豊美：《玄洋社發掘》，174—175頁。

4　葛生能久：《東亜先覚志士記伝》，187—194、294—295頁；姜昌一：《天佑侠と「朝鮮問題」》，11、15—16頁；石瀧豊美：《玄洋社發掘》，175頁。在他们试图以多种方法取得武器和弹药时，天佑侠在技术上违反了一条认为"为革命输出（转下页）

由于他们在朝鲜属于外国人，并且与日本领事馆的几名高官有着友好关系，天佑侠成员即使行为肆无忌惮，也鲜少尝到苦果。在朝鲜活动时，他们对朝鲜南部乡民的野蛮行为虽惹恼了当地政府官员，但官员们对此束手无策，只能促请釜山的日本公使和领事馆采取行动，虽然这种要求也被当作了耳边风。由此看出，某些军事分支部门很愿意与天佑侠成员合作，因为他们两方都对中国抱有戒心。1894年8月，甲午中日战争爆发，许多天佑侠成员与日本军方合作，搜集情报，对中国军队进行情报侦察。这项对军方的服务成功说服了政府不对参与矿场抢劫案的任何一名天佑侠成员进行惩处。[1] 随着甲午中日战争的爆发，天佑侠的大陆浪人对明治政府不再有任何敌意，因为双方的理念如今已趋向一致，要利用暴力保护日本在海外的利益。

56

在这十年间，日本暴力在朝鲜最有名也最关键的行动之一，是两名天佑侠大陆浪人（以及自由党壮士）在日本政府的命令下，

（接上页）购买与出口武器"为非法行为的法律。其成员也违反了日本政府特别禁止贩卖武器给东学党叛徒的规定。宫崎滔天《三十三年の夢》英译版序文：*My Thirty-Three Years' Dream: The Autobiography of Miyazaki Tōten*, by Miyazaki Tōten, trans. Etō Shinkichi and Marius B. Jansen（Princeton：Princeton University Press，1982），xxv；姜昌一：《天佑侠と「朝鮮問題」》，10—11頁。

1　姜昌一：《天佑侠と「朝鮮問題」》，13、15頁；葛生能久：《東亜先覚志士記伝》，295頁。这不是玄洋社员第一次提供军事情报。19世纪80年代，头山满就已经派遣大陆浪人到中国进行情报搜集，而且与有志一同的军人建立联系。Norman，"Genyōsha，" 278頁；王希亮：《大陸浪人のさきがけ及び日清戦争への躍動》，《金澤法學》第36卷第1-2合併號（1994年3月），62頁；Douglas R. Reynolds，"Training Young China Hands: Tōa Dōbun Shoin and Its Precursors，1886 – 1945，" in *The Japanese Informal Empire in China，1895 – 1937*, ed. Peter Duus，Ramon H. Myers，and Mark R. Peattie（Princeton：Princeton University Press，1989），212 – 216。

于1895年暗杀明成皇后（又称"闵妃"）。这次暗杀行动由日本驻朝鲜公使三浦梧楼策划，他担心由明成皇后领导的反日派将损及改革成果以及日本在朝的影响力。三浦集结了移居朝鲜的各色日本人，合力袭击了皇宫，杀死了明成皇后和她的随从。共同参与策划的还有天佑侠大陆浪人武田和大崎，以及两名玄洋社员——其中一人参与过自由民权运动，后来担任剑道与柔道师父；另一人则来自玄洋社狂热支持者家庭，后来被聘任为头山满的秘书。他们参与的这起暗杀，广泛被认为是日本殖民朝鲜的前因，这些人后来只受到母国明治政府轻描淡写的惩戒。参与政变的48人被逮捕，关在广岛，几个月后，就因罪证不足获释。三浦后来继续在政治道路上飞黄腾达，1910年甚至被任命为枢密顾问官。[1]

扩张主义者大陆浪人四处搜集情资、参与武力打击敌人的工作，一直持续到了日俄战争。此次的舞台在中国东北，而俄国成了日本势力的新威胁。这次是玄洋社成员内田良平在西伯利亚与海参崴进行侦查工作，他在那里成立了一所武术学校，后来成为大陆浪人的中心。1901年，内田成立"黑龙会"，该社名取自中国与俄国边境的河流黑龙江，黑龙江以南是俄国势力无法到达的地方。黑龙会集结了好斗的大陆浪人以及气味相投的政客，包括玄洋社的平冈浩太郎和头山满，自由党的大井宪太郎，以及军人、记者和其他政党的党员。1903年，黑龙会将大陆浪人在西伯利亚

1　姜昌一：《天佑俠と「朝鮮問題」》，28頁；大矢正夫（色川大吉編）：《大矢正夫自徐伝》（大和書房，1979），136—137頁；石瀧豊美：《玄洋社發掘》，177—179頁；Uchida, "'Brokers of Empire,'" 44－45；我妻栄他編：《日本政治裁判録：明治》，224—233頁。

搜集到的情报提供给了军方，并且得到军事首脑的首肯，动员中国东北的马贼，切断与俄国的通讯线。[1] 1904年，日俄战争爆发后，军方接受了玄洋社的提议，将其成员纳入军方，并成立"特别任务队"，即后来所知的"满洲义军"。最初的16人包括几名军人和9名玄洋社成员；"满洲义军"的人数后来增加到55人，配有步枪，且受过训练。[2] 一抵达中国东北前线，义军就积极招募民兵和马贼（据称有数千人）担任暴力专家，这些人负责发动游击战、侦察工作和获取物资；在日俄战争于1905年9月结束之前，他们已是身经百战。[3]

57

到了19世纪、20世纪之交，这些大陆浪人（常被称为19世纪80年代壮士的"年轻亲戚"）到处耀武扬威，无论其企图或结果都与民主无关。玄洋社的大陆浪人有意识地使用暗杀策略改变日本外交政策的走向，这无疑是一种流传下来左右政治影响力的不公义手段。其他类型的大陆浪人则跟随他们的脚步，在之后讨论战前国家主义团体与战后政治掮客时，他们还会出现。对玄洋社的大陆浪人而言，他们对明治政府最初的敌意已经逐渐消散，因为他们成为扩张主义下快速成长的纽带关系中的一环，而以战争和帝国之名，他们的暴力已经与国家暴力融为一体了。

1　蔡洙道：《黑龍會の成立—玄洋社と大陸浪人の活動を中心に》，《法学新報》第109卷第1-2號（2002年4月）：163—169、175—180頁；Jansen, *Japanese and Sun Yat-sen*, 111。

2　葛生能久：《東亜先覚志士記伝》，815—817、822頁；石瀧豊美：《玄洋社發掘》，183—185頁；西尾陽太郎：《頭山滿翁正傳》，236—237頁。

3　Ishitaki, *Gen'yōsha hakkutsu*, 185–187；西尾陽太郎：《頭山滿翁正傳》，235—237頁；葛生能久：《東亜先覚志士記伝》，815頁；頭山統一：《筑前玄洋社》（葦書房，1977），205—207頁。

议会政治与壮士的专业化

在推进激进外交政策的背景下，玄洋社和明治政府合作无间，玄洋社的流氓们也得到了政治元老的支持，国内形势受此影响而四分五裂。玄洋社壮士现在做好准备要对抗之前的政治同盟：那些持续隶属于进步政党的壮士。这场政治分裂落在19世纪90年代初期的主要政治断层线上：由明治元老所支持的保守政党（吏党），以及民权运动拥护者和继承者支持的民众党（民党）。两边都集结了各自的流氓，如今他们被区分为"吏党壮士"或"民党壮士"。甚至，党的内部也存在着对立，这更加助长了壮士暴力的气焰。

壮士是如何出现在政治角力的各个层面的呢？仅以意识形态的差异来回答是很难服众的。例如，玄洋社的国家主义和扩张主义纲领，最终促使他们支持了吏党。而民党壮士包含了之前十年尽心尽力的民权运动分子。但是，有些壮士会为任何需要他们的一方逞凶斗狠，或者只是因为时势而随波逐流。确实，"赝壮士"这个名词在这段时期相当普遍，尤其指那些可以用钱财雇佣的壮士；一份报纸将"赝壮士"形容为疾病，把他们对国家的毒害比喻成霍乱感染人类。壮士的水平反映在其施暴能力上，这也能从一名壮士对潜在雇主描述自己的工作动机和条件中看出。[1] 他说："如果我有一些助手，我可以恐吓农夫或商人，或者暗中袭击某个政敌……我的木棍

1　《朝野新聞》1890年9月25日。

58

是有点粗，也有点笨拙，但我就是没钱买杖剑。不过，我也习惯用这支木棍了。"[1]身为暴力专家，壮士在警察的眼里，和轻型罪犯并无二致。一本1892年的警察杂志刊登了一篇文章，将壮士和不讨喜的三轮车夫及博徒，同样归入低阶的社会阶层。[2]这类描述不应该照单全收，因为警察企图抹黑壮士的形象，更遑论并非所有壮士都是不关心政治的打手。这一群流氓包括全职者与兼职者；有政治野心的人，和需要金钱求得温饱和栖身处的人；有教唆年轻手下的领导者，以及只是听命行事的追随者。然而，跟随19世纪80年代末的壮士潮流，90年代初期的壮士逐渐成为典型的职业暴力专家——他们受到雇佣、有组织，其个人价值便是他们逞凶斗狠的能力。

壮士不仅成为优秀的暴力专家，人数还在不断增加。讽刺的是，正是不断扩大的政治参与者人数持续助长了暴力行为的兴盛。随着议会政治的到来，有越来越多人需要并促使着壮士提供服务。流氓们会发现第一批当选国会议员的人（众议院300人）很需要他们，主要政党的成员亦然。

同时，选举权和被选举权的持续限制，也助长了对壮士的需求。明治政府虽然成立了有众议院的国会，然而，与《宪法》同步颁布的《选举法》，却将选民的条件限制为年龄25岁以上的男性、在该府县设籍超过一年的永久居住者，而且实质缴纳至国税的总额一年至少超过15日元且已缴纳一年以上；如果是所得税，则需缴纳三年以上。在这些规定下，1890年7月的第一届众议院议

1　*Japan Weekly Mail*，1892年5月8日。
2　木村直惠：《「青年」の誕生》，113頁。

员普选，全国仅总人口的1%符合投票资格。符合资格的选民比例因地区有所不同：这条法律对土地税较有利，对所得税较不利，因此，乡村地区的代表多到不成比例，而东京只有0.38%的人有资格投票。[1] 如历史学者色川大吉指出的，有限的选民意味着每一票都很重要，所以，壮士如果对选民施压，就能在很大程度上左右选举结果。[2] 这是明治元老在面对议会政治时，企图延续并积累政治实力的盘算。这不仅使暴力行为拥有了政治层面的价值，也助长了挑战政府的壮士活动持续掌控国家政治的野心。

当所有这些元素联合起来——意识形态的差异、政治参与的扩大，以及明治政府对选举人的限制——壮士在政治上成为一种长期存在的现象。政治角力的每一方都发现，当他们面临敌对方的流氓时，也需要展现自己的力量。而高涨的政治纷争，确保了壮士作为对抗政敌的盾牌和战力而长期存在。

1890年第一次众议院议员普选的选举活动期间，壮士确实颇为盛行，还制造出一种肃杀的政治氛围。与壮士相关的事件报告来自各县市，包括熊本、高知、石川、富山、新潟、兵库、埼玉、栃木、群马、爱知、三重、横滨、大阪和东京。大多数情况下，流氓都危及了选举过程。壮士的典型做法是，打断公众集会，威胁对方的候选人和支持者，然后双方进入对峙。他们在一定程度上，像是拙劣的拉票者，例如在大阪的一次竞选活动中，一名候选人雇佣他认识的博徒，成群地包围了选民，借此影响投票。或

1　R. H. P. Mason, *Japan's First General Election, 1890*（Cambridge：Cambridge University Press, 1969）, 30–31.

2　色川大吉、村野廉一：《村野常右衛門伝》，202頁。

是在横滨，有壮士在每个十字路口张贴海报，扬言要杀死任何投票给敌对阵营候选人的选民。壮士也兼任安保人员，作为某候选人或政党的捍卫者或拥护者的角色，导致他们常常和其他壮士起冲突，例如在6月底时，熊本县就有两个派系的壮士大打出手。总体而言，壮士暴力有组织、有目的、有策略，有时甚至是例行性的或是仪式化的。壮士冲进演说会的记载，读来大同小异——集会开始，壮士冲进来突袭讲台、攻击演说者和其他人、捣毁物品，然后离开——壮士照剧本演出，如专业人士表演了一场特定任务。

这种胁迫与威吓是否动摇了选民意向，我们不得而知；"各选举人的门前，一方的恶棍和另一方的恶霸相遇，彼此怒目相向",[1] 这种景象，显示了各派系雇用壮士的情况，可能反而中和了壮士的影响力。然而，政府显然也密切留意着选举日即将到来之前的暴力活动。5月29日，政府为《众议院议员选举法》的颁布追加了《罚则补则》，将恐吓个别选民、绑架选民、选举日妨碍选民前往投票所等行为，均列为可处罚的罪行。这些规则是用来完善《众议院议员选举法》的，明文禁止大举恐吓选民、在投票所与选举集会场所制造暴动的行为，以及对选民施加一般暴力行为。投票日当天，也会安排大量警力。在东京，每个投票所配置6名警察，在香川县和神奈川县，有数百名警力执勤。投票日这一天，虽然仍有壮士出现在某些地点，但各地出奇地平静。[2] 然而，投票日前几个月，壮士已经明确了他们未来几年在议会政治实践中的角色，

60

1　Mason, *Japan's First General Election*, 177.
2　Mason, *Japan's First General Election*, 52－58, 174－177.

最后民党取得对吏党的压倒性胜利——171席对129席——加剧了明治政府对失去政治掌控力的担忧。[1]

　　1890年选举中的暴力并非昙花一现，随着日本在选举和议会政治方面日益成熟，暴力凶狠的政治氛围并未消散，这次的选举暴力反而巩固了壮士在政治圈的重要性。随着第一届国会选举结束，日本政界划出了国会内和国会外的势力分野。某些参加众议院选举的党员，在政党内形成了两个阵营，其中，复兴的立宪自由党（以下称"自由党"）更是如此：党内分为当选的党员（"议员团"），以及落选的党员（"院外团"）。[2]两者都受到该党的重视，而已经普遍存在的政治圈壮士也找到了安身立命之处——院外团活动的重要执行者。

　　壮士的暴力行为成为议会政治不可或缺的一环，这从自由党于1890年9月成立时，便可看出端倪。9月15日，自由党在东京芝公园的弥生会馆举行正式的成立仪式，有超过300名党员和其他数百名参加者集会，并聆听创党声明。非党员中，最重要的人物是反对自由党成立的远藤秀景。远藤是众议院议员，后来成为另一个更保守且国家主义的"国民自由党"党员，该党极为短命，成立于11月，隔年便解散了。[3]远藤和他的几个同党联合壮士一起干扰仪式的进行。来自关东地区及来自石川、福冈、熊本与高知县的武装壮士闯入大厅闹场，掀起了一阵骚乱。自由党的壮士穿着一身白色棉质和服，看起来像白鹭一样，六七人一组，早一步驻守

1　选举结果参照：Akita, *Foundations of Constitutional Government*，76。

2　升味準之輔：《日本政党史論（第2卷）》（東京大學出版会，1966），163頁。

3　Mason, *Japan's First General Election*，193 - 194.

在大厅四周，立刻和闯入者互相咆哮。弥生会馆内外也早已部署数百名值勤员警，但他们似乎没什么作为——早在公园游荡的壮士，当然有办法大举冲入会场。在这种骚乱的情况下，仪式草草结束，参加者都被驱赶出去了。接下来的几天，壮士持续干扰着自由党事务。9月16日，壮士混入一场自由党会议的旁听席内，但克制住了，没有掀起混乱。9月17日，当远藤亲自参加辩论时，不同阵营的壮士便彼此叫嚣了起来。9月18日，紧张情势引起了肢体冲突。自由党在东京木挽町地区的集会于上午10点开始，原本要选出干部和讨论其他党务，但是壮士在二楼看台爆发冲突，会议被迫中断一个半小时。原本坐在旁听席两边的敌对壮士大打出手，直到警察好不容易压制住这些流氓，之后，远藤的壮士与他的同党才离开。[1]

61

这些壮士并未躲过记者的耳目。《朝野新闻》谈及这些流氓时，仍称他们为"暴汉"，特别指自由党壮士为"暴徒"与"乱暴者"。该报指出，壮士的核心是封建的，指控他们玷污了日本少年的名誉，呼吁扩大警力管控。《读卖新闻》也同样愤怒，将壮士"暴汉"或"凶徒"的猖獗，归因于那些罔顾后果而诉诸武力的政客。[2]

即使有这些谴责的声浪，壮士暴力依旧挥之不去的最大原因是政治势力间的各种对抗和分歧。民党与政府之间所形成的紧张对峙持续着，尤其是关于"超然内阁"的议题。这些阁员由明治

1　植木枝盛：《植木枝盛日記》（高知新聞社，1955），363—364頁；《朝野新聞》1890年9月16日；升味準之輔：《日本政党史論（第2卷）》，168—169頁。
2　《朝野新聞》1890年9月13日；《読売新聞》1890年9月14日。

元老控制，将政党政客摒除在外，以便"凌驾"于党派政治之上。他们因此受到民党的激烈反对，尤其是自由党与"立宪改进党"（此后简称"改进党"），他们支持政党内阁，希望弱化官僚对行政权力的控制。自由党与改进党之间亦存在着矛盾，各自政党内亦然。所有这些都在1891年初政府预算的白热化争议中得到了体现。自由党和改进党党员均反对内阁提出的8 332万日元的预算，并支持众议院的一个委员会提出的在原预算基础上削减888万日元的要求。由于自由党内"强硬"派坚持削减预算，"稳健"派则愿意与内阁协商，党内的分裂使得预算议案更加复杂。[1]

壮士暴力延续了这些分歧，预算争议和选举一样都被这些分歧所延续，这是一种形式的政治竞赛，当中的有形武力被认为是一项资产，而这种暴力当然无助于双方妥协的讨论。例如，1月7日，壮士打断了一场弥生俱乐部的会议，该俱乐部由自由党的国会成员组成；约七十名成员参加了这场会议，而就在议题转向预算讨论时，二三十个手持棍棒的壮士强行越过接待人员，进入大厅，高喊类似"自由党员收受改进党贿赂！"之类的话。壮士各自散开，有些人围着主席的桌子，其他人则向国会议员植木枝盛靠近。当植木拒绝与他们谈话，七八个壮士便用棍棒殴打他，直到他倒地不起为止。在他附近的安田愉逸也被打到重伤。为了击退他们，众议员林有造鼓动其他人用椅子来抵抗壮士，壮士被迫撤退到了大厅，议员的三轮车夫和其他集会人员紧接着对他们一阵毒打。

62

1　Mason, "Changing Diet Attitudes," 98 – 99; Akita, *Foundations of Constitutional Government*, 77 – 81.

最后两名壮士被捕，植木头部受到重伤，安田也负伤了，大厅里一片狼藉。会议后来在警察的保护下继续进行。[1]

在其他案例中，壮士将他们的注意力集中在个人身上。预算委员会委员长大江卓就是特别有吸引力的目标。壮士定期出没于他的住所前，甚至一度谣传他已经被暗杀了。作为防卫手段，大江也组织了一群约一百人的壮士。[2] 其他相对没那么有名的人物也深受威胁。1月10日晚上，似乎是强硬派的壮士锁定了正要前往帝国饭店参加稳健派聚会的丰田文三郎。某人在饭店柜台要求见丰田，丰田因此从会议中出来；当两人谈话告一段落后，11名携带武器的壮士旋即围过来恐吓他。所幸警察赶到解围，丰田毫发无伤，事后在警察的陪同下回到家中。[3]

因此，国会议员需要随时保持戒备。根据政治人物犬养毅的说法，在国会议场时，每个人都随时准备在必要时掏出杖剑。当天会议结束时，每位议员的壮士都会在帝国议会前待命。当他们看见老板从众议院门口现身，便立刻趋前，护送他们离开。[4]

到了19世纪90年代初期，政府想将壮士驱离首都的打算似乎比在80年代末期更加难以实现了。1月13日，警视厅总监引用《保安条例》第四条，成功把六七十名壮士驱离东京。然而，1887

1　植木枝盛：《植木枝盛日記》，371—373頁；*Japan Weekly Mail*，1891年1月10日；《東京日日新聞》1891年1月8日，资料来源：鈴木孝一編：《ニュースで追う明治日本発掘：憲法発布・大津事件・壮士と決闘の時代》（河出書房新社，1994），161頁。《東京日日新聞》文章之英文版，见Mason，"Changing Diet Attitudes,"99 – 100。

2　升味準之輔：《日本政党史論（第2卷）》，175頁。

3　Mason，"Changing Diet Attitudes," 101.

4　升味準之輔：《日本政党史論（第2卷）》，176頁。

年，多数壮士只是撤退到了附近的横滨、川崎和神奈川。依据《邮便报知新闻》，仍有超过一千六百名的壮士留在东京。[1] 这个数字看似很高，但即使是《朝野新闻》在2月底引用的较保守数字，也显示驱离行动的规模有限。根据该报，各党常规任用151名壮士，数百名壮士附属于特定的政治人物，还有临时雇用的壮士。[2]

比以上这些模糊的数字更清楚的是，尽管受到了打击，但壮士**63** 活动依然很活跃，甚至在国会议事堂的大厅也不例外。2月14日，反对削减预算的国会议员井上角五郎在众议院中午休息期间前往餐厅时，被人用铁棍击中了右脸。他奋力将那名年约三十的壮士压制在墙上，直到警察赶到。[3] 而国会议员尾崎行雄也记录了一大串的负伤政客名单，能说明壮士攻击事件有多么频繁：

> 看见国会议员全身包扎着来到议院，并不稀奇。犬养（毅）君的头部受伤。岛田三郎君数次遭受攻击，伤势严重。高田早苗君被人用剑从背后砍伤，刀刃几乎及肺；要不是他身材胖了一点，可能当场断命。河岛醇君、植木枝盛君和井上角五郎君全都在不同时间被袭击了，来到议场时，身上都以绷带包扎。末松谦澄君被人从旁听席丢掷马粪。议员同志经常在议

---

1 Mason, "Changing Diet Attitudes," 103 – 104; *Japan Weekly Mail*, January 17, 1891.

2 这篇文章的来源，以及为什么这些数字如此精准，原因不明，所以这些数字不应该被解释成绝对可信。报纸揭载各政党的壮士人数：自由党103人、国民自由党42人、改进党6人、大成会0人。文章中也提供特定政客的壮士人数，如大井宪太郎50人、星亨30人、尾崎行雄2人。《朝野新聞》1891年2月20日。

3 *Japan Weekly Mail*, February 14, 1891.

场互殴，这里沦为一处极其暴力的场所。[1]

图2.2 壮士在帝国议会出入口留意国会议员进出。

图片来源：The Graphic，1893年4月15日。

在众议院会议场中，政治家中村弥六曾殴打犬养毅的脸部，他暗示犬养毅接受了贿赂而缺席了投票。[2]

对于壮士渗透进政治的原因目前有多种解释。其中一种思维是，肢体暴力是政治游说的有效工具；确实，由于议会政府中的参与者（目标）人数相对较少，暴力便极具影响力。这种情况衍生了一种保护需求，而且也创造了一项事实：一旦壮士成为政治角力

64

1　Ozaki, *Autobiography of Ozaki Yukio*，130.

2　Ozaki, *Autobiography of Ozaki Yukio*，130.

中不可或缺的一环，特意回避他们反而危险，甚至不利。如此形成的政治暴力文化，使得肢体暴力被广泛接受为普遍行为，又因缺乏系统性的问责机制，这样的文化便被延续了下来。此外，由于全国仅1%的人能在投票所表达他们的声音，政客根本不必向广大民众解释他们的行为。即使选民基础扩大，人们也不清楚要如何利用选票抗议这种全面展现的政治行为。

国家暴力与第二届众议院议员普选

1892年，原本已充满暴戾之气的氛围，因为日本历史上第二届众议院议员普选时国家武力的动用而雪上加霜。面对民党在国会中占多席，且反对预算案，明治政府（更确切地说，是松方正义内阁）决定用尽各种可能的暴力形式来阻止民党候选人参选，为吏党赢得多数席位。这项计划的操盘手是内务大臣品川弥二郎，他是来自长州的前志士，曾经在吉田松阴的私塾学习过。明治维新后，他在欧洲待了六年，1882年被任命为农商务大辅；1891年成为内务大臣之前，他还成立了海运公司。品川对地方政府下达的指示缺乏明确的说法，但是，为了阻碍民党候选人当选，他们实际执行了多种策略。警方对辖区内的商家施压，要求他们投票给吏党候选人，并逐户拜访个别投票人，试图改变他们的投票意向；警方也会与民党壮士大打出手；而且，他们还会与吏党壮士一起在投票日当天阻碍选民前往投票所。另外还有其他形式的"选举干涉"，如后来为人所知的非武力的威胁：买票、选择性办案

（尤其是和新闻出版相关的事上）。[1] 政府雇用壮士不是新鲜事，但是，1892年选举时的吏党壮士人数，比前几年任何政争时的人数还多。[2] 这种情况下，加上警方过度扩权恐吓投票人，结果造成极为暴力且混乱的第二届众议院议员普选——在新一任众议院议员选出之前，已有24人死亡，388人受伤。[3]

　　许多县市都传出了壮士活动的报告——栃木、茨城、富山、爱知、滋贺、三重、奈良、兵库、香川、福冈、熊本、宫崎、鹿儿岛等——最严重的当数九州的佐贺县及四国的高知县。[4] 佐贺县有92人受伤，是全国最多的，且有8人死亡，死亡人数在全国居第二位。高知县死亡人数高达10人，为全国最多，受伤人数居全国第二位，为66人。[5] 这两个县的伤亡人数最多，部分是因为当地是两个最重要的民党诞生地——自由党最初由高知人（土佐藩）板垣

65

1　高橋雄豺：《明治警察史研究》（令文社，1963），221—223、225—226、264—275页。并非所有的松方内阁阁员都支持选举干预；伊藤博文即是态度保留者之一。见 Akita, *Foundations of Constitutional Government*，99–100。

2　1892年选举前几年，犬养毅就谈过民党政治家多么恐惧被政府雇用的壮士殴打。1891年1月7日，刊登在《朝野新闻》上的一篇文章区别了挥舞棍棒的民党壮士，以及挥舞刀剑的吏党壮士。（报纸可能也评论了挥舞刀剑的警察之暴力行为，称他们为"壮士"。）升味準之輔：《日本政党史論（第2卷）》，176页；《朝野新聞》1891年1月7日。

3　佐賀県史編纂委員会編：《佐賀県史（下卷）近代編》（佐賀県史料刊行会，1967），117页。依据尾崎行雄回忆，报道的死亡人数为25人。Ozaki, *Autobiography of Ozaki Yukio*，128。

4　《読売新聞》1892年2月13、15—17日；《東京日日新聞》1892年2月17、18日；高知県編：《高知県史：近代編》（高知県，1970），231页。

5　死亡人数最多的是高知（10人），其次为佐贺（8人）、福冈（3人）、千叶（2人）、熊本（1人）。受伤人数最多的是佐贺（92人），其他还有高知（66人）、福冈（65人）、千叶（40人）和熊本（37人）。佐賀縣史編纂委員會編：《佐賀縣史（下卷）近代編》，117页。

退助成立，改进党则由来自佐贺的大隈重信所成立。因此，这两个地方是壮士活动的温床，也许正因如此，便理所当然地成了政府干预选举的目标。[1] 改进党政治人物尾崎行雄曾评论佐贺警本部长的行为是"私自指示部下，付钱给街上三教九流的恶棍和暴徒，去威胁良民。他指示这些人对那些不投票给吏党的选民亮出刀剑，不必迟疑"。[2] 由于源自此地并尤其喜欢在附近活动的玄洋社的存在，暴力形势日益恶化。该组织在这次选举中，决定背叛先前的民权运动联盟，改弦易辙，与政府站在同一边。松方正义内阁的承诺与民党的愿望相左，他将推动增加军事支出，此举当然受到玄洋社的欢迎，毕竟比起本国的自由主义，玄洋社如今对激进的外交政策更感兴趣。因此玄洋社大举为吏党拉票，召集附近地区的壮士力量，动员矿工和前武士，并与极道老大结盟。[3]

特别是在佐贺与高知，当然在全国也一样，暴力的规模远比1890年选举时更大。据说在此之前，即有壮士40到50人一组成群拉票，这是标准的做法；如今100人甚至更多人一组拉票，也是家常便饭。例如在高知，超过100名吏党壮士在1月29日上午集结在佐川村，煽动自由党壮士火拼。一篇报纸文章指出，武装的2名警部（初阶警官）和40名巡查驱离了混乱中的一群人，只是不清楚警方是否以相同的力道驱散了双方，或者和吏党壮士站在同一

1　島津明：《本朝選舉干涉史》，《人物往來》（1995年3月號），50頁。島津明并未指出政府刻意针对这两个县。

2　Ozaki, *Autobiography of Ozaki Yukio*, 128.

3　石瀧豊美：《玄洋社發掘》，154—155頁；都築七郎：《頭山満：そのどでかい人間像》，161頁；Norman, "Genyōsha," 276。

阵线。[1] 随着2月15日选举日逼近，在竞选场合中活跃的壮士人数愈发增加。在高知县幡多郡，有1 300名民党壮士迎战1 000名吏党壮士，导致一场"大骚动"；在另一个村里，800名壮士被教唆加入一场进行中的群架，官方派了11名警官和5名宪兵队来压制。[2] 另一次事件中，2 000名自由党壮士对《高知日报》报社丢掷石块，之后有20到30名武装宪兵队追赶他们。[3] 宪兵队和陆军部队表面上被派遣到高知维持秩序，但是自由派政治人物尾崎行雄宣称，宪兵队和陆军部队对民党多次威吓。[4] 众多壮士亦集结在高知外围。而在本州对岸的宫崎，有300名吏党壮士在本庄村通过丢掷石块干扰一场民党的公开集会。[5]

　　这次的暴力情势比1890年时的更紧张，甚至不只是暴力行为，已经到了谋杀的地步。2月4日，同样在高知，一名自由党壮士在幡多郡的村里杀了吏党壮士菊池仪三郎。[6] 一星期后，吏党在高冈郡的另一个独立事件中，杀了自由党壮士。在北原村，一名吏党壮士刺死两名自由党壮士；而在岩野村，另一名壮士杀了一名自由党壮士，而后被捕。[7] 同样在高冈郡内，4名吏党支持者在2月14日晚惨遭杀害。而在吾川郡，自由党壮士则遭到150名壮士包围、攻击；两名自由党壮士死亡，一名检察官和一名法官被派往调查。[8]

66

1　《読売新聞》1892年2月5日。

2　《東京日日新聞》1892年2月17日；《読売新聞》1892年2月17日。

3　《東京日日新聞》1892年2月17日。

4　Ozaki，*Autobiography of Ozaki Yukio*，127－128.

5　《読売新聞》1892年2月15日。

6　《読売新聞》1892年2月5日。

7　《読売新聞》1892年2月12日。

8　《東京日日新聞》1892年2月17日。

《国民之友》杂志评论这些暴力事件的规模，谴责杀人是野蛮行为，不仅令高知县的人民、警察与知事难堪，也让外国人眼中的日本人更为难堪。[1]

　　恐吓选民的行动持续到选举日当天，这场选举因为壮士挡路、在投票所闹事而蒙上阴影。在石川县，有吏党壮士驻守在一处投票地点，攻击可能的民党支持者，又在另一处投票地点前点火，阻止选民投票。恐吓选民的情况，在动员宪兵的东京也很严重，这些宪兵在提供稳定投票环境的同时，无疑也平添了紧张的氛围。在第一选区，几百名宪兵驻守在麹町区役所的投票所。宪兵队员守在入口处、区役所大门的左右以及从半藏门通往麹町大马路的两旁。选民大约早上6点就开始排队，等着9点开始投票，最后，在保护选民免遭门外拉票的壮士肢体攻击方面，宪兵们还是做得不错。然而，这天还是发生了数起攻击事件。上午8点10分左右，一名选名在区役所前刚下人力车，就遭到一名壮士殴打，该壮士后来被巡察逮捕。10点左右，一名冈山县县民用劈柴刀攻击了某个楠本候选人的支持者，他被宪兵逮捕带往宪兵司令队，后来在东京地方裁判所接受审问及拘留。大约10点半，一名投完票的选民离开区役所大门时，他搭乘的人力车被两名壮士攻击，后来壮士被宪兵逮捕。[2] 整体而言，虽然宪兵队在维持秩序方面卓有成效，仍无法保证投票者的安全，或者无法保证投票过程顺利进行。

1　《國民之友》1892年2月13日。

2　《読売新闻》1892年2月16日。在另一起发生在立川的事件，民党壮士带着装满刀与竹枪的推车到一处投票所，而吏党壮士企图盖住附近的一个水井，让他们不能取水，想要"饿死"他们。佐藤孝太郎：《三多摩の壮士》，30—31頁。

投票箱的安全也是选举日的关键。鉴于民党与吏党互不信任，我们不清楚谁有能力，或者实际受到信任得以保护投票箱。在其中一个案例中，据说由某个姓佐藤的队长和14名宪兵看管一个投票箱，但同一选区的另一个村，据说至少有3 000名自由党壮士确保投票箱的运送安全。[1] 政治人物尾崎行雄曾回顾投票箱有多不安全，并注记：高知县第二选区得进行第二次投票，因为一群匪徒挟持了原始选票。[2] 而在高冈郡，约有1 000名吏党壮士企图偷走投票箱，因而和自由党爆发口角。[3] 在东京千住投票所内，也曾发生一名壮士抱走投票箱的事件。

在佐贺县，暴力牵连甚广，延伸到投票所以外的地区，以至于投票不得不中止，并延期举行。[4] 在尤为混乱的三根郡，约1 000人的武装民党壮士分批出发，与吏党壮士大打出手，甚至袭击警察署。由于五六十个流氓涌入鹿儿岛，白石同样成为壮士活动的温床。该县其他许多地方，以及邻近的熊本和鹿儿岛县都派遣宪兵队和警察队过来，在多个冲突地维持秩序。[5]

最终，对明治政府，尤其对松方内阁而言，干预选举实在付出了太大的成本。政府威吓手法之胆大妄为及其规模之庞大，反而在阁员之间造成分裂，例如反对干预行动的农商务大臣陆奥宗

---

1 《東京日日新聞》1892年2月18日；村野廉一：《村野常右衞門傳》，203頁。

2 Ozaki, *Autobiography of Ozaki Yukio*, 128.

3 《東京日日新聞》1892年2月18日。

4 《東京日日新聞》1892年2月17日；島津明：《本朝選舉干涉史》，50頁。尾崎行雄只注意到佐贺第三选区延期，当投票继续时，有三分之一的选民弃权。Ozaki, *Autobiography of Ozaki Yukio*, 128.

5 《東京日日新聞》1892年2月17日；《讀売新聞》1892年2月17日。

光和递信大臣后藤象二郎，就与赞成这项行动的阁员产生了裂痕。内务大臣品川本身则毫无愧疚，至少在尾崎行雄的印象里，品川相信自己做了最符合国家利益的事：

> 当临时普选展开之际，余身为内务大臣，尽吾等权限支持皇家军选举，不惜牺牲那些若再度当选，可能会危害国家安全维系之人。将来余任公职期间再遇到类似场面，余向神明起誓，仍会做任何必要之举，扑灭破坏之力量。[1]

68　来自松方政府内部的批判声日益高涨，最终迫使品川于3月11日辞职。不过，决定品川命运的，是干涉选举后难堪的失败——民党在众议院仍然维持多数，拿下163席，而吏党只拿到137席。5月新国会一经召开，民党就开始为政府的错误行径寻求报复与正义。[2]民党的奔走得到贵族院的支持，并通过一项决议，谴责政府激起民愤：

> 官吏干预此次选举，已引起民愤，并造成流血伤亡。此事如今众目所视、众夫所指。全国各地皆因官吏干涉选举而愤愤

1　不确定这段由尾崎提供的引文是否一字不差，尾崎的所属的政治倾向对品川的评价是负面的。Ozaki, *Autobiography of Ozaki Yukio*, 132‒133。
2　有些人对明治政府的恼怒，在1892年之后仍存在。民党壮士岛田研一郎称吏党壮士为"无赖"，对于他们攻击民党（在他们眼中是正义之士）提出了批评。岛田研一郎：《うき草の花》（羽村市教育委員會，1993），314—315页；原作写于1894年6月3日与1896年3月17日之间。

不平，皆对官吏视如寇仇。[1]

众议院紧接着以154票对111票通过一项决议，促请"内阁阁员宜深切反省，并且在其权限下采取适当行动"。[2] 松方内阁苦撑了几个月，未想陆军大臣和海军大臣相继辞职成为压垮他们的最后一根稻草，1892年8月，松方内阁最终垮台。[3]

警方也发现自己因为与内阁的紧密合作而成为众矢之的，而且对于贪污腐败的指控引发了探讨警察机构改革的声浪，要求他们从其他政府机关独立出来。[4] 警察滥用职权的行为包括偏袒吏党壮士，优待他们免除惩罚等。例如玄洋社壮士不仅应该为违反《选举法》受罚，他们也犯了1880年的《刑法》；在这部《刑法》下，所有以下行为都是违法的：杀人（第294条）、大小暴行（第299与300条）、威胁杀人或威胁纵火（第326条），以及纵火（第402条）。然而，因为内务大臣认可了玄洋社壮士行为的正当性，以及他们与当地官员和执法人员的合作关系，结果玄洋社壮士似乎并没有因为这些违法行为而遭到逮捕或惩罚。[5]

1　Ozaki, *Autobiography of Ozaki Yukio*, 134.

2　Ozaki, *Autobiography of Ozaki Yukio*, 134。完整决议文，见自由党党报《選舉干涉問題之顛末》（自由党党报局，1892），86页。

3　Ozaki, *Autobiography of Ozaki Yukio*, 132－135；Akita, *Foundations of Constitutional Government*, 98－101；高橋雄豺：《明治警察史研究（第3卷）》，290—297页。

4　高橋雄豺：《明治警察史研究（第3卷）》，315页。

5　刑法中有些条款允许模糊地带，这也许可以解释为玄洋社的优势。例如在两人以上的斗殴中，若无法判定何者为起事者，双方都不需要受到惩罚（第310条）。正当防卫的概念也可以拿来引用（第309条）。现代法制资料编纂会：《明治「舊法」集》（國書刊行會，1983），34、35、37、44页。

选举干预所言明的，不只是警察的违法乱纪，也至少可以从以下两点看出他们的失败。若警察的总体目标是防止民党候选人胜利，那么，选举结果本身就能看出警方并未达成目标。民党的胜利有数不清的解释和理由：或许反映了人民对政府暴力的蔑视、对更普遍政治参与的支持，或者是民党壮士威胁选民的能力。不论是哪一种情况，警察确实无法威吓到足够多的选民，让他们把票投给吏党候选人。若警察的目标之一是维持秩序、控管民党壮士，他们在这方面也是成效不彰。毕竟民党壮士在竞选活动期间以及投票日都十分猖獗。对于逮捕的壮士人数似乎没有一个确切的数字，而当暴力情况过度时，大部分的报告都只提及调查，或短期的拘禁，并没有实际逮捕、审判或者监禁成群壮士的情况。

19世纪90年代后的选举并未免于壮士暴力的干扰，虽然其程度已不及1892年那次选举的严重。部分原因是1892年6月底的新法律《壮士取缔规则》奏效，这条法律促请民众向警察举报恐吓威胁民众的壮士行为。[1] 更重要的原因是，政府决定避免任何可能的滥用职权行为，至少暂时如此。政府的节制或许可以解释为大众的批评声浪、过去的干预导致的内部紧张以及新任内务大臣个人的信念。内务大臣井上馨原本就反对干预1892年的选举，在两年后的普选中，他特别留意抑制这类行径。[2] 尽管如此，3月1日投

---

[1] 木村直惠:《「青年」の誕生》，112—113頁。壮士活动在1892年选举后，似乎减少了许多，但是选举过后的那几个月，仍持续有零星的壮士暴力，包括熊本一次不平静的选举，以及一起对国会议员的袭击事件。可参照《朝野新聞》1892年8月23日；*Japan Weekly Mail*，September 10，1892；October 8 and 16，1892；and November 26，1892。

[2] 高橋雄豺:《明治警察史研究（第3卷）》，322頁。

票日前的几个星期，壮士攻击与斗殴仍在全国多个地区上演。这些事件包括一两名，数十名，偶尔上百名壮士聚集，而且距离选举日越接近，事件发生的频率越高。在诸多壮士暴力的通报中，可见以下这些暴力行为：在茨城县造成数人伤亡；在埼玉县干扰地方议会选举并亮枪；在群马县伤及政治演说者；在千叶县恐吓反对自由党的民众；在长野县攻击参加竞选活动者；在栃木、奈良和名古屋伤害数人；在静冈闯入改进党选举办公室；在东京与爱知以前额撞击他人头部；在冈山扰乱一场演讲；在新潟与三重出没；在神户与岐阜对投票人动粗。[1] 通报中也有提到和博徒的口角、企图买票以及一些壮士被捕的情况，虽然不清楚他们是否因为自身的暴力行为遭到起诉或处罚。尾崎行雄描述了壮士不断现身的情形："两方阵营各自派他们（暴徒）恐吓选民，把选民从投票区赶走，或者用未装填子弹的手枪恫吓选民，善用狡猾手段，仿佛他们是小型战役里的战士。在某一选区的选举往往发展成这些派系之间的竞争，而（在尾崎看来）雇佣他们的那一方，通常会赢得选战。"[2]

1894年第三届众议院议员普选后的短时间内，选举暴力似乎有所消退，或者说并不显著，主要原因是甲午中日战争的爆发。由于整个国家为战事动员，早期普选的紧张态势此后也暂时缓和了数年。然而，暴力行为仍然存在。1897年12月中旬，自由党在

1 《東京日日新聞》1894年2月6、8、10、11、13、20、24、27、28日；同年3月1—3日；《読売新聞》1894年2月16—18、27日；同年3月2、3日；《大阪毎日新聞》1894年2月18、28日。

2 Ozaki, *Autobiography of Ozaki Yukio*, 147.

东京召开代表大会，壮士活动持续了好几天。在一次意外事件中，刑事警察与壮士在一场自由党青年会议上爆发了冲突，迫使警方派出一百名警力到场，争吵过后，拘留了此次集会的主办人。在场的有一馆的干部抵抗警方压制，造成数人受伤。[1]此外，1898年1月的第五届众议院议员普选，埼玉县第五选区的一场集会，也因发现礼堂被放置爆炸物而中断，会场陷入混乱。[2]

　　类似这种在选举中施展暴力的壮士行为并非明治中期日本所独有。18世纪末的英国，为了企图搜刮票源，选举诈骗升高至暴力的程度，以至于"到了1776年，暴力的使用似乎成为被认可的选举操作，而大选区选举的特色，即是雇用大批的流氓与打手"。[3]即使数十年后，到了19世纪初期及中期，流氓或"职业打手"，如吉卜赛人、拳击手和粗工尽皆受雇骚扰对手、制造混乱。19世纪30年代的考文垂（Coventry），这些"霸凌者"可得无限畅饮和每日5先令的报酬。1867年伯明翰的议员补选时，据说镇上"被骗子、职业拳击手和小偷占领"。[4]恐吓与暴力行为如此盛行，出门投票也被视作一件危险的事。正如历史学者兼政治人物乔治·格罗特（George Grote）在1838年评论的："无论什么情况下，人们都觉得选举权是令人憎恶的负担；如果有任何人怀疑这一

1　《大阪每日新聞》1897年12月16、18日。

2　《読売新聞》1898年2月2日。

3　David C. Rapoport and Leonard Weinberg, "Elections and Violence," in *The Democratic Experience and Political Violence*, ed. David C. Rapoport and Leonard Weinberg（London：Frank Cass, 2001）, 29.

4　K・Theodore Hoppen, "Grammars of Election Violence in Nineteenth-Century England and Ireland," *English Historical Review* 109, no. 432（June 1994）: 606.

点，拉票过程中的痛苦经验和令人难堪的应答，便足够教会他这一点。"[1]

　　根据历史学者西奥多·霍潘（Thodore Hoppen）的说法，选举暴力之所以一直存在着，是因为在这些年里，大众对肢体暴力的容忍度胜过对贿赂的容忍度。某些文学界人士的态度也是如此。例如政治家兼作家本杰明·迪斯雷利（Benjamin Disraeli）在他1844年的政治小说《康宁斯比》（Coningsby）里，宽容地描述这些"被雇用的帮派分子"："（他们）是行政区里所有捣蛋鬼的安全阀，每个人收几先令，做些象征性的工作，然后尽情畅饮……他们收受贿赂、组织化后，进入平稳且清醒的世界。"[2]迪斯雷利几乎是暗指这些帮派极其正面的社会角色，亦暗示他们不但是"安全阀"，也能严加管控流氓。

　　选举暴力在19世纪的美国也时有所闻，尤其是在较大的城市。纽约的第六选区涵盖恶名昭彰的五点区（Five Points）[3]，这里正是以野蛮政治而闻名的，整个城市也差不多如此。例如1844年总统大选时，名叫以赛亚·"艾克"·赖德斯（Isaiah "Ike" Rynders）的人组了一个"帝国俱乐部"（Empire Club）来恐吓投票人，要他们把票投给民主党的詹姆斯·K.波尔克（James K. Polk），而不要投给辉格派（Whig）的对手亨利·克雷（Henry Clay）。帝国俱

1　Charles Seymour, *Electoral Reform in England and Wales: The Development and Operation of the Parliamentary Franchise, 1832 - 1885*（1915；reprint, Newton Abbot: David & Charles, 1970）, 187.

2　Hoppen, "Grammars of Election Violence," 609.

3　译注：以爱尔兰移民组成的帮派闻名，称为"五点帮"（Five Points Gang）。

乐部由职业拳击手和"四肢发达的人"——典型的"肌肉男彪形
大汉"——组成，他们没有固定的工作，成天赌博、交际、拳击
和赌马。选举日当天，赖德斯和他的手下仗着武力加上威胁恐吓，
阻挡辉格派人士投票。此后，赖德斯与帝国俱乐部就成为纽约政
治的固定角色，扰乱政治集会、挟持民主党政治机关"坦慕尼协
会"（Tammany Hall）的会议。这些并不是选举最早出现的暴力问
题；19世纪30年代初期，就已经有声名狼藉的选举暴动了，而斗
殴（通常有街头帮派介入）在整个19世纪40年代与50年代更是家
常便饭。[1]

　　暴力策略也用于纽约市以外。巴尔的摩这个在美国内战前选举
暴力特别严重的地区，政治性帮派在操纵选举时则会使用"血缸"
（Blood Tubs）、"丑高礼帽"（Plug Uglies）等昵称。冠以血缸的名
字，是因为他们会"从水桶或水缸里取血"，泼洒到第一选区的选
民身上。[2] 而"丑高礼帽"则是取自巴尔的摩、纽约以及费城地区
一种对"硬汉或粗人"的俚语。[3] 这些帮派成员在投票日当天，站
在投票口前，逼迫投票人亮票给他们看，然后再决定是要堵住他

71

1　Tyler Anbinder, *Five Points: The 19th-Century New York City Neighborhood That Invented Tap Dance, Stole Elections, and Became the World's Most Notorious Slum* (New York: Free Press, 2001), 27 - 29, 141 - 144, 153 - 158, 277, 321。街头帮派也引起后来所称的"暴动"，当中最有名的是1857年的"鲍威利男孩暴动"（Bowery Boy Riot）。见 Anbinder, *Five Points*, 277 - 296.

2　Richard Franklin Bensel, *The American Ballot Box in the Mid-Nineteenth Century* (Cambridge: Cambridge University Press, 2004), 170.

3　Richard Franklin Bensel, *The American Ballot Box in the Mid-Nineteenth Century*, 170.

们的去路，或是让他们离开。[1]投票所通常位在酒馆和马车行，肢体恐吓因为这里免费提供的酒精而愈演愈烈。不论是投票的略施小惠还是贿赂，酒精使投票窗以外的地方变成"一种酒精节庆，许多男人酩酊大醉，丑态百出"。[2]

暴力的目的通常是阻挡人们投票，而对于同意把票投给某位候选人的选民，则会受到保护。[3]在南北战争前的费城，帮派分子会堵住特定的选民，并保护票箱，避免票箱被挟持，并以此得些好处。[4]警察的胁迫也时有所闻。在芝加哥，警察是为民主党工作的；1894年的选举中，他们在投票日的前一天绑架了25名共和党员，留置他们直到投票结束。[5]恐吓选民的行为如此猖獗，1884年一份中西部的报纸报道："几乎在美国各地，投票是件艰巨的任务，伴随着个人的风险。每个爱好和平的个人或家庭，无不害怕选举日的到来。"[6]在1876年恶名昭彰的拉瑟福德·海斯（Rutherford Hayes）对塞缪尔·蒂尔顿（Samuel Tilden）的总统大选中，选举暴力产生了全国性的影响，当时的暴力恐吓给选举团人数有争议的四个州中的三个的选举结果蒙上一层阴影。海斯获得了比蒂尔

1　Richard Franklin Bensel，*The American Ballot Box in the Mid-Nineteenth Century*，171 – 172.

2　Richard Franklin Bensel，*The American Ballot Box in the Mid-Nineteenth Century*，20 – 21.

3　Rapoport and Weinberg，"Elections and Violence，" 29 – 30.

4　Peter McCaffery，*When Bosses Ruled Philadelphia: The Emergence of the Republican Machine，1867 – 1933*（University Park：Pennsylvania State University Press，1993），13.

5　Rapoport and Weinberg，"Elections and Violence，" 38.

6　Rapoport and Weinberg，"Elections and Violence，" 19.

顿少的普选票却赢得总统选举，更增加了选举结果的不确定性。[1]

这些政治暴力在此背景下——日本、英国与美国——都因选举本身的现象而相形恶化。如政治学者大卫·拉波波特（David Rapoport）与伦纳德·温伯格（Leonard Weinberg）所指出的，选举活动中，候选人与投票人的曝光度导致他们容易成为目标。而且，选举的本质就是具有竞争性的，是政治继承的争议性时刻。[2]

暴力行为在这三个国家存续皆有类似的原因，改革则需要经过数十年缓慢地进行。缺乏公证机关统筹选举事务，容易引来各式各样的违纪滥权，就像美国的巡警根据自己的政治理念动用公权力，或者像明治政府在第二届众议员普选时的动员一样。[3] 美国政府于是投入改革都市警力，将他们从地方政治中分离出去，这项工作花费了数十年，英国建立专业警力的过程亦然。[4] 建立选举舞弊的惩罚机制更是旷日费时。国会赋予联邦官员针对选举暴力问题的管辖权，而且只在涉及国家公职的投票时。联邦选举监察机关的存在，确实避免了类似在纽约第六区出现的重复投票，却似乎鼓励了另一种"作票"的策略。[5] 在英国，从1868年开始由法官而非选举委员会主持对腐败的调查，1883年选举纠纷从议会转移到法院。[6] 要让投票更安全，也需要时间。19世纪末，美国与英

---

1 Rapoport and Weinberg, "Elections and Violence," 30.

2 Rapoport and Weinberg, "Elections and Violence," 19, 21, 31。

3 选举期间在美国大城市举行的巡警活动，见 Robert M. Fogelson, *Big-City Police* (Cambridge, Mass.: Harvard University Press, 1977), 19 – 20, 34 – 35。

4 Rapoport and Weinberg, "Elections and Violence," 39.

5 Anbinder, *Five Points*, 326 – 327.

6 Seymour, *Electoral Reform*, 233；Rapoport and Weinberg, "Elections and Violence," 39.

国开始采取不记名投票的方式，这项措施对买票和暴力胁迫选民，产生了重大的影响，因为流氓与那些雇佣他们的人不再能查核他们的投资是否确有回报。[1]最重要的是，选区扩大是一个渐进而且相互博弈的过程，这使得威吓选民难上加难。

因此，政治暴力行为持续存在的现象不是日本独有的，而在日本，暴力困扰选举的时间也并没有其他地方长。警察在处理选举时的偏袒与妥协，以及地方老大政治的影响等，这些挑战跨越了国界。日本案例不同之处在于，壮士到了20世纪仍出现于政治舞台，但是在英国与美国同步出现的选举暴力，此时已逐渐消失。这基本上属于时机问题：日本成为立宪政体、实施政党政治与改革比较晚，改革者在不同的背景下可能会有不同的动机；日本早期发展的重心和自由主义者一样，是受到商业与工业利益驱动的，也缺乏同时期美国的本土主义色彩。[2]然而，日本也处在建立不记名投票（1900年后实施）与扩大投票（1925年实施男性普选）的过程之中。当1889年原始的《选举法》在1900年、1919年、1925年和1934年被一系列新选举法改革时，选举竞选法、违法行为罚责以及选区调整这些议题，也都同时提出并得到讨论。[3]

1　John F. Reynolds, "A Symbiotic Relationship: Vote Fraud and Electoral Reform in the Gilded Age," *Social Science History* 17, no. 2 (summer 1993): 247; Seymour, *Electoral Reform*, 233.

2　美国的本土主义与选举改革，见Reynolds, "Symbiotic Relationship," 246; Fogelson, *Big-City Police*, 42。

3　关于这些选举法，见林田和博:《Development of Election Law in Japan》,《法政研究》第34卷第1號（1967年7月），98—101頁。1925年的法律，见Harold S. Quigley, "The New Japanese Electoral Law," *American Political Science Review* 20, no. 2(May 1926): 392 - 395。

尤其是选举暴力的时间轴延伸到20世纪，影响了流氓与暴力行为在日本所采取的路线。日本与英国和美国案例的差异，大多可以用壮士及其暴力，以及20世纪初最重要的现象彼此交会来解释，这些现象包括激进的帝国主义、排外的沙文国家主义与法西斯主义等。

73　　以长远角度来思考暴力行为，我们得回到这个明显很复杂的问题：壮士暴力是否"困扰"、危害，或者摇动了明治民主的稳定？议会政治中普遍存在的壮士反映了国内政治景象的异质性，并且指出明治时期的政治——尤其是政府的政治影响力范围——有强烈的意见相左及争论，这在民主国家中是健康的。然而，随着壮士越来越不属于政治活动家，反而比较像是职业流氓时，他们就不受民主主义冲动（对于人民与民主革命、组织的权利，或是民权的渴望）所驱使，他们因而对暴力更加食髓知味，至少对某些理论家是如此。[1] 19世纪90年代的大陆浪人当然不是被自由或民主的议题所驱动的。最后，暴力可能造成不民主的后果。这似乎在大陆浪人的案例中尤为明显，因为他们的暴力行为与他们主战、建立帝国的计划绑定在一起。至于壮士，我们大胆提出一种和事实不符，但可能还算公平的说法：壮士借着在竞选期间及演说场上恐吓选民、制造恐怖气氛，压缩了民众的政治参与。他们在政治表达场合展现的暴力，可能关上了辩论与意见交换可能性的大门。此外，他们的存在使政治角力场变得不公平，那些有足够财力雇

1　David E. Apter, "Political Violence in Analytical Perspective," in *The Legitimization of Violence*, ed. David E. Apter (New York: New York University Press, 1997), 3.

用较多壮士的政治人物才会在角力场上获胜。

壮士尤其助长了一种政治暴力的文化，可能撼动了日本民主经验的核心。政治学者维克多·路凡（Victor Le Vine）曾经说："政治暴力确实会招致政治暴力……最终到一个政治暴力文化成形的状态，因此，民主垮台也是有可能的。"[1]在日本，政治暴力的文化并没有使民主的解体成为必然，但确实展现了"导致民主崩坏的可能性"，造成暴力与民主之间的紧张关系。这层关系是下一章的主题，讨论的焦点将放在20世纪最初10年到20世纪20年代，在这一时期，一种政治暴力文化与民主共存着，且相互交织着。

---

1 Victor T. Le Vine, "Violence and the Paradox of Democratic Renewal: A Preliminary Assessment," in *The Democratic Experience and Political Violence*, ed. David C. Rapoport and Leonard Weinberg（London: Frank Cass, 2001）, 277 – 278.

第三章

暴力组织化与政治暴力的文化

1922年2月中旬，财经日报《中外商业新报》分三回刊载了一系列的连载报道，预示了政治上"蛮勇割据的新时代"即将到来。标题为《代议士武勇列传》，这篇报道强调政治生涯中体能的重要性，并且赞颂这些善武的政治人物，无论是在议会殴斗中，还是柔道之类的武术方面。当中两篇文章的焦点是以拳脚功夫著称的国会议员，例如来自奈良县的津野田是重，据说他光是拔军刀的动作，就能令一万名敌军噤若寒蝉；曾在20世纪10年代初期的选举上砸毁投票箱的绫部惣兵卫；中野寅吉，他的绰号是"暴力蛮虎"；来自三重县的岩本平藏被称为"阿修罗王"；还有身上刺青的小泉又次郎（未来的递信大臣，也是21世纪初日本首相小泉纯一郎的祖父），他曾企图在一次国会议事期间痛殴一名议员同僚。[1] 连

---

1 《中外商业新报》1922年2月17、18日。文中提到的，还有中岛鹏六为柔道二段；福岛县选出的堀切善兵卫，大阪府选出的山口义一和三枝彦太郎，柔道初段的春日俊文，富山县选出身手利落的高见之通，大分的吉良元夫，爱知县（转下页）

载报道的第三回则把部分焦点放在内阁阁员身上，特别介绍受过武术训练的阁员，说他们和东京一间知名的柔道道场"讲道馆"有些瓜葛。文中提及内务大臣床次竹二郎和文部大臣中桥德五郎对讲道馆的支持，而外务大臣内田康哉也因为柔道技能而备受赞扬。[1]

虽然有些夸张，但颂扬政治人物的体能在某种程度上反映了暴力行为已经变成议会政治里公认且常见的现象。从19世纪80年代出现后，一直到20世纪20年代中期，壮士都是一股重要的政治势力，他们持续以武力威胁、恐吓与胁迫，企图达成想要的政治结果。经过这数十年，壮士不仅存活了下来，而且和政治体系愈发密不可分——19世纪、20世纪之交后，壮士更是进一步组织化，进入政党的体系，成为政党院外团，或压力团体的一部分。20世纪初期，院外团并不稀奇。明治中期的自由党从19世纪80年代起，就存在院外团，1900年"立宪政友会"（以下略称"政友会"）成立不久后，自由党的院外团便加入了政友会院外团。但是政友会院外团在组织上更加复杂的同时，分工也更为明确。政友会在接下来数十年里维持着日本主要政党之一的地位，其院外团也保住了在政党运作中的一席之地，而且在政治上一直具有影响力。

暴力行为组织化融入政党，是一种强有力的永续循环的逻辑和惯性使然，即任何一方都认为需要组织壮士团，来与对手抗衡。就像是19世纪90年代的政治人物和政党被迫雇佣壮士来保护自己、对抗敌方壮士，20世纪初的主要政党如今有感于需要建立院外团，

（接上页）选出的舞田寿三郎、木桧三四郎、中野正刚。

1 《中外商业新报》1922年2月19日。这篇文章赞赏原敬首相任命体格强健的人才担任阁员，也简短提到贵族院里以体能见长的议员如樋口诚康、若槻礼次郎等人。

维持政治竞争力。换言之，一旦壮士成为各方政治角力的一部分，就很难在政治运作中摆脱他们。政客没有与壮士分割开来的动机，而国家在主权未被挑战的情况下，也容忍了暴力行为的存在。

因此，院外团反映并协助造就了某种政治暴力的文化，在这种文化里，暴力的使用被许多参与议会政治的人认为是一种可行的，至少是策略上可接受的方式。试想19世纪90年代初期在政争和选举中，多方都求助于暴力行为，便可知对暴力的接纳并不是新鲜事。然而，在20世纪的最初几十年，随着暴力成为政争结构中根深蒂固的武器，暴力在议会政治中愈发大量涌现。

暴力行为组织化融入政党政治的时间，正好是日本政党政治达到高峰的时期，也是许多历史学者认为日本民主蓬勃发展的时期。1918年，原敬成为第一位政党出身的首相（内阁总理大臣），而非来自明治时期持续把持政权的贵族或藩阀。原敬也领导了一个多由党员组成的内阁。1918至1932年期间，除了几次例外，内阁的掌控权大多落在当时的两大政党手里："政友会"和"宪政会"，宪政会后来成为"立宪民政党"（此后简称"民政党"）。该时期也见证了大量的民众政治参与，包括草根力量，他们呼吁保护立宪政治并要求男性普选权。[1]

组织化的暴力行为以及广泛的政治暴力文化，伴随着这个充满

1　关于20世纪20年代不同政党轮替，见日本现代史研究会编：《1920年代の日本の政治》（大月书店，1984）。关于这个主题的英文历史学著作，见 Sheldon Garon, "State and Society in Interwar Japan," in *Historical Perspectives on Contemporary East Asia*, ed. Merle Goldman and Andrew Gordon（Cambridge, Mass.: Harvard University Press, 2000）, 155 – 182。

76　活力的民主国家，也引发了20世纪前30年暴力与实行民主之间的问题。那么，暴力打击民主、削弱民主到什么程度？暴力能促进包容性政治到什么程度？另外值得关心的是，政治暴力文化是否如此严峻，以至于变成一种毒素，慢慢地，且必然地，侵蚀了日本民主核心的体制及运作？

自由党院外团与其老大们

虽然自由党早在19世纪80年代就拥有一支组织松散的院外团，在1890年首次普选后，这个组织呈现出更为明确的形式。随着国会开始运作，自由党内身为议员的党员（议员团）和那些非议员（院外团）之间，有了清晰的分野。然而，自由党院外团没有什么向心力，其组织成员大多是与个别政客联盟的壮士，他们并非与整个党联盟。换言之，院外团壮士并非任何党员都可利用的共有资源，反之，他们通常效忠于特定的政客。院外团壮士也可能成为内部权力斗争的卒子，某个政客失势，意味着其他人可以试图夺取对其壮士的控制权。因此，自由党院外团不像一个党的组织，反而更像是一个不同壮士团体的联合，各自只为党内最有力的政客服务。

星亨便是其中一例，我们在第二章提过他，他因为的强势风格而得到"霸道亨"的绰号。星亨原本是一名律师，19世纪70年代在英国读书，回国后在司法省工作。1881年自由党成立时他便加入成为党员，并在1885年大阪事件的审判中担任辩护律师。在这次审判中，大井宪太郎是征韩论的谋划人，即使星亨认为大井的自由派意识形态对自己而言太过极端，也仍为他辩护[1]持较温和立场的星亨与持较激进自由主义立场的大井之间的分歧，于1890年底及1891年更为紧张，致使星亨想要削弱大井在党内的影响力。星亨的策略之一便是撼动大井的权力基础——"关东会"，这是个以三多摩地区壮士为核心的团体。关东会为国会议员石坂昌孝所扶持，并以大井的"东洋俱乐部"为根基，鼓吹自由、自治、独立和强国观念。星亨说服石坂退出关东会，致使东洋俱乐部陷入混乱。[2]

星亨同时将目标锁定在大井本人身上，限制国会以外党员（如大井）拥有高于党内当选代表的权力。星亨与自由党的权贵板垣退助联手，成功带头将更多的决策权交给党的国会议员，用当选议员占优势的"党大会"取代"常议员会"与"评议员会"，并且强化国会议员所组成的"代议士会"的决策权力。板垣过去就对壮士表达过批评，所以此举对他而言，多少削弱了壮士暴力。然而，对星亨来说，这些改革更具有战略性。1892年，当大井最终被逐出自由党，胜券在握的星亨变得有恃无恐，毫无顾忌地吸纳着对手的壮士。[3]

这些壮士扩充了星亨过去数年所招募的壮士队伍。1890年10

1　鈴木武史：《星亨—藩閥政治を揺がした男》（中央公論社，1988），25—32、70—73頁。

2　佐藤孝太郎：《三多摩の壮士》（武蔵書房，1973），27—29頁。

3　鈴木武史：《星亨》，104頁；佐藤孝太郎：《三多摩の壮士》，26頁；色川大吉、村野廉一：《村野常右衞門傳（民権家時代）》（中央公論事業出版，1969），198—199頁；遠山茂樹編：《三多摩の壮士》，資料来源：《明治のにない手（上）人物・日本の歴史11》（読売新聞社，1965），29、193頁。平野義太郎：《馬城大井憲太郎傳》（風媒社，1968），266—272頁。

月，星亨从国外旅行返国，一抵达横滨，壮士便展现出对他的支持——在迎接他的人群中，他的壮士坐成一列夹道欢迎他。[1] 1892年，当星亨成功以来自栃木县自由党候选人的身份获得议员宝座时，他显然已拥有自己的一帮壮士。在一次与选举相关的事件中，他的两名身带杖剑的壮士伤了几个选民，而且选民伤势严重。[2] 到了1894年，星亨的权势如日中天，甚至得以招募数百名壮士。在这次竞选活动中，约有四百名来自神奈川和埼玉县的壮士前往栃木县第一选区为他助选。[3]

星亨本人绝非优雅、彬彬有礼之人，他依旧充满暴戾之气，不是我们想象中的那个时代在外国受过教育的律师那般。他和他的壮士沆瀣一气，表现出一副暴力流氓的凶狠老大模样。政治人物尾崎行雄完全被星亨的第一印象震慑住了，以至于在自传里写下他们第一次相遇时的情形：

> 冷不防地，他（星亨）唐突地转向我，连个鞠躬都没有，就吼道："嘿，你，你是尾崎君吧？我是星亨。"霎时，我就愣住了。他像"职业赌徒的老大"（博奕打の親方）一样看着我，完全不像是一名政治人物。[4]

1　竹内良夫：《政党政治の開拓者・星亨》（芙蓉書房，1984），88頁。

2　《読売新聞》1892年2月9、13日。

3　《読売新聞》1894年3月8日。

4　Ozaki Yukio, *The Autobiography of Ozaki Yukio: The Struggle for Constitutional Government in Japan*, trans. Hara Fujiko（Princeton: Princeton University Press, 2001），101.

诚然，尾崎与星亨是政见不同的二人。虽然这也能说明尾崎对星亨的一些人身攻击——描述星亨是个"右手拿棍，左手拿钱"的人——但仍未偏离他对星亨毫不遮掩的讶异，星亨的行为举止并非传闻中的"绅士学者"那样。[1]

星亨之所以能得到壮士的支持，尤其是三多摩壮士，是因为他和他们的组织者培养出的紧密关系。其中一人是村野常右卫门，他是19世纪80年代极有权力的壮士领袖，后来在进一步巩固院外团方面，扮演了举足轻重的角色。村野也是当时的民权运动分子，曾在三多摩地区成立一所名为"凌霜馆"的学校，教导村里的孩子；在这里，村野研读了约翰·斯图亚特·穆勒（John Stuart Mill）的《政治经济理论》（*Principles of Political Economy*），而后面将提的同僚森久保作藏则讲授了这位思想家关于法国大革命的著作。凌霜馆也教授剑道，而且培育出许多大阪事件的参与者，以及那些在19世纪90年代初期第一届帝国议会选举中活跃的人才。村野本人因参与19世纪80年代中期的大阪事件而入狱；在狱中，他阅读边沁（Bentham）、斯宾塞（Spencer）和穆勒的作品消磨时间。1888年9月村野出狱时，便决定要在政治上闯出名号；在接下来的十年，他训练并组织了一支至少有数百名壮士的部队。他在1892年选举时领导这些壮士，指挥他们保护特定的候选人及选民，免于敌方流氓的滋扰；村野最后被数十名县警限制居家。在国会运作初期，村野成为大井宪太郎的关东会里极具影响力的人

78

1　Ozaki Yukio, *The Autobiography of Ozaki Yukio: The Struggle for Constitutional Government in Japan*, 175.

物。[1] 1892年，大井未能选上众议院议员，接着离开自由党，成立了自己的政党；村野便和他的壮士转而投靠了星亨。

"壮士三羽乌"[2] 中的最后一人是森久保作藏，其同僚村野形容他是"东京坦慕尼协会老大"。森久保的早期政治生涯和村野的经历十分相似——他也因为在大阪事件中所扮演的角色（炸弹测试）而入狱，接下来的十年，他涉足地方政治，担任了神奈川县议员，1892年选举期间他被拘禁在家，并成为关东会的重要人物。[3] 森久保也支持星亨的政治事业，即使在星亨因为收贿而被赶下众议院议长的宝座。[4] 当星亨将力气转向将敌对的立宪改进党势力逐出东京时，森久保便着手筹划并执行一项计划，他将三千名三多摩壮士安插在首都内各种不同的职位上，包括警官、教师、列车长，诸如此类。他还成立了"武藏俱乐部"，其位于有乐町的事务所，成为星亨在东京扩张势力计划的总部。[5]

森久保的重要性不只体现在他是壮士的调度者，他也影响着这些青年的意识形态倾向，激发着他们心中的国家意识。国力波动一直是日本民权运动的一股潜流，对森久保以及对其他许多人

1　色川大吉、村野廉一：《村野常右衛門伝》，i—ii、33、39—40、202—203頁；遠山茂樹編：《三多摩の壮士》，166、172頁；色川大吉編：《多摩の歴史散歩》（朝日新聞社，1975），187—189頁。

2　译注："三羽乌"在日语中，指在某特定领域表现最杰出的三个人，类似中文中的"三杰"。而所谓"壮士三羽乌"，即森久保作藏、村野常右卫门和星亨三人。

3　色川大吉、村野廉一：《村野常右衛門伝》，44、190、199、203頁；遠山茂樹編：《三多摩の壮士》，184頁。

4　鈴木武史：《星亨》，2頁。关于星亨拒绝放弃该职位的多种叙述，见Ozaki, *Autobiography of Ozaki Yukio*, 142 - 145。

5　佐藤孝太郎：《三多摩の壮士》，35—37頁。

而言，19世纪90年代中期的甲午中日战争培养了他们对国家更深的使命感与责任感。在这种情境下，森久保想要对战争尽一份心力；他提议在神奈川组织一支青年志愿军。当这项提议被拒后，他于1894年11月底组成一支"军夫团"，为军队提供后勤保障工作。 79
自由党在东京总部壮士学校有一馆的内藤武兵卫接受了森久保的想法；1895年1月26日，一支名为"多摩组"的军夫团正式成立。这支队伍共计432人，其核心成员是约160名来自三多摩地区的壮士。指挥官中有多人来自有一馆。如森久保所希望的，那些在多摩组的壮士确实有机会为国家服务。这支队伍后来被派往中国台湾，他们在当地遭遇艰困的环境与疾病（主要是霍乱）——从1895年3月到6月期间，队伍中的101人因疾病而不幸身亡。[1]

多摩组为支持国家而经历如此不测的同时，民党中的许多人开始放弃他们和明治政府的敌对立场。这些改革者意识到，他们从外部推翻明治政治元老的成果毕竟有限，因此考虑放弃草根抗议的手段。他们的新策略是向藩阀妥协，以便从内部颠覆他们的权力。他们所追求的是政党内阁，或者说主要由政党政治人物组成的内阁，而不再是以政治元老为主轴。用民权活动家河野广中的话来说："与其像以前一样，与藩阀水平方向地区分政治领域，各政党互相斗争，（现在的策略应该是）垂直方向地区分，将藩阀领

1　乾照夫：《軍夫となった自由党壮士-神奈川県出身の「玉組」軍夫を中心に》，《地方史研究》第32卷第3號（1982年6月）：47—50、52—54、56—58頁。多摩组军夫团成员的地域分布如下：南多摩108人、东京市56人、北多摩36人、西多摩16人、其他（东京府内）14人、神奈川县36人、千叶21人、新潟县17人、长野县14、富山县11人、茨城县11人、石川县10人、其他（东京府外）82人。

袖拉进政党，从他们的根部扯断（藩阀领主），迈向两大政党相互抗衡的局面。"[1] 森久保是同意这项策略的政客之一。返回日本后，他当选进入国会，1897年，他主张自由党应该和政治元老松方正义内阁和解。由于向往一个更有妥协空间的政党，那一年，森久保离开了自由党，协助创立了新政党——"新自由党"，继续与松方合作，同时也与大企业合作，主要是三菱财阀。当森久保与自由党切割时，他也带走了一帮壮士。在新自由党正式成立时，两千名三多摩壮士衣冠楚楚，头戴大黑帽，前往东京加入这场盛会。[2]

　　森久保鼓吹的这种政治妥协是为日本首个政党内阁铺路，不过这个政党内阁的存在时间也很短暂。这些阁员隶属的"宪政党"是1898年由自由党与进步党融合的新政党。前自由党总理板垣退助担任内务大臣；前进步党总理大隈重信担任首相并兼任外相。所有这些活动无不为了呼唤星亨自美国归来，他从1896年起，便担任日本驻美大使。他不必着急反日，因为宪政党一年内就土崩瓦解了，一切回到从前的状态，自由党依然由板垣退助领导（但仍续用党名"宪政党"），而进步党则由大隈重信领导（现在的党名是"宪政本党"）。到了19世纪90年代后期，星亨认为他的主要政敌不再是明治元老，而是其他的政党。从根本上就是自由党党员的星亨并不喜欢大隈和他陆续加入的政党（首先是改进党，接着是进步党，如今是宪政本党）。同一时期，星亨毫不犹豫地与政

1　Peter Duus, *Party Rivalry and Political Change in Taisho Japan*（Cambridge, Mass.: Harvard University Press, 1968）, 8 – 9.

2　色川大吉、村野廉一：《村野常右衛門伝》，230頁；遠山茂樹編：《三多摩の壮士》，197—198頁。

治元老山县有朋进行了一番折中权衡。[1] 可能是和藩阀合作的共识，以及嫌恶大隈的各个政党，促使了星亨与森久保之间的联结，即使政党物换星移，两人的关系依然一如往昔。

19世纪90年代末期，森久保作藏、村野常右卫门与星亨三人在政治上都是一帆风顺的。村野跟随森久保的脚步成为众议院议员，这多少归功于他训练并组织了一支超过千人的壮士部队。而星亨于1899年春天选上东京市议员，这是他为在首都建立一股政治势力而努力的顶点。

身为政治人物的壮士三羽乌在巩固壮士这件事情上，扮演了关键的角色。身为壮士的大老板，他们在19世纪90年代初期，将自己的流氓小集团纳入了自由党院外团的大伞下。然后，在那十年间，星亨同意协助政治家伊藤博文，自旧的自由党及其传承中创建一个新党，即存续的"宪政党"。他们的努力在1900年成立"立宪政友会"时达到顶峰，森久保与村野同意支持星亨，并加入该党。这三人皆带领他们的壮士投入此项大业，曾经的流氓，如今转变成了政友会壮士。[2]

政党政治里的政友会院外团

立宪政友会体现了19世纪80年代以来和藩阀之间的妥协精

1　鈴木武史：《星亨》，139—144頁；Duus, *Party Rivalry and Political Change*，10。
2　色川大吉、村野廉一：《村野常右衛門伝》，ii、234、236頁；佐藤孝太郎：《三多摩の壮士》，46—47頁。

神，因为它将旧的自由党、如今不复存在的宪政党，与明治政治元老、官僚体制和大企业串联了起来。政友会的建立极其成功，标志着在明治政府中期的多数时候，民党与吏党针锋相对的二元对立走向了终点。这样的对立之所以渐渐退去，部分原因是藩阀与政党之间的合作，但也因为政友会本身在接下来的数十年里，发展成了并不自由的，也不那么追求改革的政党。由于政友会是民党的后继者，因而被视为"既成政党"，尤其是在新闻出版品中。[1] 思考院外团的暴力，必须将脉络放在政党和他们所代表的民众之间。

81　　　　壮士随着政友会院外团的成立，于1903年12月1日正式纳入政党组织。[2] 森久保作藏与村野常右卫门在新政党中扮演着重要角色。森久保成为东京政界手握权势的大人物，而村野成为政友会院外团的领导。[3] 星亨则没那么幸运活到亲眼见证政友会院外团正式成立的那一天。政友会成立后，星亨意气风发的日子并不长久，在他卷入一宗财务丑闻之前，只当了两个月的递信大臣。他的下一个职位——东京市会议长一职，因为他于1901年6月被当地知名剑术家伊庭想太郎暗杀而提前结束了。显然，对于星亨造成东京政治的腐败，伊庭心怀不满，进而采取了激进的行动。[4] 虽然星亨在政友会的时间不长，却因为集结并提拔了村野与森久保，而

1　Duus, *Party Rivalry and Political Change*，3，10 – 11.

2　大野伴睦先生追想録刊行会编集委员会：《大野伴睦：小伝と追想記》（大野伴睦先生追想録刊行会，1970），53页。

3　佐藤孝太郎：《三多摩の壮士》，47—50页；遠山茂樹编：《三多摩の壮士》，201页。

4　鈴木武史：《星亨》，159—171页。

为该党院外团的促成奠定了基础。

政友会以及其他在接下来数十年中成立的政党院外团，其目的和自由党院外团并无二致，他们搜集资讯，促进沟通，为国会成员提供安全，担任公众集会的守卫人员，干扰敌对政党的公众集会，在选举期间造势、拉票、协助倒阁，以及筹划并参加政治运动。[1] 然而，比起自由党时期的院外团，政友会院外团在架构及功能上更为明确一些。1910年，政友会在总部内设立了一处专门事务所为院外团所用，并得以聘任专属事务员。[2] 院外团里存在一个运营委员会，以及两个名义上的组织单位："智囊团"和"暴力团"。智囊团由落选的候选人、前国会议员、应届大学毕业生，以及对政治仍感兴趣的资深院外团员所组成。比起暴力团，据悉他们对重大议题较关心；其年轻成员都对当前的政治理论比较有见地。暴力团则由壮士组成，运作方式很像"街头帮派"，国会开议期间，他们就在国会内外闲晃。这些院外团成员成为此等明确的存在，以致有句俗话——"有其老大，必有其小弟"——强调所有国会成员和壮士之间的紧密联结。[3] 虽然在实务上，智囊团与暴力团的分工不清，但我们至少可知院外团里有不同的子集团，并各自发挥着不同的作用。

由于壮士成为政党结构制度化的一部分，金钱上的报酬也有

1　高橋彦博：《院外団の形成》，95、109—110、115頁；摩天楼・斜塔：《院外団手記：政党改革の急所》（時潮社，1935），60頁。

2　大野伴睦先生追想録刊行会編集委員会：《大野伴睦》，16頁。

3　摩天楼・斜塔：《院外団手記》，56—58、64—70頁。这份资料将院外团描述为"一群爱好政治的浪人"。高桥彦博也承认，院外团的本质是暴力团体。见高橋彦博：《院外団の形成》，91頁。

了更清晰的定义。院外团壮士可以靠索取进入所属政党政治会议的入场费来赚钱，靠扰乱他党政治集会获得报偿。当造成人身伤害时，他们收取的费用会根据他们伤的人是谁，以及他们攻击目标的地点而定。攻击越有名的政治人物，意味着赏金越高，而且赏金会根据受伤的部位来支付，例如是否有打到脸、四肢，或者躯干。[1] 院外团壮士彼此之间，似乎都很了解这份工作的报酬原则，因为他们有个潜规则：若有敌对阵营的壮士前来参加某党的公众集会，他们被允许在被拖走之前至少要快速地扰乱集会，这样他们可以赚到钱。[2] 这种对金钱报酬的重视，显示这些流氓主要将自己视为执行特定任务的职人，政治信仰对他们身为壮士的职业身份来说，反而是次要的。

院外团作为一个机构，有点像是19世纪末与20世纪初美国城市政治中的政治机器[3]。大致而言，院外团和美国政治机器起到了类似的作用，而且使用着类似的方法——处理政党交办事项，透过以权谋私和胁迫的方式，扩大其影响力。尤其是院外团的暴力支翼，非常类似美国政界老大寻求的提供暴力及保护的团体。在纽约第六区，消防队长马修·布伦南（Matthew Brennan）就因为为重要会议和选举提供"一个四十人左右的年轻壮汉黑帮"而受到

1　大野伴睦：《大野伴睦回想録》（弘文堂，1962），44—45页；摩天楼·斜塔：《院外团手记：政党改革の急所》，61—63页。

2　大野伴睦：《大野伴睦回想録》，43—44页。

3　译校注：美国政治界用语，指一个政党组织掌握了足够选票以控制地方政治及行政资源。19世纪美国都市的快速成长，造成市政的重大难题，市政府经常无法顺利组成，且无法有效提供服务。前文中的坦慕尼协会就属于政治机器。

奖励。[1] 同样地，在美国内战前的费城，政客会向志愿消防员、街头黑帮与其他邻近帮派寻求协助。尤其是街头黑帮，他们以收费、资助和免于刑事起诉，作为保护票箱和阻挡投票的回报。[2] 然而，他们二者的差异在于，院外团壮士在院外团之外并不属于某个独立组织（如某消防队或某帮派）。院外团唯一的使命是政治性的，是经过整合而并入政党组织之中的。

由于院外团是从政党内部运作的，将其比喻成英国政治中的压力团体并不特别恰当，因为英国的压力团体是从外部影响政党。他们不像院外团是政党利益的鼓动者，而是立足于政党之外，具有独立地位的特殊利益游说集团。[3]

还应该注意的是，院外团不像美国政治机器那样高度发展。美国内战尾声和"罗斯福新政"（New Deal）之初期间，坦慕尼协会的权力达到最高点，作为民主党的政治机器，其成功之处"在于主导提名与选举的能力，以及其实质上对任命公职的垄断"。[4] 大正时期的日本，没有任何政党的院外团或政党本身，有如此大的权

1　Tyler Anbinder, *Five Points: The 19th-Century Neighborhood That Invented Tap Dance, Stole Elections, and Became the World's Most Notorious Slum* (New York: Free Press, 2001), 165.

2　Peter McCaffery, *When Bosses Ruled Philadelphia: The Emergence of the Republican Machine, 1867 - 1933* (University Park: Pennsylvania State University Press, 1993), 11 - 14.

3　英国的压力团体，见 Michael Rush, ed., *Parliament and Pressure Politics* (Oxford: Clarendon Press, 1990)。

4　Arnold J. Bornfriend, "Political Parties and Pressure Groups," *Proceedings of the Academy of Political Science* 29, no. 4 (1969): 56. See also Jerome Mushkat, *The Reconstruction of the New York Democracy, 1861 - 1874* (Rutherford, N. J.: Fairleigh Dickinson University Press, 1981), 144.

力。而单是坦慕尼协会赞助网络的规模，都比日本任何一个院外团的赞助网络庞大许多，虽然这也可能是因为人们缺乏对战前日本贪污情况的研究。[1]

83   当我们把院外团视为一个组织时，也许最能阐释其意的类似组织，不是其他国家的政治机器或压力团体，而是日本本国的博徒。这两种组织都是以亲分—子分（老大—小弟）的关系为基础，并且以老大决定小弟薪酬的支付结构来深化基础的。[2] 这两种团体也都使用暴力作为经营事业的手段。这样的类比仍有其限制，因为博徒视其同僚和老大为一种被拟亲关系绑定的收养家庭关系，而且博徒团体更倾向于是一项事业，而非政治组织。然而，两者都被外界标签化为"暴力团"，意味着他们的暴力表现可见度，足以被认为是界定他们身份的特征。在院外团及博徒的组织内部，他们也不回避使用武力，或培养某种暴力文化。不出所料的是，院外团会与一些在国家主义组织里的博徒合作，如我们在下一章将会讨论到的，这些国家主义组织间接将院外团壮士与军方和官僚体制联系起来。

虽然院外团会使用暴力，他们主要的政治目标却不一定是非民主的。例如，政友会院外团的初衷，是监控藩阀与军方的势力。即

---

1   20世纪30年代初期，一宗官员与金融界重要人士因贪腐而被起诉的案件（帝人事件），见 Richard H. Mitchell, *Justice in Japan: The Notorious Teijin Scandal* (Honolulu: University of Hawai'i Press, 2002)。

2   永川俊美将这个比较更进一步，她指出，在某个时间点，政党里的亲分—子分关系很像侠客之间，或类似师兄弟之间的关系。永川俊美：《政党の親分・干児》，《改造》（1920年8月），25—33页。渡边几治郎也作了相同的比拟，虽然他对于政客之间的亲分—子分关系有较多的批判。渡邊幾治郎：《随筆：政党の親分子分》，《政界往來》第12卷第5号（1941年5月），5—6頁。

使当政友会和某些政治元老或官僚体系合作时，院外团也会极力防止这两方蚕食他们的力量。这种防御立场，在院外团成立时的三项特别决议中可以看出：院外团是要协助揭发政府与俄国交涉事务中的不当处理；反对政府忽视先前承诺的金融计划；征询动用遭前任国会否决的，不符宪法之专款的可能性。[1]为了争夺权力，政友会院外团有时会自发与民众力量结合，因为这些势力也想遏制藩阀、官僚以及军方的扩权。为了达到政治目标，院外团的策略是和那些走上街头的抗议者结盟，尤其是在历史学者宫地正人所称的"民众骚扰期"。在1905年的日比谷"烧打事件"（暴动）和1918年，蔓延的"米骚动"事件中，人民要求政府忠于天皇和人民意志的政策。[2]政友会也许没有如此拉拢民心的眼界，但其自身利益恰好和那些抗议者不谋而合，因而强化了他们共同的反藩阀立场。

1912年至1913年的"第一次宪政拥护运动"时也是一样。当时为抗议来自长州藩的资深藩阀政治人物桂太郎的首相任命案，政友会成为民众运动的一分子。为了在这件事上尽一份心力，政友会与"立宪国民党"（以下简称"国民党"）合作；国民党是   84

1　小林雄吾、小池靖一编：《立宪政友会史（第2卷）》（立宪政友会出版局，1924），42頁。

2　宫地正人：《日露戦後政治史の研究》（東京大學出版会，1973），226—228頁。官地使用的"民众骚扰期"是由安德鲁·戈登（Andrew Gordon）翻译为英文的"民众暴力时代（era of popular violence）"。见Andrew Gordon, *Labor and Imperial Democracy in Prewar Japan* (Berkeley：University of California Press，1991），26 - 27。关于民众骚扰，见藤野裕子：《騒乱する人びとへの視線》，资料来源：須田努、趙景達、中嶋久人合编：《暴力の地平を超えて：歴史学からの挑戦》（青木書店，2004），81—110頁。

1910年由犬养毅所成立的，他所领导的党内派系拒绝与政治元老有任何妥协。政友会和国民党的院外团没有必要采取暴力手段推行这项运动；在大多数情况下，他们会举办大型集会，煽动民众支持他们的反藩阀目标。例如一次由政友会院外团在东京日本桥地区举办的类似集会，就曾吸引大约1 000人参加。院外团也会筹办较小型的会议，慎重讨论该运动的策略。[1] 随着政友会与国民党联手，双方院外团亦然，他们共同在1913年1月与2月举办了联合大型集会和会议。[2] 村野常右卫门正式成立一支政友会-国民党院外团，其中包括3 000名原来在森久保作藏旗下的壮士。据说在一次演说会上，森久保甚至被奉为"政友会的桂太郎"。[3]

院外团壮士与民间抗议者共存于同一政治空间的情形，可在大野伴睦早期的政治生涯中看到；大野相对轻松地跨越了民众与院外团暴力之间微妙的界限。第一次宪政拥护运动时，大野还是东京明治大学法律系的学生，有一天，在他前往图书馆准备法律考试的路上，恰好遇到犬养毅和尾崎行雄在呼吁保卫立宪政治。受到他们的政治理念吸引，大野决定加入这场运动，并于1913年2月参加了一场抗议活动，要求对桂太郎内阁行使不信任投票。2月10日早上，大野和他的同伙包围了帝国议会，对着到来的政友会与国民党议员高声支援。这些国会议员胸前别着白色的玫瑰花，好

---

1 《東京日日新聞》1913年1月12、14日；山本四郎：《立憲政友会史（第3卷）》1924（復刊：日本図書センター，1990），572—573頁。

2 《東京日日新聞》1913年1月17日；土倉宗明：《院外団爭鬥記》，《藝文春秋》1935年12月號，212頁。

3 佐藤孝太郎：《三多摩の壮士》，52—54頁；大野伴睦先生追想録刊行会編集委員会：《大野伴睦》，12頁。

让学生团体与院外团得以辨识，并对着他们高喊"白玫瑰军万岁"来鼓舞士气。到了中午，越来越多的人聚集，最终超过万人，而当他们听说国会休会了，人群便从国会议事堂附近涌向日比谷公园，并朝银座前进，沿路攻击如《国民新闻》《读卖新闻》等报社。警方用粉笔标示人群中的抗议者，透过这种方法，他们辨认出了大野，并将他和其他250名参与者一并逮捕了。[1] 此次事件后，大野意识到，身为民众抗议者而非正式党员，他等于是无偿为政友会的理想服务。为了让自己的付出得到回报，他决定去政友会总部寻求金钱补偿。大野最终得到和当时政友会干事长村野常右卫门见面的机会。村野请他享用午餐，喝清酒和啤酒，也给他钱，同时建议他常来总部。大野遵照他的建议，后来与院外团干部相当友好，甚至被他们说服加入了院外团。[2]

大野成了院外团青年部，即后来"铁心会"的成员，这个组织是在第一次宪政拥护运动中成功推倒桂太郎内阁的高昂士气下成立的。铁心会原本由当时集结在东京参加这项运动的众多青年所组成，透过这个支部，院外团得以和首都里的大学生团体建立联系。政友会后来以招募像大野一样的明治大学学生而闻名，他们当中多数是辩论社社员。这些具有公开演说天赋的学生被列入演说会的出席名单，在东京及邻近地区参加选举活动，偶尔可获

85

1　大野伴睦：《大野伴睦回想録》，9、16—22頁；《東京日日新聞》1913年2月11日。根据安德鲁·戈登（Andrew Gordon）的记录，事件中有168人受伤（当中有110人是警察），253人被捕。除了攻击附属或同情政府的报社，还有38处警察岗亭被砸。Gordon, *Labor and Imperial Democracy*，28。

2　大野伴睦：《大野伴睦回想録》，23—26頁。

得一顿免费的大餐作为回报。大野本人经常发表这类演说，并大肆批评大隈重信内阁（1914—1916）的外交政策，他十分积极地安排这种集会，后来被判违反《治安警察法》。[1] 虽然院外团的律师建议他去外地避风头，大野却不听劝告，宁愿入监服刑。当他被释放时，一群院外团同伴到监狱门口迎接他，高举布条，上面写着："忧国的志士大野伴睦万岁！"[2]

除了学生，铁心会也招募包括博徒和"的屋"（流动摊商）在内的极道。政友会不是唯一招募极道的政党；其主要政敌（宪政会）也向博徒寻求过协助。铁心会的领导之一大野重治极其重视动员这些暴力专家，而他本人也以孔武有力著称。一名院外团团员犹记，大野重治人高马大，虎背熊腰，是那种长得很像黑帮的人。[3]

逞凶斗狠并不是院外团特有的极道元素院外团行动从脑力活动居多，但那些经常参与的人，比如参加演说的人，也免不了施展一些暴力。例如大野伴睦不但参加政友会的集会，也会去敌对政党的场子闹事。在一次事件中，大野去了"宪政会"的集会，宪政会成立于1916年，是经由不同政党与"立宪同志会"（以下简称"同志会"，1913年由桂太郎成立）合并的政党。宪政会有自己

1　大野自称是因为《治安维持法》遭逮捕，但并非如此，因为该法于1925年5月12日才生效。大野伴睦：《大野伴睦回想録》，30—31頁。政治家有马赖宁也提到大学辩论社成员出现在选举造势场合。有馬賴寧：《政界道中記》（日本出版協同，1951），16—17頁。

2　大野伴睦先生追想録刊行會編集委員會：《大野伴睦》，16—17頁；大野伴睦：《大野伴睦回想録》，28—34頁；高橋彦博：《院外団の形成》，98、100、106頁。

3　高橋彦博：《院外団の形成》，104、107頁。

的院外团，并且和早稻田大学建立了联系，形成了"政友会-明治大学"对"宪政会-早稻田大学"的竞争态势。[1]不出所料的是，政友会与宪政会这两大敌对阵营的院外团在许多场合也会发生冲突。有一次，大野与他的同党在一间剧院的二楼质问宪政会的演讲者，其中一名演讲者挑衅他们不如下到讲台来，有个人还真下去，随后立刻惨遭宪政会的院外团修理。大野想出手相救，他完全不理会警察，直接从二楼跳了下来，可惜他的行动太迟，他的朋友已经被警察拖出去了。

86

院外团壮士的体力工作，加上与之相伴的饮酒文化，使得壮士与混迹于暴力世界中的人群有了些许相同之处。院外团招募极道，是暴力如何在政治——从法律的角度来说——与犯罪国度之间制造流动的最佳范例。这模糊的界限在公众看来很是明显，有时是以极耐人寻味的方式展现出来的。有一次，大野伴睦明目张胆地去找极道老大武部申策讨钱，因为他和他的朋友一个晚上就花了40日元，超出了原本的预算。武部在成为博徒之前，原是自由党员，后来拓展业务，通过利用"总会屋"进入商业界，从事保护及勒索的工作。[2]虽然武部可能还维持他的政商关系，但我们不清楚为什么大野认为这名极道老大会迫于无奈而交出钱，武部显然也觉得莫名其妙。双方一言不合之下，武部命令手下围住

---

1 高橋彦博:《院外団の形成》，103、106—107页。据称，中央大学与日本大学的学生因为自由时间不够，无法参加院外团，而法政大学由于规模太小，无法成为竞争中的要角。到了昭和初期，明治大学的辩论社在改朝换代下，转而与宪政会结盟。

2 关于武部申策，见Kenneth Szymkowiak, *Sōkaiya: Extortion, Protection, and the Japanese Corporation*(Armonk, N.Y.: M.E. Sharpe, 2002), 37 – 39。

大野，打算揍他一顿。大野顺利挡下，冲破突围往大门而去，没想到武部竟叫住他，表示极赏识大野对他说话的样子，接着拿钱给他，还请他畅饮清酒和啤酒。在那次冲突后，两人似乎建立起"男人间的情谊"。[1] 虽然事情的经过有些不可信，但似乎也能看得出胆量、男子气概以及强健体魄，是政治暴力专家的共同理想典型，不论他们属于院外团还是极道。

大野描述各种院外团的争执及冲突时的语气，同时暗示了他（或许其他人也是）其实乐于当个壮士，而且他被拉进院外团的原因，除了有保护立宪政治或批评桂太郎的外交政策这方面的政治使命外，还因为有机会饮酒和闹事。从战后回顾那些日子，大野描述他在院外团的时光是很有趣的，而且有点缅怀那段可以免费吃顿午餐、耍耍流氓就能拿到一些零用钱的日子。[2] 这种态度与英国历史学者卡洛琳·康利（Carolyn Conley）的论点相呼应，她认为，暴力有时会被当成消遣娱乐的形式。康利界定娱乐型暴力是"有清楚定义的规则、自愿参加者、在活动中有趣味感，而且不带任何恶意"。[3] 虽然谈到院外团壮士时，有没有恶意仍然存疑，但他们确实是自愿参加，而且至少有些人，例如大野，似乎在他们耍流氓的过程中享受到了愉快的感觉。院外团的暴力也是有规矩的，虽然没有明说。如前所述，他们有"潜规则"，院外团默许对手在自家集会场所至少制造一点骚乱，虽然是替另一阵营工作，却也

1　大野伴睦：《大野伴睦回想録》，43—46頁。

2　《院外団の正体を衝く》，《政経時潮》第8卷第3號（1953年3月），13—14頁。

3　Carolyn Conley，"The Agreeable Recreation of Fighting," *Journal of Social History* 33，no. 1（autumn 1999）: 57－58.

能够让他们的流氓同业者收到报酬。

院外团与警方之间也是有默契的，只要暴力行为没有升高到 87
暗杀，或者是严重破坏秩序的层级，那些从事院外团暴力的人可
能会遭到围捕，但不会被起诉或进入诉讼程序。由于缺乏关于暴
力行为的统计数字，我们很难讨论警察对院外团壮士的通融程度。
但是，至少大野宣称，去公众会场闹事的流氓经常被送进拘置所，
由警方供餐，且集会一结束，他们随即被释放。[1] 在某些情况下，
壮士会和警视厅合作，如1914年2月，警察允许数百名森久保手
下的流氓协助首相与内务大臣官邸的守卫工作。[2] 壮士了解，他们
动武的范围应该局限在打架滋事，任何暴力上的升级，或者直接
挑战政府（例如第一次宪政拥护运动）都会被认为是逾越了可接
受的范围，这将触怒警察。从警察的角度来看，院外团壮士和他
们明治时期的前辈不同，他们对政府或国家没有重大或迫切的威
胁。虽然他们可能会执行一些危及政治运作，甚或骚乱的事，但
他们通常不会煽动全面的暴动与不安。因此，出钱出力、大费周
章地镇压流氓，对警方来说并没有太大的好处。大野伴睦这类型
的院外团明白这些规矩，因此他们愿意，甚至急欲伸展拳脚功夫，
这便证明了他们的武力确实有些娱乐元素。

对暴力行为不成文的限制，也显示暴力通常被当作是一种权力
或个人政治立场的表演，一种仪式性的展示行为。即使当武力本
身不会影响结果，院外团壮士暴力的演出，仍是政治资源以及对

1　大野伴睦:《大野伴睦回想録》，43—44頁。
2　《読売新聞》1914年2月8日。

利益严肃看待程度的重要指标。暴力行为可能具有表演性质，并不表示暴力的危害可因此抵消；虽然有所限制，拳打脚踢和捣毁物品仍可能威胁到对方并引起恐慌。而涉及暴力的规则可能也会让人以为某些暴力行为是被容许的，以至于这种政治暴力的文化持久不退。

20世纪10年代中期，大野在暴力行为风云再起之际遇上了政友会院外团。政治人物尾崎行雄评论了这种现象："过去，帮派（壮士）经常为政治界所雇，但最近少见了许多。然而，随着寺内（正毅）内阁（1916—1918）上任，暴徒再次横行。他们出现在每一场公开演说。我就被攻击过好几次。"[1]1917年1月，尾崎在一场公开集会的讲台上面对群众发表演说，一伙敌对阵营的暴徒也混入其中，这时，一名"暴徒"手持七寸刀向他冲来并攻击了他。[2]

88　　　对于20世纪10年代中期逐渐高涨的壮士暴力，有几种可能的解释。1915年3月的选举活动再次面临政府选举的干预，可说是恶名昭彰的1892年第二届普选以来，第一次如此大规模的干预。这次的争议点是军费支出的增加，政友会在前一年反对此政策，而同志会是支持的。政府急欲在这项议题上击败政友会，于是展开了多方策略。萨摩藩武士出身的内务大臣兼警视总监大浦兼武，用买票的方式在全国竞选活动中稳固了同志会与其他投其所好的候选人的票源。大浦向府县知事施压，要求他们在地方层级的选情上也要赢得胜利。金钱，主要来自财阀的献金，被分发到了表

1　Ozaki, *Autobiography of Ozaki Yukio*，313。日文原著，见《咢堂自传》，563页。
2　Ozaki, *Autobiography of Ozaki Yukio*，313.

态支持增加军费支出的候选人身上，总数追加到 5 000 日元，各地买票金额从 3 日元到数十日元不等。警察也一一拜访选民住所，威胁他们投票给同志会以及对他们言听计从的政党，与此同时，他们却严密监控政友会，防止他们的不法拉票行为。违反选举法的行为猖獗；相关数据不太可靠，而且依资料来源而有所不同，但是内务省通报了 985 件违反选举案，共有 10 554 人涉案。这个数字比前一次选举高出许多，当时仅通报 551 件，4 923 人涉案。[1] 这次政友会失去了在众议院的绝对多数党地位，大幅减少 101 席。这样的结果不只因为政府的大规模干预，也因为大隈重信当时人气很高；他引进亨利·杜鲁门式的"小镇快闪"（whistle-stop）拜票活动非常奏效。[2] 此外，在这次毫无管制的情况下，不出所料，暴徒行为以及金钱被大肆运用，以获得政治上的优势。而且 1915 年后，武力已经因为政友会和"宪政会"（由同志会与其他数个党派合并）两大政党的战斗部门而延续，而有时则是因为某些政党和内阁之间的龃龉而存在。

政友会与宪政会的敌对，是明治时期民党与吏党分野的遗留，

1　在 1908 年选举中，有 323 件选举违规事件，涉案者 2 826 人。永田秀次郎：《选举の里面に潜む罪恶》，《日本评论》第 2 卷第 4 号（1917 年 4 月），192 頁。永田是内务省警保局长。另一份资料来源对 1912 年选举所提的数字较少：660 件选举违规，其中 78 件为暴力威胁。山本四郎：《立宪政友会史（第 3 卷）》，514 頁。另一份 1915 年选后的报纸数字更少（430 件，2 319 人），以政党区分如下：同志会 143 件，777 人；政友会 142 件，915 人；无党籍 84 件，512 人；其他 27 件，38 人；中正会 18 件，93 人；国民党 16 件，58 人。《読売新聞》1915 年 3 月 26 日。

2　Duus, *Party Rivalry and Political Change*, 89 – 92；升味準之輔：《日本政党史論（第 3 卷）》（東京大學出版会，1967），280—281 頁；《時事新報》1915 年 5 月 6 日，资料来源：明治大正昭和新聞研究会編：《新聞集成大正編年史》（明治大正昭和新聞研究会，1969），540 頁。

尤其在选举期间特别严重。这样的紧张的态势可从1920年地方竞争时，政友会的村野常右卫门与宪政会候选人八并武治之间的竞争看出来。作为选举活动的一部分，村野动员了150名铁心会壮士突袭对手位于八王子的竞选事务所，导致现场陷入一片混乱。[1] 在这座东京西南方的城市，壮士随身带着棍棒四处游荡，其他的武器则藏在胸前的口袋中。双方不只招募年轻人，还会从邻近的横滨和芝浦雇佣码头装卸工，动员博徒。村野和八并两人手下流氓之间的冲突在4月时达到顶峰，当时有200人打作一团，官方不得不派遣武装警官来压制，最后监禁了68人。[2]

89   这两个政党在"男性普选权"的议题上同样针锋相对，这是那几年最重要的政治议题，也是壮士和民众暴力的一个借口。虽然对男性普选权的诉求早在19世纪90年代便已出现，但这项运动于1919年和1920年在宪政会及势力较小的国民党共同支持下，达到高峰。示威者走上街头，起初采取温和集会的方式，之后变成了上万人的群众聚集。1920年的一次大型示威活动中，一群参与者的核心成员闯入政友会总部，抗议该党反对普选权的立场。政友会的大门由壮士和警方保护而无法通行，后来则开门，让集会群众中的4名代表进入。一小时后，其中一名抗议者被丢了出来，"在政友会壮士的毒打下，他的脸鲜血直流"。[3] 然而，宪政会在这

1　《读卖新闻》1920年5月6日。据说多个三多摩壮士的组织在1915年左右解散了。虽然他们在东京并未维持固定的存在，也较无组织，村野似乎仍在需要时召集他们。佐藤孝太郎：《三多摩の壮士》，68頁。

2　佐藤孝太郎：《三多摩の壮士》，80—84頁。村野在这次的选举中落败，但仍由原敬指定为贵族院议员，确保了在政界的地位。

3　Duus, *Party Rivalry and Political Change*, 155－156.

方面也不是什么省油的灯。1923年6月，他们与其他支持男性普选权的政党结盟时，成立了一支由宪政会院外团重要人物领导的青年联盟。其地位相当于政友会铁心会的团体，同样也以壮士的风格行事。[1]

1924年，出于对内阁的忧心，宪政会与部分政友会人士聚在一起，共同讨论男性普选权的问题。自1918年的原敬内阁以来，这两个政党就一直受益于政党内阁，他们唯恐回到那个超然的、无政党的内阁。政友会的一个派系因此和宪政会达成妥协，同意支持男性普选权，如此两个政党才能一起合作，拖垮官僚政客清浦奎吾的内阁——清浦多次担任内阁阁员，曾任枢密院（于1947年废止）枢相，是前辈政治家山县有朋的盟友。作为所谓"第二次宪政拥护运动"的一环，政友会首先发起了院外团活动，筹划游行与集会。[2] 政友会院外团也动员了数百名三多摩壮士。国会议员，也是未来的司法大臣横田千之助，则协助成立了一支由20名壮士组成的特别部队，专门负责出手并捣毁物品。院外团也计划在帝国议会内和门口台阶上制造骚乱，企图撼动清浦内阁。[3]

男性普选权的议题使部分政友会和宪政会团结起来，但也在政友会及其院外团内部制造了嫌隙。该党与宪政会之间的妥协，导致党内分裂，部分党员另组支持清浦内阁、反对扩大选举权的"政友本党"。政友本党旋即建立起所属院外团，由八王子和府中的数十名年轻人组成——政党的分裂因而也造成了院外团壮士的

---

1 高橋彦博：《院外団の形成》，109頁。
2 《東京日日新聞》1924年1月20日。
3 土倉宗明：《院外団争鬥記》，216頁。

分裂。

如同第一次宪政拥护运动，第二次宪政拥护运动最终也成功逼迫内阁辞职。宪政会、政友会以及"革新俱乐部"的联盟在1924年的众议院选举中，赢得了众议院大多数的席位，在宪政会总裁加藤高明之下组成内阁（护宪三派内阁）。这个内阁最为人所知的，就是通过了1925年两项重大法案：一是《普通选举法》，将投票权扩大到所有25岁以上的男性；二是《治安维持法》，这项法案大幅限缩言论与集会自由，企图控制共产党和无政府主义者的政治活动。[1]

1928年的普选，是男性普选权施行后的第一次选举；政治参与的扩大，从短期或长期来看，对选举行为的影响都极为重大。从短期来看，男性普选权加深了政友会对于该党失去政治掌控权的恐惧。政友会已经受到了"民政党"的威胁，即1927年宪政会和政友本党合并后的新政党。成立数星期后，民政党就举行了院外团的开幕式，共有500人出席，包括前内务大臣，即现任院外团顾问床次竹二郎。[2]男性普选权为复杂的形势增添了更多不确定性，促使政友会介入选举干预，这是1892年与1915年以来第三次大规模选举操作的案例。这一次，政友会的内务大臣铃木喜三郎滥用官僚体系与司法部门的影响力，企图压制对手民政党。铃木从内务省派了数十名代表以及多个府县厅知事，跟踪负责调查选举情况的民政党监视委员。警察则干扰对方的集会。这位内务大臣同

90

1　佐藤孝太郎：《三多摩の壮士》，92—95頁。
2　《東京日日新聞》1927年6月13日。

时禁止"特定的选举演讲者发送小册子和海报",指使他辖下的警官逮捕选举违法行为。结果共有1 701名民政党支持者与3 001名其他政党支持者被捕,但只有164名政友会支持者被捕。[1]

男性普选权不只加深了政友会对在1928年选举失势的恐惧,长期而言最严重且关键的,是扭转了竞选活动的态势,暴徒行为的影响力变成了其他形式。简单来说,选民的大幅增长,使暴力成为一种影响选民行为的低效率、高花费的手段。从1924年的普选开始,选民人数几乎是原来的4倍,从过去超过300万人,如今增加到1 200万人,约为全国总人口数的20%。[2]这个人数多到无法靠武力恐吓威胁;而且从财务的角度来看,相较于付钱给壮士对选民暴力相向,直接贿赂选民更为有效。

此外,1925年赋予男性普选权的新选举法,不但限制了施展暴徒行为的机会,同时也对暴力采取了更为严厉的措施。新法禁止挨家挨户拜票,而且限制候选人可以聘用的人员数量。新法也明订对选民、候选人、参与竞选活动者或当选的政治人物使用"暴行"或"威力"(胁迫)者,将处以3年以下的监禁(包括或不包括服劳役),或者2 000日元以下的罚金。同样的处罚也沿用在那些干扰通信、集会、演讲,或其他利用诱骗干扰选举自由的不

91

1　Thomas R. H. Havens, "Japan's Enigmatic Election of 1928," *Modern Asian Studies* 11, no. 4(1977): 550; Kenneth Colegrove, "The Japanese General Election of 1928," *American Political Science Review* 22, no. 2(May 1928): 405. 和上次一样,选举违规的数字有多种。《大阪每日新闻》报道有1 371人因为选举违规进入司法程序,其中有888人被起诉。被起诉的民政党支持者比政友会支持者多很多,分别是539人与147人。有罪的人当中,只有3人被判服监;其余368人只被处以罚金。《大阪每日新聞》1928年2月25日。

2　松尾尊兊:《普通選挙制度成立史の研究》(岩波書店, 1989), 327頁。

法行为之徒身上（第115条）。被发现拥有枪炮、刀剑、棍棒或其他足以伤人或致人死亡的武器者，将面临2年以下徒刑，不得改服劳役，或者1 000日元以下的罚金（第121条）。若是在投票会场、投票所，或者开票所被发现携带这类武器者，刑责加重至3年以下徒刑，以及2 000日元以下罚金（第122条）。[1] 历史学者松尾尊兊的说法极具说服力，他认为，新法中的这些条款是为了在每一次有更多人拥有投票权的选举期间，削弱数个刚萌生的无产阶级政党。[2] 他们担心这些不像大党政友会和宪政会这么有钱的政党，会诉诸暴力（利用他们自己的拳头，而不是雇佣壮士）作为展现影响力的手段。因此，新的选举法不应该单纯被解读为国家对待所有壮士的根本转变，或是对暴徒行为的全面谴责。然而，虽然主要目标是无产阶级政党，这条法律也多多少少削弱了主要政党的壮士暴力行为。

由于所有这些原因，到了1920年后期，暴力行为似乎已经跟不上贿选的脚步。[3] 在两年后的普选中，因贿选被起诉的人数倍增，从216人增加到474人。因暴力被起诉的人数是前一次选举的3倍，但人数其实不多（从2人增加到6人），以至于这样的成长，从好

1　《眾議院議員選擧法》法律第47號，1925年5月5日，资料来源：自治省選擧部編：《選擧百年史》（第一法规出版，1990），185—202頁。参照Colegrove，"Japanese General Election of 1928," 404頁。隔年，专门取缔暴力行为的法案《暴力行为处罚法》在国会通过。第一条明确指出涉及集体暴力者，将被处以3年以下的惩役，或者500日元以下的罚金。

2　松尾尊兊：《普通選擧制度成立史の研究》，329—330頁。

3　新的选举法也涉及贿选，但是涉及暴力的违法行为照理较为显眼，比起金钱交易，暴力行为较易受到惩罚。

的方面来看是微不足道的，从坏的方面来看是不足采信的。[1] 虽然这个统计数字令人质疑，但是从那些年报纸透露出来的以及政治人物本身提到的选举暴力便可知，情况改善了许多。可知在20世纪20年代晚期，院外团壮士的暴力行为至少被削弱了一些。

暴力文化：国会政治里的极道老大

20世纪初的前几十年，暴力专家对政治制度的渗透不仅可以从招募壮士与极道进入院外团看出，也可以从极道老大被选入众议院见出端倪。其中一名具有此类身份背景的议员，在本章开头提及的《中外商业新报》系列文章里便有特别报道。吉田矶吉， 92 这位在九州拥有庞大地盘的博徒老大，据说拥有不可一世的胆量，被奉为最有野心的国会议员典范。他被称为当代的幡随院长兵卫，被形容为这名17世纪博徒老大的再世，更是传奇英勇的"侠客"。[2] 在国会开议期间，吉田被（误导性地）描写为端坐的金尊大佛，静默不语。[3] 和吉田一起加入众议院、由极道老大转为政客的，至少还有另一人，即保良浅之助。综言之，这两人的政治生涯横跨大正时期与昭和早期，是全国政治接纳极道走进高层的证明。

1　因为干扰选举而遭起诉的人也增加了，从19人增至32人。《大阪每日新聞》1930年2月21日。

2　关于幡随院长兵卫，见田村荣太郎：《やくざの生活》（雄山閣出版，1964），170—173頁。

3　《中外商業新報》1922年2月18日。

选民与政客同僚未对吉田或保良抱有疑虑或芥蒂的原因之一，在于政治暴力不仅存在于院外团内部，也弥漫在整个议会政治当中。壮士基本上可以进出国会大门，也能看见他们在国会议事堂走廊和前厅闲晃的身影。[1]更有甚者，当选议员自身不仅不回避暴力，还被党的领导阶层鼓励，在无法完整以口语表达想法时，可以转而以暴力应对。[2]许多国会议员并没有将肢体暴力行为交给雇请的打手，反而是在必要时刻，甚至是在议院内，展现自己的肌肉。如历史学者彼得·杜斯（Peter Duus）所述，在会议场大打出手是20世纪20年代之前的标配："众议院两大政党的席位被会议场中间的走道隔开。两党中最高大强壮的议员沿着这条缓冲带两旁坐下，已成为一种惯例，借此应对火爆场面的发生。国会议员的名牌原本是可移动的，后来被固定在了桌上，否则，轻而易举就能变成伤人的工具。"[3]在《中外商业新报》一系列正面报道的影响下，肢体力量确实成为一项政治生涯的资本，使得吉田和保良在这方面摇身变成深具魅力的政治人物。吉田与保良的当选，在某种程度上也显示了极道的地位——他们，至少在某些地区的极道老大并未被视为阴暗"地下社会"的一部分，而是当地特定利益的代表。而他们在国会中的出现，不但反映，也长久留下一种政治印记：暴力渗透进了政治对话当中，甚至渗透进了国会本身的围墙之内。

在开始谈论吉田和保良的政治生涯之前，必须先说明这两人生平所遇到的困难。他们的人生被记录下来，经过渲染后，他们人

1　摩天楼·斜塔：《院外團手记》，60頁。

2　有馬賴寧：《七十年の回想》（創元社，1953），250頁。

3　Duus, *Party Rivalry and Political Change*, 18 - 19.

生的某些部分通常可能会被扭曲，吉田更是如此，他几乎已经成
为一位传奇人物。即使到了今天，他的铜像及记载其成就的纪念
碑文仍伫立在北九州市的一座大型公园里。[1] 更直接一点来说，吉
田已然成为小说里的角色模型，例如火野苇平的《花与龙》。[2] 在书
籍和杂志中也可见美化极道的赞颂之词，如藤田五郎的《任侠百
年史》以及在极道的通俗杂志《实话时代》里的一篇文章。[3] 我留
心避免使用这类素材作为审视其人生的依据，但即使是自传、报
纸文章以及人们对他们梳理过的记忆，都可能有误导的成分。与
吉田相较，保良较不为人所知，他不是神人级的人物。然而，对
他的书写之缺乏，意味着大部分内容尽皆仰赖于他的自传——一
个自我美化的出版物。虽然这些来源某种程度上都存在问题，但
正是关于吉田与保良在这些素材中的夸大误解，最能说明极道在
议会政治中的本质。决定在哪一方面夸大，无疑说明了极道描绘
的自身在政治界的模样，他们扮演什么功能，以及为什么他们被
其他政治人物所接纳。例如，吉田的传记和保良的自传都将他们
描绘成侠客，而非极道。尤其是保良，他极力宣称在他人生中的
某一个时间点，从一个极道转化成了侠客。这种委婉的说法，强

93

---

1 译注：即福冈县北九州市若松区的高塔山公园。
2 豬野健治：《俠客の条件：吉田磯吉伝》（現代書館，1994），7頁。在小说《花と
龙》里类似吉田的角色，在下面这本书中也有提到，読売新聞社西部本社編：《福
岡百年（下）日露戦争から昭和へ》（浪速社，1967），172—176頁。火野苇平
（本名玉井胜则）在若松出生，父亲是玉井一家的亲分，但火野苇平年轻时即同情
左翼思想。见火野葦平：《日本文學全集（第52）火野葦平集》（新潮社，1967），
461—472頁。
3 藤田五郎：《任侠百年史》（笠倉出版社，1980），195—202頁；溝下秀男：《これ
が「川筋者」の魂だ!》，《実話時代》2001年10月號，38—39頁。

调出吉田和保良在众议院及其他政客面前所表现出的侠客形象。侠客"劫强济弱"的口号，对他们所属地区的某些人或许有吸引力，而身为侠客的爱国色彩也与各种不同的政治支持者相互呼应。

这些参考来源也夸大了他们的武打功夫，其中着重叙述了他们对抗极道或政治人物时的景象，就像武士传说中以寡敌众的主角，总能奇迹般地战胜强大的对手。书中毫不掩饰，甚至反复强调吉田与保良势如破竹的拳脚功夫，说明了当暴力与政治合理性或意识形态交织在一起时，暴力总是被接纳的，即使表现得像爱国侠客那般粗鄙且态度不明。不论在国会内外，这两人展现及合理化暴力的意愿和能力，可能是多名"受敬重的"政客也要寻求他们支持的原因之一。

吉田在1915年3月的选举中，也就是因为政府干预而臭名昭彰的那次选举中，以反政友会候选人之姿进入国会。他击败了政友会的野田卯太郎，当选代表北九州筑丰地区的议员。[1]

从吉田的早年生活中，看不出他将来会进入政治精英圈。他的父亲吉田德平是家中第十代的武士，但是在一次纷争后，被迫离开他所属的藩，成了浪人。德平从一个藩旅行到另一个藩，途中他的妻子乃武去世，最终他和第二任妻子佐久落脚在一处名为芦屋町的小镇，位于今天的福冈县。两人过着穷苦的生活，且因为远在异乡，德平的工作机会受到了限制。1872年德平过世后，家中的经济情况更是雪上加霜，只留下了佐久独自照顾当时年仅五岁的矶吉和他两个年长的姐姐スエ（SUE）和もん（MON）。少

1　猪野健治：《侠客の条件》，55—56頁。

年吉田没有在当地就学，而是做着各种临时工。九岁时，他离开
芦屋，到附近博多地区的烟草店工作，但后来逃回家乡，他青少
年早期的大部分时间，都在兜售鸡蛋、青菜和鱼中度过。16岁时，
吉田成为若松煤矿出口港的船夫。有好几年，他一直是个积欠老
板债务的船夫，直到经营一间生意兴隆的妓院的大姊スエ支援了
他一些资金，他这才成为自立门户的船夫。[1]

　　吉田担任船夫大约六年后，在去釜山之后，又回到了若松，当
时二十多岁的他，开始不时出入由极道经营并居住的世界。吉田
接触赌博之后，便向大姐借了更多钱。与他往来的赌客大多是职
业博徒，吉田通过他们，被引介给了多位老大。这些联结让他经
常有机会前往若松以外的地区，例如长崎。有一次他在那里一间
由高级餐厅改装的赌场，与来自关西地方的几个老大赌博。除了
当赌客，吉田在1899年也成了地方生意人，开了一间名为"现银
亭"的料理屋维持生计，抚养新任妻子稻田いわ（IWA）和儿子敬
太郎。

　　吉田在极道和料理屋的经营上一帆风顺，为他铺就了一条通向
极道老大的康庄大道。他的料理屋开张的那一年，若松镇上的大
老和当地商家纷纷求助于他，请他协助调解当地的极道地盘。他
点头同意之后，便开始招募手下，如中山丰吉和冈部亭藏（他本
人后来也成为政治人物）。[2]吉田成为真正的博徒老大，是在1900年
2月，他成功压制对手江崎组之后。由作家猪野健治执笔的这起事

1　猪野健治：《侠客の条件》，16—30頁。见玉井政雄：《刀と聖書：筑豐の風雪二代
　　記》（歷史図書社，1978），17—18頁。

2　冈部亭藏于1921选上市会议员。见猪野健治：《侠客の条件》，59頁。

95

图3.1 吉田矶吉42或43岁时。

图片来源：吉田磯吉翁傳記刊行
會編：《吉田磯吉翁傳》（東京：
吉田磯吉翁傳記刊行會，1941）。

件，读起来犹如传奇：吉田与他的手下中山、冈部，以及其他七八人，被江崎满吉和他的七八十名手下围堵。虽然双方人数悬殊，吉田奇迹般地以寡敌众。虽然事件在叙述中被夸大了，但吉田似乎因为此次事件，在这个社群中维持，甚至建立起了一些名望。1909年，他在消防队兼职，那年秋天，由于调停了大阪与东京极道之间关于哪一座城市可以赢得一位大关力士（高级相扑手）所属关系的冲突，吉田更是获得了普遍的认可。[1]

1915年，吉田竞选众议院议员的宝座，他在政治方面的参与也终于进入国家级层次。[2] 虽然吉田参选国家公职的动机不明，但似乎至少一部分原因是对政友会的不满。据称吉田认为政友会行事傲慢，他也同情大隈重信的反政友会行动，深感这位77岁老人旺盛的精力和行动力，因此他便担负起了为反政友会运动注入年轻活力的重任。吉田的反政友会立场可能也来自实务上的考量。

1　猪野健治：《俠客の条件》，30—38、44—50頁。

2　吉田矶吉显然是若松地区第一名当选进入国会的人物。见若松郷土研究會编：《若松百年年表》（北九州市立若松図書館，1969），42頁。

他也许感觉到反政友会的情绪潮，以及所谓的"大隈复兴"，因此希望搭上这班顺风车，走上政治之路。1915年的选举中，政友会失掉绝对多数的议员席位，吉田也赢得了他在帝国议会中的宝座。[1]

也许更重要的是，吉田对北九州，尤其是实业界上的利益原本就比较关心。吉田所代表的筑丰地区以生产钢铁著称，也是北九州工业带的一部分，这里在20世纪前几十年里飞速发展，也是拜筑丰煤田所赐。吉田在青少年时期与矿场的渊源以及自身就拥有一家小企业的缘故，让他可能会理解、同情新兴的商业阶级和工业阶级的需求和处境。他吸引了来自筑丰地区的居住者——包括农民团体和煤矿工人，在政治上的支持者。在若松的一场公众集会上，有六千名这类支持者说："让我们听老大说话！"[2]确实，吉田在1920年争取众议院席位时，他是以宪政会的候选人身份参加竞选的，该政党就吸引到了最多新兴商业和工业阶级的支持。

吉田一当选进入国会，他便很乐于使用暴力。前面提到《中外商业新报》的文章也许将吉田描绘成坐在国会里威严沉静的"金佛"，但有几次他也参与了国会议场的混战。1915年吉田第一次当选后不久，当首相大隈站在国会特别审议席前，发表对政友会的批评时，冲突一触即发。大隈的话激怒了名为武藤金吉的政友会党员，他冲向大隈，抓起他的一只手臂，企图将他从台上拖下来。为了解救大隈，吉田一把抓住武藤。这时吉田的几名同党想拉住

1　吉田礒吉翁伝記刊行会编：《吉田礒吉翁伝》（吉田礒吉翁記刊行會，1941），29頁；Duus, *Party Rivalry and Political Change*, 89。

2　猪野健治：《俠客の条件》，56—57頁。

他，结果导致一群政客在国会议场上演了叠罗汉。[1]另一次类似事件发生在1927年春天，副议长小泉又次郎指示，在有疑问的法案讨论前，不要有任何动作。一些政友会党员因此感到愤慨，冲向副议长，这时吉田又一马当先地跑向副议长席，将好几个议员从主席台推开。[2]

吉田也将自己的博徒带进了政界。吉田的手下和院外团壮士一样，占据了相同的政治空间，这幅景象可以在1924年见到，当时在国会里发生的争执，延伸到众议院墙外。这场混乱从国会议场的一场打斗开始，血脉偾张的吉田想要加入。然而，他被同党的议员町田忠治（后来的民政党总裁）拉住，町田跳上吉田的肩颈，防止他让情况恶化。虽然国会内的混乱最终得以平息，但在国会议事堂外却引发了紧张气氛，约有十名吉田的手下听闻老大在混乱中被人端了，便聚集了起来。后来情况演变为吉田手下与政友会院外团之间的冲突。这时，吉田提议宴请政友会院外团到筑地的一间高级餐厅用餐，做出和解的姿态，从而避免了一场正面对决。[3]在描述这起事件的资料中，似乎有很多细节被删减了，我们不清楚为什么吉田最终决定缓和与政友会院外团的关系。虽然这件轶事是为了刻意展现吉田如何避免争端的，且颇具正义感，但同样令人印象深刻的，是吉田在第一时间想加入国会里的小冲突，以及町田出于避免吉田加入激战后导致问题恶化，而出手制止他。

1　猪野健治：《侠客の条件》，61頁。

2　吉田磯吉翁伝記刊行会編：《吉田磯吉翁伝》，63—64頁；猪野健治：《侠客の条件》，86頁。

3　有馬頼寧：《七十年の回想》，250—251頁。

最明显的是，吉田的手下所发挥的暴力及保护作用，和政友会院外团并无二致。

至少有一次，吉田手下的暴力行为逾越了单纯的暴力行为范畴，到了谋杀的地步。1919年9月27日晚上9点15分，支持政友会的《若松实业新闻》社长品川信健在走路回家途中遭到暗杀，被人一刀刺进心脏。众所周知，品川支持政友会候选人石崎，而且曾说过一些批评吉田的话。而杀死品川的中西长之助，就是吉田矶吉的手下。[1]

吉田在暴力上的盛名，使他成为政友会与宪政会之间重要角力的人物。两党为了充实金库，长期争相与企业界富裕财阀支持者建立更紧密的关系。处于这个冲突核心的企业，便是日本第一家近代船舶货运公司"日本邮船株式会社"。大正初年，因为购买大型船舶加入营运，又因为1916年巴拿马运河通航，而建立起环球航线，所以日本邮船株式会社这些年的获利特别丰厚。很大部分还因为第一次世界大战期间以及随后那几年繁荣的日子，这家公司的资金累积达到数千万日元。[2]各政党都觊觎这些资产，当然不只是金钱本身，也想通过与日本邮船株式会社的联系，牵线到极具影响力的三菱财阀。

争端从1921年5月开始，反政友会的政客相信，政友会正计

1　猪野健治：《侠客の条件》，59—62页。

2　猪野健治：《侠客の条件》，35页。在1901年，日本邮船的准备金为620万日元，在1906年和1910年之间，增加了37.2%，从1910年到1914年增加了81%。见 William D. Wray, *Mitsubishi and the N. Y. K., 1870 - 1914: Business Strategy in the Japanese Shipping Industry* (Cambridge, Mass.: Council on East Asian Studies, Harvard University, 1984), 479 - 481。

划借由逼迫日本邮船株式会社社长退休，安插某个支持政友会利
益的人，以获得该公司资金的控制权。这不是政友会第一次寻求
与日本邮船株式会社更紧密的关系了。1914年，就谣传他们要指
派具影响力的政友会党员，也是政友会总裁原敬的好朋友冈崎邦
辅，担任该公司副社长。而这一次，政友会的策略是引诱一群据
说属于关东地区知名国家主义团体的壮士，于5月30日前往东京
神田地区青年会馆举行的股东会（"株主总会"）闹事。一些壮士
会购买该公司的股票，佯装成股东，其他人则准备在必要时刻以
暴力闹场，借此迫使社长辞职。[1] 这个策略是由"总会屋"执行，
他们是所谓的"职业股东"，由公司付钱，借破坏股东会或与其他
公司的总会屋展开攻防，以保护自身的利益；简言之，他们相当于
金融界的壮士，因此，有些流氓在政治、金融这两个世界都很活
跃，也就不足为奇了。

政友会想取得在日本邮船株式会社的影响力这件事，受到反政
友会政客的严词批评。宪政会一名党员认为，政友会企图染指日
本邮船株式会社，是该党为了私利，计划将其势力伸进经济等全
面领域。两个确认政友会"谋划"取得金钱和影响力的人，是前
首相兼资深政治家山县有朋，以及吉田选区的政治人物杉山茂丸，
杉山的第一家公司就曾经促进了北九州地区发展。无论邪恶与否，
这两人感受到威胁的原因，显然是政友会企图得到金钱和与日本
邮船株式会社、三菱财阀的联盟，以扶持其政治地位；换言之，他

1　《東京日日新聞》1921年5月28日。吉田磯吉翁伝記刊行会編：《吉田磯吉翁伝》，
　　36、55頁；玉井政雄：《刀と聖書》，88—89頁；Wray, *Mitsubishi and the N. Y.
　　K.*, 474－475。

们其实想要约束主要政敌的势力，而不是出于道德正义之气而做这些指控的。为了对这件事采取行动，山县与杉山寻求吉田的协助。吉田便联络亲信冈部亭藏，指示他在股东大会举行前，从九州找人。吉田的数百名人手终于往东京前进；报道的人数从200到500不等，500这个数字则是吉田自己说的。抵达东京的人当中，70人买了日本邮船株式会社的股票，如此可以在会议中代表宪政党，而隶属政友会的160名壮士也会在场。其他安排还包括派人驻守在青年会馆外面，吉田则预约了东京神田和筑地地区的医院病房，为可能的伤亡作好准备。股东大会前，许多从九州过来的手下聚集在吉田位于东京麹町的住所，在那里准备枪支和刀剑。由于家里的武器到处都是，导致吉田的一名手下牧田定吉，被吉田的一名支持者误击身亡。[1]

政友会与宪政会因日本邮船株式会社问题而日益高涨的紧张情势，后来逐渐平息。这是因为越来越多的记者和警察关注起城市里壮士与流氓的大量动员活动，双方都决定各退一步，政友会也同意不去干扰股东会。他们在东京靖国神社的公众面前达成初步决议，最后的协议会则在筑地举行，由吉田和四名手下参加。在对记者的声明中，吉田批评政友会诉诸暴力的策略，解释自己的行动是防止政敌先动用武力，因而采取的必要反制措施。5月29日

99

1　《東京日日新聞》1921年5月27、28、30日；《東京朝日新聞》1921年5月30日；吉田磯吉翁伝記刊行会編：《吉田磯吉翁伝》，37—39、45—46、53—57页。吉田的手下冈部亭藏在离开九州和购买股票上都遇到问题。冈部居无定所，没有户籍誊本，这是成为股东的必要文件。即使在他设法借到某人的户籍后，他还得躲避企图阻止他前往东京的警察。

下午，吉田在他位于麴町的住处告诉记者："我对日本邮船株式会社没有个人好恶，但是听到（政友会计划）使用暴力以达到不当野心后，我不能袖手旁观。这个问题不只是一家公司的问题，而是会立下不好的先例，危及国家社稷。"吉田宣称，他诉诸暴力的唯一原因，是因为政友会厚植壮士。[1] 鉴于吉田在这次争议中能够占一席之地，只因为他有一群随时供驱使的暴力手下，以及对政敌施展武力的名声，因此他谴责政友会暴力时表现出的伪善，尤其显得讽刺。

吉田也在其他许多事件中运用他的暴力名声，通常是为资方解决劳工纠纷。吉田或他的手下在各种罢工中，担任"调停者"的角色，例如1926年旭玻璃公司与三井物产、1927年入山炭矿，以及1930年林兼产业。[2] 在所有这些争议中，吉田为资方付出最少的代价，确保他所在地区的企业生产与运作顺利。

所有这些可以看出，吉田不只被其他政客视为肢体暴力的提供者，他也完全有能力针对他关心的议题，与关键人物对话，其中一件事是向贵族院提名杰出贡献者。吉田曾向几位首相提出他的提议，包括加藤高明，吉田曾在这位首相的私邸与他见面，和他交流议员生涯的困难之处。之后不久，令人满意的提名名单就送

1　《東京日日新聞》1921年5月30日；《東京朝日新聞》1921年5月30日；吉田磯吉翁伝記刊行会編：《吉田磯吉翁伝》，50、53、57頁。

2　猪野健治：《侠客の条件》，71—72頁；吉田磯吉翁伝記刊行会編：《吉田磯吉翁伝》，117—125頁。虽然吉田在"调停"劳资问题时，似乎偏袒资方，但为什么这个地区的工人似乎仍支持吉田？这是个疑问。可能是吉田和其他调停者相比，是保护工人的，或者是投票给他的工人认为，他对当地产业的支持，最终仍对他们有利——但这纯粹是臆测。

到了贵族院。当要协助通过一项指示，尤其是提示对福冈县至关重要时，吉田也会巡回拜访大藏省、商工省、内务省的重要人物，让来自矿业税的营收的一半能够回到课税的矿场地区，而非全部进入国库。

即使1932年吉田离开了国会，一直到他的晚年，他仍继续参与地方政治。后来吉田鼓励民政党候选人河波荒次郎角逐众议院席位，还为他争取国会议员前田幸作的支持。为了回报前田的协助，吉田也支持了他降电费的提案，并赢得民政党的支持；这个提案后来通过了，在东京获得认可，最后于1937年4月实施。[1]

吉田于1936年1月去世，标志着一个效忠地区产业利益、靠肢体蛮力和一群暴力手下的人的政治生涯来到了终点。吉田可能在这些方面颇具盛名，但他绝不是例外，他不在阴暗的"地下社会"被边缘化，反而具体展现出了被许多政客同僚所敬重的特质与能力。

吉田矶吉离开国会的前两年，保良浅之助代表本州南部的山口县，以政友会党员的身份，在众议院拿下了一个席位；山口县隔着下关海峡，就在吉田的北九州故乡对岸。和吉田一样，保良早年就涉足极道，在以武力闯荡日本政界前，就是一个重要的地方人物。但是保良似乎更是一个完美的极道老大：他有自己的"一家"，而且似乎是他最初效忠的所在，他与政客同僚互动时，就像在极道组织里一样以"兄弟"互称，而且他对他那个时代迫切的政治议题介入较少。之所以这么说，是因为我们从他自传中感受到，

100

1　吉田磯吉翁伝記刊行会編：《吉田磯吉翁伝》，72—75、135—137頁。译注：原文为1937年，日文版写1936年。

他对于个人英雄事迹深感自豪，可当时的史料中对他的记载却少之又少。因此，对于他为什么留在政界？为什么选民投票给他？我们简直摸不着头脑。在保良的案例中，与其说他的存在是由于地方上的支持，不如说他的存在有利于恐吓对手，这样比较能解释他是如何走进政治生涯的。虽然如此，他仍被政友会所接纳。

在大阪短暂待过后，保良就从出生地和歌山搬到了神户，他成长期的大半时间便是在这里度过的。他居住的地方环境恶劣；可以看见女人在外面赌博，少年保良也经常打架闹事。他8岁时确实注册进过小学，早上也带过便当出门，只是他都是直接跑到戏院看戏，而非去学校。完成4年的小学教育后，他便辍学了，整天四处游荡。14岁之前，他已经对花街柳巷很熟悉了，并会光顾其中一间妓院，结交了一个叫大岛秀吉的人，此人后来成为神户地区的极道老大。少年保良噱头很多，例如他会在节庆上脱得全身精光，至少有一次与极道发生了冲突。当时保良在相生座戏院赏戏，就在人气壮士演员荒木清即将出场之际，邻近座位一名极道却开始发出声响。戏院里一位年轻工作人员请他安静，情况随后一发不可收拾。原来这名极道分子还有30名同伙，他们群起对付这名青年。保良见状抬起角落的一块榻榻米，往其中一名极道身上砸过去，被榻榻米击中的力道让那人鲜血直流。这时，所有人都站起身来，戏也被迫中断，保良趁乱从戏院溜走。[1]

101   大约十四五岁时，因为认识一个被称为"难波之福"的黑帮老大，保良以此为契机成为极道。难波之福是关西地区的名人，地

---

[1] 長田午狂：《侠花録：勳四等籠寅・保良淺之助傳》（桃園書房，1963），8—12頁。

盘在大阪。保良的姐夫是大阪一家建设公司的经理，办公室里总是挂一个告示牌，上面印有难波的组织名（南福组），他在那里招募工人，以便吓走想来闹事的人。当难波之福见到保良时候，这位大哥就预见眼前的青少年会成为黑帮老大，并前途无量，于是他们正式举行"杯事"仪式，将保良纳入一家。[1] 18岁时，保良成为南福组的年轻老大，成天赌博，并且和一个剧团到中国东北巡回演出。他也和一名来自神户的极道老大板井辰三（通称"大辰"）称兄道弟，板井后来与四五十名艺伎前往青岛，开了一间

---

[1]　"杯事"仪式是"一家"中正式建立关系的仪式，其中最重要的是亲分和子分之间的关系。杯事的形式可能有些不同；如下描述的，应该算是典型的仪式。杯事仪式选在黄道吉日，场地有适当的布置，以及仪式用的器具。在仪式前的祭坛，会挂着三幅卷轴，从右到左分别为：八幡大菩萨（弓矢与战神）、天照大神（神道教的太阳神），以及春日大明神（原为藤原家的家氏神）。在祭坛前有清酒和厚和纸（奉书付神酒），一项供品、米、盐、鲣鱼，以及从神道教的圣树（榊）剪下的一段树枝。房间里还有一张木台（三宝），放上折成三角形的奉书（和纸），上面放上一对清酒瓶、一只清酒杯、三把盐、两条鱼（摆放成一条鱼的鱼背对着另一条鱼的鱼腹），以及一双筷子。这场仪式的中心人物当然就是老大和小弟，以及一名介绍人，在场的则是该一家的成员，他们依辈分安排座位。仪式开始时，介绍人先拿起筷子，将鱼摆放成面对面。然后，他会用右边的清酒瓶倒三次酒到清酒杯里，之后再用左边的清酒瓶倒三次酒到同一只清酒杯里，然后将三堆盐合成一堆，之后用筷子夹三撮盐到清酒杯中。接着再夹一条鱼蘸清酒杯三次，之后，从右边的清酒瓶中倒出一杯，再从左边的清酒瓶中倒出一杯。仪式到此，介绍人将清酒杯放到老大前，并且对小弟说话，要他发誓向老大与该一家忠诚。这名小弟与老大发表几句话后，老大会喝下整杯清酒，介绍人再次斟满酒杯，由小弟喝尽，之后这名老大和小弟再为这名介绍人斟酒。这只清酒杯接着用纸包起来，由介绍人交给小弟，意味着小弟正式接受了老大的杯事仪式。清酒杯里剩下的清酒则倒在鱼和筷子上，然后包在纸里，依该一家决定的方式丢弃。这种杯事仪式稍作变化后，也用来巩固"兄弟"之间的情谊。杯事仪式也作为两个世仇一家的和解仪式。岩井弘融：《病理集団の構造：親分乾分集団研究》（誠信書房，1963），146—150、160—161頁；田村栄太郎：《やくざの生活》，98—106頁。

餐厅。[1]

在这段桀骜不驯的青少年岁月后，据称保良决定切断与极道的联结。他在自传中反省，就像人们通常只能以后见之明的智慧来看一样，他宣称自己对极道的人生感到厌倦，极道的人生意味着得去赌博、打架，杀人或者被杀，犯罪或者早死。保良说，极道大哥难波之福了解了他的想法，从善如流打翻杯事仪式的清酒杯，切断了彼此的关系。无论这段故事的真实性如何，保良后来的行事作风依然和极道没什么不同。他也许视他与难波之福正式断绝关系为一种过渡，从一个逞凶斗狠的极道，过渡到一种更有尊严且气质成熟的侠客，但是他声称的"侠客人生"，只是继续极道般行为的委婉说法，他依然经常流连花街柳巷、加大刺青范围、参与极道斗殴。[2]

结束日俄战争的军旅生活后，保良落脚在下关，拓展家族事业——贩售运送鱼货用的竹笼。在下关，他似乎仍维持着实际上的极道作风。他宣称，他和极道还是不一样的，毕竟他让每个人都叫他"大将"（老板）而不是"亲分"（老大），他踏踏实实工作、生活，而且他向来告诉他的手下，要有正当的工作，不要当赌客。他解释说，他的手下有市议员或县议员，有从事建筑业的，也有渔货批发和码头工人的社长。不只因为这些产业是极道经常从事的工作，而且更具体来说，保良是"笼寅组"的领袖，这个组名是由他所贩售的"笼"和他父亲的名字"寅吉"组合而成的。

---

1 大约这个时候，保良与マツ结婚，她是鱼贩之女，和保良的家族之间有生意往来。長田午狂：《侠花錄》，13—21頁。

2 長田午狂：《侠花錄》，21—22頁。

在他的自传里，他也将28名手下比喻成德川时期传奇的极道清水次郎长的28名手下。对这些手下的一些简短描述，明显可知他们就是极道：平吉喜欢赌博，娶了一个下关红灯区的妓女为妻；"恶魔"龟吉身强力壮；春田权兵卫颇具胆识，曾和国家主义组织国粹会（我们将在下一章谈到）的会长在竞马场上决斗；甚兵卫贩售甜品，但是名满关东、关西地区，甚至声名远播至九州、中国东北和朝鲜的极道圈；青木政吉因为暗杀一名共产党员，被关进监狱。[1]

102

　　保良也在身上刺上极道的标志，即全身刺青，但是他声称自己不会刻意露出这些刺青，以表达自己并非极道身份。保良最初是在背和双臂上，刺了悲剧少年英雄梅若丸骑在龙上的图案，当时他16岁，还无法完成腹部的部分。搬到下关后，保良决定把图案刺完，便从神户请来一名刺青师帮他刺完全身，顺便为10位身上还没有刺青的手下也一并刺青。[2]

　　除了全身刺青，保良也和下关的极道频频互动。在他的自传中叙述一次与极道过招时的场景。大概是想让读者对他孔武有力的名声留下印象，便将自己比喻成德川时代日本侠客的始祖幡随院长兵卫。但他提到幡随院，以及他说的故事本身，无意间都透露出他和他据称已抛诸脑后的极道世界，有着多么密切的关联。这起意外发生在一天晚上，保良带了几个旗下锯木厂工人到下关一处新开发的花街柳巷，其中一间妓院的女子把他的手下当成乡下土包子时，他非常生气。保良唤来鸨母到他们二楼的房间，但鸨

1　長田午狂：《侠花録》，5、9、23—24、26、33—35、38—39、44、69—73頁。
2　長田午狂：《侠花録》，48—49頁。

母不愿意为那名女子的行为道歉，因而再次激怒了保良。醉醺醺的保良大声呵斥："那么，就你来喽，嗯？"鸨母和其他女子立刻逃出了房间。保良和他的手下准备离开时，从二楼往下看，发现鸨母已叫来超过20名博徒，他们堵住了妓院的入口。保良把他的手下从后门送出去，自己则留在原地等候那帮人。他们是樋口甚兵卫和今村竹次郎（业余相扑手）带来的。但最后出现在保良面前的是该花柳街的组合长，名为中岛，也是保良的朋友。他显然是闻风赶来的，斥责樋口和今村打扰到了保良。保良声称他接受这两人的道歉，两人后来甚至做了保良的手下，而且因为这次事件，保良更是成了下关的名人。[1]

与极道发生冲突，对保良来说不算少见，他有一套方法用来对付阻挠他事业的对手。他的战术是，当听闻有人来袭，他会将三四个风炉升火，放上二三十支印上"保良组"字形的铁棍，然后用加热过的铁棍来对付极道手中的短刀和短剑。他发现这些铁棍在策略上极其奏效，在法律上也站得住脚，因为他可就此辩称，相较于传统的武器任何使用铁棍的行动，都是合理的自我防卫。[2]

在这些意外事件之外，保良持续扩大着他的事业版图，并成为当地知名的企业家。他经常前往朝鲜，他的工人在那里生产木箱，也招募朝鲜人进入他的笼寅组。此外，保良最后在各地兴建了20座锯木厂，包括在山口、鸟取和熊本县；他也开设建设公司和制冰厂；还在下关火车站正对面经营一家山阳百货。他同时也是下关救

1　長田午狂：《侠花錄》，40—44頁。
2　長田午狂：《侠花錄》，50—53頁。

难会的会长，并涉足娱乐产业，在兵库、神户市中心的三宫、广岛与大阪拥有数十家戏院。[1]

保良进入政治圈的原因，可能源于这些地方事业，但是关于他在1929年竞选下关市议会议员的情况，从他的叙述听来，似乎又太过离奇，令人难以置信。根据保良的说法，他甚至没有竞选公职，更别说造势了。当时，他沉迷于业余演出，而且非常自豪自己能够在描绘德川时代著名博徒的《国定忠治》这出戏里饰演主角。当电报通知他赢得选举时，他大吃一惊。有鉴于1929年的选举是下关在男性普选权通过后的第一次地方选举，有资格投票的选民人数大幅增加，可能是真的有很多人支持保良的"候选人资格"。[2]但是，要说保良没有进行任何组织动员，或者保良对竞选活动一无所知，委实太过牵强。虽然无从得知他为什么或怎么当选的，但据称保良是在妻子マツ（MATSU）的鼓励下，勉强接受担任起政治人物的角色的。保良为何对于接任公职如此犹豫不决，其官方说法之一，是担任政治人物的花费过高。当时众议院议员每个月的薪资是250日元，根据保良的说法，这份薪资还能撑个一两任，到了第三任就相当吃力了，届时他得变卖财产，才能继续留在政治圈。而且保良还觉得那个时期的政治人物不是败光财产，就是遭到暗杀，委实划不来。然而，他还是接任了在市议会的职

1　長田午狂：《侠花錄》，67、76、78—80頁；猪野健治：《侠客の条件》，94—95頁。

2　在1925年举行的最后一次下关市会限制选举中，总人口93 019（男性48 591人，女性44 428）中只有4 942人可以投票。到了1929年，总人口104 589（男性53 862人，女性50 727人）中，有19 096人可以投票。见下関市市史編集委員会編：《下関市史（第3卷）》（下関市役所，1958），164—165頁。

位，担任短短两个月的副议长，并在他所属的中立派中成立"昭和会"。[1]

保良看起来对政党政治兴致缺缺，他对此的解释是，他有着超越政党政治，为国家奉献的高尚愿景；而他最终选择效忠政友会，取决于他和政友会总裁、前陆军大臣田中义一的私交。保良第一次遇见田中是在山口县萩市，当时他以市议员的身份欢迎这位赫赫有名的政治人物；保良和手下随后在下关招待了他。在停留下关期间，据说田中向保良提议两人结为"兄弟"，被保良婉拒了，说他应该是田中的手下、下属。然而由于田中的坚持，两人还是以杯事仪式成了"兄弟"。照常理，田中会向保良透露一些政治机密，包括出兵中国山东的失败，以及1928年暗杀张作霖等等；田中也鼓励保良招募市议会里17名中立派议员加入政友会，如此党的议会成员将达24人。保良也同意了，他甚至召集数百名手下恭送田中离开，最后还一路伴随田中到达神户，有一大群人，包括极道老大，已经在那里聚集起来并欢迎这位政友会总裁。当田中与保良分开后，保良立即返回下关，如田中所要求的，开始尝试招募昭和会议员加入政友会。最后，16名昭和会议员，包括保良本人，加入了政友会。1929年9月，田中义一在品川猝逝，保良率领三四十名年轻人赶往东京，这些人身上都穿着印有"笼寅组"

1　長田午狂：《俠花錄》，89—92、102、104—116頁。根据保良的说法，他担任副议长两个月后，因为旗下事业包罗万象，他成为下关商工会议所的会头。他担任这个职位两个月，后来又接下副会头，但最后也辞退了。下关商工会议所的纪录显示，保良于1933年担任过副议长，但没有担任过会头。见下関商工会議所：《下関商工会議所創立百年史》（下関商工会議所，1981），10頁。

字样的法被，前去为这位前首相抬棺。[1]

1930年，保良连同几名来自山口县的政友会候选人一起竞选众议员。其中包括久原房之助，前田中内阁的递信大臣，也是前久原矿业所的社长，这间公司后来成为日本产业株式会社（日产公司）；松冈洋右，杰出的外交官，后来成为第二次近卫文麿内阁的外务大臣。保良参选的是山口县第一选区，他被对手批评教育程度不足、缺乏专业技能，但他仍得到法务大臣牧野良三以及喜剧演员五九郎的支持。五九郎透过个人与知名极道人物的往来，将幕末的博徒侠客清水次郎长诠释得太过理想化。在一次保良的公众集会上，他站在一群矿工前，描述保良如何成为一名老大，但他不打架滋事，也不任性妄为。五九郎说，如果清水次郎长是东海道第一的老大，那么保良就是日本第一的老大，而且为了日本，他也一定要当选。五九郎否认保良和肢体武力的关联，更加反映出20世纪20年代末期，民众对政党暴力的批判趋势；但是对这群更受国家主义感动，而且将极道浪漫化成爱国人士的群众而言，五九郎补充的这段讯息显得空洞，甚至毫不相干。不久，保良顺利当选山口县的第十七届众议员。

1930年4月，保良成为新科国会议员，当时最重要的议题是《伦敦海军条约》，日本政府与美国、英国协商，缩减日本海军的军备。在这种情势下，保良并未扮演任何有意义的政治角色，倒是卷入好几项争端。保良重述了一个真实性有待商榷的事件，意

105

1　長田午狂：《俠花錄》，117—126頁。我在报道田中葬礼的日本报刊中，从来没看到提及笼寅组。

图将自己描绘成强悍且高贵的形象。在一次演讲场合中，政友会的政治家尾崎行雄发表了一段批评政府立场的演说，而当时的首相是敌对政党民政党的滨口雄幸。尾崎很快就为这段言论付出代价——在休息时间，当国会议员来到自助食堂休息时，尾崎就被20名民政党的议员包围。保良声称是他闯入包围尾崎的人群，将一行人推开，一面保护尾崎，一面义正词严地说，政治人物不应该被这样对待。这时有人问保良是何许人，他回说他成百上千的手下的行为都比这些议员更高贵。这段小冲突最后以双方口角结束，民政党议员取笑保良，说他来自穷乡僻壤，不过是一名自以为是的新科国会议员；保良则是撂下狠话回击对方。除了这次，显然有几次类似的对峙升级到了暴力的程度。1931年初讨论预算时，保良被50名民政党院外团成员追赶，据保良的说法，这些人都是擅长柔道或相扑的打手。这次攻击造成保良的数名保镖受伤，保良的长子寅之助也负伤送医。[1]

尽管发生上述事件和身为极道老大的名声——或者应该说正因为这两个原因，保良似乎受到其他政客的拥戴。保良隶属于"昭五会"，一个由该年当选的政友会国会议员组成的社团。这个社团包括一长串令人印象深刻的政治家名单：大野伴睦、林让治、松冈洋右、船田中、中岛知久平、太田正孝与犬养健。保良担任社团会长，社团每个月在新桥或赤坂的高级餐厅聚会一两次，只是每次聚会都得花费会长二三百日元，这对保良来说，是十分高昂的价格，因此他请中岛接下会长职位。在昭五会的成员中，保良与

1　長田午狂：《俠花錄》，126—142頁。

大野伴睦非常投缘，这时的大野相比于过去在政友会院外团的时期，已经在政治台阶爬上了好几层。保良很尊敬大野，认为他是侠客型的人物，而且为了支持大野1931年再次竞选，他派了五六名手下到岐阜的公众集会帮忙。大野对保良的态度不甚了了，但还是为保良的自传撰写了序文。

保良二度竞选众议院议员时，没遇到什么对手，大抵是因为他劝退了几名可能的候选人。据说他告诉这些人选举很花钱，每个政治派系只选派一名候选人会比较有利，他会用原本要花在选举上的钱，帮国家买一架飞机。他用激将法怂恿对此持有怀疑的人来挑战他，一起参选，不出意外的是，没人有这个胆量。虽然再选之路出奇顺利，保良最终还是决定离开政治世界。他说时代已经改变，没受教育的人不再能代表人民了。他将国会生涯结束后的人生，投入在了戏剧上。[1] 保良的长子寅之助承接了笼寅组，于1942年当选下关市议员，并于1945年当上议长。[2] 第二次世界大战后，保良受到战犯审问，因为笼寅组是同盟国占领区所禁止的组织，但是他成功躲过了起诉。[3]

黑社会把持公职的现象，并非日本独有。在二次战后的西西里，坐在巴勒莫（Palermo）镇议会里的皮诺·特拉帕尼（Pino Trapani），不但是议员，也是一个黑手党家族的成员，也许还是顾

106

1　長田午狂：《侠花録》，1—2、151—158頁。

2　中西輝磨：《昭和山口県人物誌》（マツノ書店，1990年），247頁；下関市市史編集委员会编：《下関市史（第3卷）》，174—176頁。

3　長田午狂：《侠花録》，204—208頁。保良称他对占领军当局提到他支持尾崎，因为尾崎的妻子是美国人，但是尾崎的妻子其实是英国人，这个解释至少是存疑的。见Ozaki, *Autobiography of Ozaki Yukio*，246。

问。国会议员卡洛格罗·沃尔佩（Onorevole Calogero Volpe）还以"荣誉者"闻名，而迪·吉罗拉莫（Di Girolamo）黑手党家族的朱塞佩（Giuseppe），则是君主主义或自由党的代表。在意大利战后形势下，这些人的当选，显示黑道派系势力的猖獗，尤其是在西西里的政治圈，他们拥有为某个候选人或政党分配票源的能力。[1]

二战前的日本与二战后的西西里相较，吉田和保良并不能象征着黑社会普遍存在于政治圈。反之，他们证明了自身的暴力手段，促使自己成为政治资产。他们从极道生活无缝衔接到政治圈，由此便足以反映暴力如何在这两个世界以相同的方式运作着。作为一种保护并获得经济或政治利益的工具，暴力是可被接受的。

街头流氓与高层政治之间的流动，说明与暴力专家扯上关系并不是什么耻辱，或者必须付出政治代价的事情。像吉田矶吉和保良浅之助这些极道老大可以当选进入国会，就如村野常右卫门这类壮士组织者可以成为有头有脸的政客，晋升到有名望的地位，而院外团成员也可以继续高升为有力的政客。例如大野伴睦就是利用院外团为跳板，走进终生的政治生涯的——他离开铁心会后，就当选进入东京市议会，并且在第二次世界大战后协助成立了"日本自由党"，担任干事长，后来也担任众议院议长以及"自由民主党"（简称"自民党"）的副总裁。[2]

壮士与极道游走于被社会认可和不认可的夹缝之中，他们这种

1　Diego Gambetta, *The Sicilian Mafia: The Business of Private Protection*（Cambridge, Mass.: Harvard University Press, 1993），182－187.

2　大野伴睦先生追想録刊行会編集委員会：《大野伴睦》，46—49、51—52、67—68頁；高橋彦博：《院外団の形成》，97頁。

能耐有助于解释：相较于其他如19世纪中期的英国或19世纪末、20世纪初的美国，为何暴力在日本政党政治中更具有组织性。比起英国的"暴徒"，甚至"花钱雇来的乌合之众"，或者美国的街头黑帮，日本的壮士与院外团则被认为可以看作是一种政治现象，合理地存续下来。壮士不只是流浪汉以及无业暴徒，他们可能是农民或学生。而极道持续在社会中享有一种模糊的地位，因为他们毕竟是有社会需求的赌博与特种行业的服务提供者。只要他们不加害寻常百姓，他们在大众眼中就不会被丑化。简言之，壮士和博徒不像英国的吉卜赛人及工人，或是美国的街头帮派那么容易被边缘化且罪犯化。因此，一名院外团分子可以像大野伴睦一样，成为重要的政治领袖，而美国黑帮分子则较容易成为像阿尔·卡彭（Al Capone）那种恶名远播的黑手党老大。[1]

107

　　暴力专家组织化的后果，以及院外团与政治人物本身施展的暴力，都是相当明确的事实。国会内外暴力行为的本质，目的是恐吓、威胁和阻断讨论。院外团壮士也会加深政党之间的不公平现象，资金较丰厚的政党能供养更多的流氓。而当政党本身成为"既成政党"，而非民众的自由之声时，院外团暴力在本质上就不再那么受人推崇了。然而，院外团也可以作为探听财阀、军方以及官僚体系的人力。而他们的暴力偶尔也与人民要求民主的诉求有部分重叠，甚至因此被动员，例如宪政拥护运动，或者施行男性普选权等。

1　关于卡彭，见 Laurence Bergreen, *Capone: The Man and the Era*（New York: Simon & Schuster, 1994）。

因此，暴力行为的存在，以及围绕在其四周的政治暴力文化本身，对民主并无致命的伤害。其中的危险在于，策略上接纳暴力行为，助长了某些政治暴力团体的正当性，尤其是那些从未标榜民主意图或目标的群体。正是20世纪20年代暴力法西斯运动的兴起，使我们对这种政治暴力文化及其对二战前日本民主的衍生影响等相关评价变得复杂起来。而暴力法西斯运动，正是我们下一章要谈的话题。

108

第四章

法西斯暴力：二战前日本的
意识形态与权力

1943年，退休的驻日本记者休·拜亚斯（Hugh Byas）在其著作《由暗杀建立的政府》（*Government by Assassination*）中，对日本战前的国家主义团体进行了深入观察：

> 在日本……职业爱国主义者与职业罪犯联合起来，其混乱的情况，致使爱国主义变得臭名昭著。广大的爱国主义团体数不胜数，这只是冰山一角；在水面下，整个黑社会罪犯在爱国主义的遮盖布下，肆意妄为、胆大包天。就像英国大盗迪克·特尔宾[1]戴着绉纱面罩在公路上行抢一般

---

1 编注：迪克·特尔宾（Dick Turpin, 1705—1739），英国公路抢匪（highwayman），于1739年因偷马而被处以绞刑。根据多方研究，他为极端暴力分子，然其生平却为后人所浪漫化了。

猖狂。[1]

拜亚斯的描述所指出的国家主义组织，是日本在20世纪20年代与30年代之间快速发展的一种现象。这些团体绑上各式各样的政治布条，和任何一个，或是一组理念结合，包括国家社会主义、天皇主义、军国主义、激进的帝国主义，以及流传至今的"传统日本美德"。其共识是极为反动的欲望，企图控制，甚至打破受俄国革命所启发而空前蓬勃的左派意识形态。从20世纪10年代晚期到20世纪20年代，这些团体成员深感被知识分子、工人、学生以及其他运动人群包围，并深受其扰。从无政府工团主义到马克思主义及社会主义，各类左派思潮相互接纳，又相互对立，呈现一片繁荣的景象。激进的学生充当左翼运动的先锋，佃户团结联盟与好战氛围高涨，左派成立并形成少数群体的组织，例如"全国水平社"，而且社会主义女性在罢工及政治运动上日渐活跃。最令国家主义组织担忧的是，工人运动的扩大，如主要的工会同盟（"日本劳动总同盟"）会员增加，工会数量在1918年至1923年之间翻了两番，罢工的时间、规模、暴力等级都在升高。[2]许多右翼

109

1　Hugh Byas, *Government by Assassination*（London: George Allen & Unwin, 1943），226。虽然传统上许多这类组织被称为"极端国家主义者"，但我倾向于"国家主义者"的用法，因为这样才能强调这些团体中的大部分——更确切地说，是我在此聚焦的两个团体——并非政界边缘的激进派。他们使用暴力的意愿，也并不意味着跟随某种极端国家主义。

2　见 Henry DeWitt Smith Ⅱ, *Japan's First Student Radicals*（Cambridge, Mass.: Harvard University Press, 1972）；Ann Waswo, "The Transformation of Rural Society, 1900 - 1950," in *The Cambridge History of Japan*, vol. 5, ed. Peter Duus（Cambridge: Cambridge University Press, 1989），541 - 605；Ian Neary,（转下页）

团体面对左翼活动时，对于国家能否维持稳定且不受外力干扰的资本主义生产，有着深深的忧虑。

　　拜亚斯对这些国家主义组织以及被他贬斥为罪犯的组织之间的关联作出了生动描绘，可能过于夸大，却不是空穴来风。如这一章重点谈论的两个组织——"大日本国粹会"（以下简称"国粹会"）以及"大日本正义团"（以下简称"正义团"）——无疑就是由极道组成的。[1] 拜亚斯的评论所误导的，是他描写犯罪元素躲藏在暗黑地下世界的阴影里。事实上，日本的极道行走在光天化日下，尤其是国粹会和正义团，更是迪克·特尔宾这样的比喻无法说清楚的，因为极道不只是土匪或抢匪，而是这些组织的领衔者。而且这些团体本身在政治上并非边缘化组织，而是对形塑二战前日本的意识形态样貌有着深远的影响，扮演着举足轻重的角色。特高警察[2]对这两个组织尤为关注，无疑说明了政府对其影响力的

────────────

（接上页）*Political Protest and Social Control in Pre-War Japan: The Origins of Buraku Liberation*（Manchester: Manchester University Press, 1989）; Vera Mackie, *Creating Socialist Women in Japan: Gender, Labour and Activism, 1900 - 1937*（Cambridge: Cambridge University Press, 1997）; Sheldon Garon, *The State and Labor in Modern Japan*（Berkeley: University of California Press, 1987）, 42, 71; Andrew Gordon, *Labor and Imperial Democracy in Prewar Japan*（Berkeley: University of California Press, 1991）, 144 - 148。

1　这些极道中的多数成员可能是博徒，因为他们比的屋（流动摊商）更有权力和财力。当文献讨论极道的种类时，几乎总是讨论博徒，而非的屋。然而，因为博徒多被称为极道或侠客，不特别指明为博徒，所以我这一章里都使用"极道"这个词。

2　译注：日本的秘密警察组织，成立于1910年，1945年10月在驻日盟军总司令部的要求下解散。

忧心。[1] 而知识分子、政治评论家以及工人运动主导者也指出，他们是重要的国家主义团体。

国粹会与正义团引人注目之处，在于他们的暴力特质。用内务省的说法，他们就是"暴力团"——字面上的意思就是暴力团体。内务省以其组成分子，将这些暴力团分成四大类别，分别是壮士（政治暴徒）、不良学生、三百代言（无牌律师）以及极道。[2] 许多报纸及工会成员广泛使用这个具有嘲讽意味的"暴力团"称呼，强调这些团体善用的肢体威吓，以及他们最独特、可轻易辨识且具有威胁性的特质，并将他们的暴力犯罪化。

国粹会与正义团的暴力在国家主义者连成一气的背景下，被认为是政党政客、军人、企业主以及极道一起所创造出来的产物。我则主张，这个联合阵线应视为法西斯运动的一环，他们的向心力不只来自想要压制左派势力，以及将日本势力伸向欧亚大陆的共同愿望，也来自他们坚信应该使用暴力，才能达成这些目的。这些团体的法西斯暴力对于政党在二战前政治的地位与未来，有着深远的影响——最终，也协助军部暴力接管政府，为日本民主招致灾难性的后果。

1　负责政治思想取缔任务的特高警察，视大日本国粹会与大日本正义团为国家主义运动的三大支柱之一，其余则包括像北一辉的"国体论者"，以及像大川周明的"国家社会主义者"等。警视總監：《最近ニ於ケル国家主義運動情勢ニ関スル件》（1931年11月5日），资料来源：《特高警察関係資料集成（第13卷）》，4頁。

2　内務省警保局：《暴力団続出跋扈の状況》（出版年不详），1—4頁。"暴力团"这个词在二战后复活，特别指组织犯罪联盟。

法西斯意识形态

对于二战前的日本能否被视为法西斯，学术界长久以来一直存在争议。一方面，在日本的历史学家中，使用法西斯的标签几乎已是传统，而丸山真男的经典概念——一个"上层的法西斯化"的日本——仍有其适用性。尤其对那些亲身经历过战争世代的日本学者们来说，"法西斯主义"一词捕捉到了20世纪30年代末以及20世纪40年代初梦魇般的经历，而且也是一种自我鞭策的提醒，提醒知识分子未尽全力防止军国主义与战争萌芽。另一方面，美国的日本学者则没有这个包袱。虽有例外，但这多少也解释了为什么他们倾向避开法西斯日本的概念。[1] 这些急着主张法西斯概念"存在缺陷"的人，指出这个词存在模糊性，并提及几个自认是法西斯分子的人的悲惨命运，还有法西斯知识分子未能将他们的理念付诸实践等等。[2] 不可否认，讨论二战前日本在某种整体方面是法西斯（法西斯的日本），并没有什么特别的意义；指称日本战前的政权是法西斯，也不太具有说服力，说它是一个法西斯的政治体制也存在争议。然而，因为不容易定义，便抛弃这个概念，即是放弃了比较分析的途径，其所得出的结论也许过度强调日本

1　关于"天皇制法西斯"的讨论，见Gordon, *Labor and Imperial Democracy*, 302 – 330。

2　Peter Duus and Daniel I. Okimoto, "Fascism and the History of Pre-War Japan：The Failure of a Concept," *Journal of Asian Studies* 39, no. 1（November 1979）: 65 – 68.

的独特性，因而失去从新的角度认识、了解二战前日本的可能性。如历史学者罗伯特·帕克斯顿（Robert Paxton）指出的，当跨情境比较时，所有外国的概念——自由主义、民主主义、资本主义、现代主义——可能都是模糊的、难以捉摸的，但我们从未想过因此而排除这些概念。[1]

对广义上的法西斯日本和法西斯政权的关注，使人们忽略了日本具体的法西斯运动。而当提到国粹会与正义团时，这样的想法尤为可惜，因为他们与其他法西斯运动的暴力团体——意大利的"黑衫军"（squadrismo），以及国家社会主义德国工人党（通称"纳粹党"）的"冲锋队"（Sturmabteilung 或 SA）——有诸多共通点。所有这些团体都是在国家主义的摇篮中生成的，它们拥抱现代化国家、奋力在世界舞台上争得一席之地，在持续的民主实验中，以及更明确地说，在左派活动以及经济大萧条导致的经济混乱中锻造形成。而他们的意识形态与暴力，促使它们蔓延的张力跨越了国界。

国粹会是政友会的内务大臣床次竹二郎与极道老大合作的产物。1919 年 10 月 9 日下午 1 点，超过 30 个极道老大身穿别有饰章的长大衣、笔挺的长裤，在东京车站饭店聚会。这些大哥从关西地区（主要是大阪、京都、名古屋、神户、吴市、大和、和泉、小仓）来到首都，期待与床次会面。这并不是一次秘密会面，因为这次会面的始末，在主要报纸中都有报道，其中有许多还刊登了极道老大的名字。但是对于究竟是由谁召集这场会议的，显然存在一些争议。多家报纸报道是内务大臣床次率先发起的，也提及绝大多数

111

1　Robert O. Paxton，*The Anatomy of Fascism*（New York：Alfred A. Knopf，2004），21.

的老大都认为，他们是受到内务大臣和首相的邀请来到东京的。床次则极力否认这些报道，辩称他从未主动向极道老大抛出橄榄枝；至少有个老大附和了床次的说法，说提议召集这场会议的是极道老大。[1] 尽管如此，床次还是依计划安排了此次聚会；他感到尴尬的原因，或许是被点名为结盟极道老大的发起人，而非合作关系本身。就这样，当天下午大约5点，众老大鱼贯上车，前往内务省，他们在楼上的内务大臣办公室，与床次和其他政府高官会面。

这次聚会为国粹会的成立奠定了基础，其成员主要是建筑承包商与极道老大。[2] 促使他们团结起来的，是对最近工人团体发动罢工行动所引发的负面影响的关心，更遑论许多极道老大本身就是建筑承包商。东京聚会过后4天，这些极道老大再次聚首，讨论"挥舞拳头"的必要性，以及关西、九州与关东地区的极道老大应该要成立一个联盟，以应对眼下的动乱。消弭劳工纷争也被描写成一种爱国责任；一名老大说，他和其他老大之所以远赴东京，是因为"我们认为，连我们都可以对国尽忠"。[3] 控制工人动荡的愿望，与内务大臣的想法不谋而合，他不仅担忧工会不稳定的权力，也担忧极道分子会被引诱加入罢工的行列。劳工问题重要至极，以至于这个组织名称在最初的提议中，竟有"土木业议会"之名。[4] 10月底前，这个平淡无奇的名称便由字义较为好斗的"大日本国粹会"所取代。

1　《東京朝日新聞》1919年10月10、14日；《大阪每日新聞》1919年10月9日，资料来源：《大正ニュース事典》，378—379頁。

2　关于国粹会会员，见守安敏司：《今田丑松と水平社創立者たち：大日本国粹会と奈良縣水平社》，《水平社博物館研究紀要》第2號（2000年），5頁。

3　《東京朝日新聞》1919年10月10日，资料来源：《大正ニュース事典》，378頁。

4　《大阪每日新聞》1919年10月9日，资料来源：《大正ニュース事典》，378頁。

而到了 11 月中旬，来自关西的国粹会代表，与关东的极道，联手参加了一场誓杯仪式，一种传统上由极道（但不限于极道）举行的仪式，以欢迎新会员，标志着关系的建立。这场典礼有近 50 人参加，整个大厅被挤满，但誓杯仪式不过是从正式寒暄到晚宴的全程仪式和庆祝活动中的一小段罢了，然而来自不同地区、人数如此众多的极道老大聚会，显然无法避免紧张或尴尬的局面——整个大厅几度全场鸦雀无声。无论如何，这个夜晚巩固了关西与关东地区国粹会老大之间的关系。隔天早上，一架飞机从东京上空洒下一万张传单，上面写着："视侠义为生命的全国侠客团，为了国家而献身帝国主义，兹从空中昭告全国国民，大日本国粹会正式成立。"[1]

国粹会不是一个小型的、边缘化的组织：其影响力的大网跨越东京本部，透过次级团体网络，从北海道到九州，在 20 世纪 30 年代初期大约组成了 90 个支部。除了一些例外，这些地方组织至少有 30 名成员，最大的，如那些在冈山、大阪、长野、德岛以及京都的组织，都招募了超过 2 000 人。据说所有会员估计有 20 万人上下。[2] 至少有几个支部是由东京本部主导创建的。例如 1921 年 1 月，

1　《東京朝日新聞》1919 年 11 月 15 日，资料来源：《大正ニュース事典》，379—380 页。当该组织大阪本部于 12 月 15 日举行成立仪式时，至少有 15 个极道组织参加。大阪府警察史編集委員會：《大阪府警察史（第 2 卷）》（大阪府警察本部，1972），197 页。

2　所有支部成员加总后，国粹会成员总数达 41 000 人。20 万会员这个数字，可能包括那些不属于地方支部的成员。内務省警保局保安課：《特高資料·社会運動団体現勢調》（1932 年 6 月），31 页。1934 年，支部的数量稍微从 92 减至 87 个，最大地方组织的人数也减少了。会员总数也大约减少至 36 500 人。内務省警保局保安課：《特高資料·社会運動団体現勢調》（1934 年 6 月），39 页。日本国粹会分裂出来的关东国粹会于 1932 年有 10 个支部，约 1 300 人；到了 1934 年，扩大为 16 个支部，约 1 900 人。内務省警保局保安課：《特高資料·社会運動団体現勢調》（1932 年 6 月），32 页；（1934 年 6 月），41 页。

国粹会的会长便联系一个来自京都笠置町名为森冈藤吉的“侠客”，请托他在当地成立并经营地方支部。同样，在和歌山县，国粹会也精挑了好几人，开启了地区国粹会的篇章。[1]

国粹会与其支部赞颂侠义理念、尊崇皇室及“武士道”，以对抗“我国固有道德和美好风气”的沉沦，并“促进政府当局与劳资之间的融合”。[2] 国粹会意识形态的核心，是其自身对日本史的诠解——一个国家主义者想要重建国家的纯粹性和正统性。他们赞颂的，是“自日本建国以来，三千年的荣光与无瑕岁月，其间，日本克服了无数次的国家危机，勇敢地抵抗外国势力。外国被形容成一种传染病，而日本唯有通过大和之魂才能得到保护”。

通过对大和魂的阐释，国粹会将暴力合理化，称武力的使用在历史上都备受重视，对保卫国家而言是至关重要的。据称，日本之所以能够延续，是因为高举武士道的武士联合起具有大和魂的人。另一种对大和魂的解释，则是认定所有日本人天生具有大和魂，但对于武士，需要特别的“武士道”形式。[3] 不论是哪一种解释，武士的地位与寻常百姓有别，甚至高于常人。

1　大日本國粹会総本部会報局：《大日本国粹会史》，《大日本国粹会会报》（1926年12月1日），38—39頁。

2　见鎮西國粹會：《鎮西国粹会会则》，協調会史料，編號52，16—18頁；《大日本国粹会大分縣本部會則》，協調会史料，編號52，12—13頁；《大日本国粹会大分縣本部設立趣意書》，協調会史料，編號52，14—15頁；《大日本国粹会田邊支部設立趣意書》，国立国會図書館憲政資料室藏，内務省資料，2334頁；《大日本国粹会八幡支部規約》，協調会史料，編號52，21—22頁。

3　《大日本国粹会設立趣意書》，協調会史料，編號52（1919年11月），5頁；《我等的信条》，《国粹》第4號（1920年10月15日）。武士道的精神也影响到意大利的黑衫军。见 Emilio Gentile, “The Problem of the Party in Italian Fascism,” *Journal of Contemporary History* 19（1984）: 256。

113　　国粹会巧妙地将极道的历史与正当化的武士暴力交织在一起，编出一个极道如何吸收"武士道"并体现大和魂的故事。他们不称自己为极道，而是称"侠客"，侠义之士，不是流氓或暴徒，而是昔日荣光里的荣誉者。这个组织的第一条规则就强调了这个主轴，说："本会以意气为根基，而且是一个具侠义本色的团体。"[1]根据该会重述的历史，在德川时代，"武士道"是由一些非武士（"民间"）、无畏之人所吸纳，他们出身寒微，但和他们的同伴一样充满自信。这些人物后来成为众所皆知的"侠客"——以侠义之举（出于义务，而非对金钱的欲望）劫强济弱的人。国粹会陈述的历史也提到侠客在近代政治中所传言的重要角色，亦提及他们与明治时期成立的国家主义团体（如福冈的玄洋社）的关联，以及宪政与议会政府的发展、政党内阁的建立。有人主张，这些在政治上活跃的侠客，虽然常被其他人视为暴徒或极端分子，其实也具有一种延续"武士道"的精神。

如同德川时代的侠客，当时日本的国粹会也是为了保护人民免于外国威胁——西化，尤其是左翼思想的涌入。该组织解释，明治时期开启了欧化的耻辱潮流，其中以在西式砖楼建筑的鹿鸣馆举行的夜间派对最甚，男人和女人"奇装异服"，歌舞升平直至深夜。西洋思想同样有违自然，这就是为什么一般人都相信共产主义绝对无法在日本发展。那些接纳任何西方流行意识形态的人，不论是威尔逊主义（Wilsonianism）或列宁主义，注定会失去主体、灵魂和日本精神。面对不只背弃日本文化美德，也背弃外交

1　大日本国粹會：《大日本国粹会仮规约》，協調会史料，編號52（1919年），9頁。

的欧化，国粹会坚决认为，日本必须保存"国粹"，就如体现在国体与皇室上的一样。对抗日本文明和国体腐败的药方，唯有"武士道"。国粹会的暴力因此被置放在一个高贵、自我牺牲的武士传统、国家主义、力量以及男子气概的脉络下——国粹会将是一个"男人中的男人"的组织。[1] 暴力不仅被正当化，更是一种荣耀，一种充满男子气概又爱国的展现，目的是排除外国污染、净化国家。

1922年1月，正义团由名为酒井荣藏的极道老大所成立，到了1932年，号称有106个支部，主要的根据地在大阪。据报共有7万人隶属于东京本部，3 500人隶属于大阪本部。[2]

比起国粹会，正义团则是有过之而无不及，他们强调侠客在日本历史的中心位置。酒井经常提到他所谓的"日本侠客道"，尤其在他于1927年出版的著作里，该书收录了他在前两年里所发表的演讲稿。[3] 1925年3月的第六届国际劳工会议上，酒井发给超过50个国家代表一份传单，其中解释了"侠客道"的定义，以及侠客道如何形成正义团的根基。题为《对全世界有识之士的诉求》的

114

---

1 《大倭国粹新聞》1926年10月11日；《大日本国粹会設立趣意書》，5—7頁；《我等の信条》；大日本国粹會：《大日本国粹会仮規約》，9頁；《大阪每日新聞》1919年11月1日，资料来源：《大正ニュース事典》，379頁；《大日本国粹会仮規約》，協調會史料，編號52（1919年11月），7頁。

2 和国粹会一样，正义团全支部的团员数仅6 300人。内務省警保局保安課：《特高资料·社會運動團體現勢調》（1932年6月），35頁。1934年，正义团有13个支部，会员数19 800人。内務省警保局保安課：《特高资料·社會運動团體現勢調》（1934年6月），37頁。

3 关于酒井谈到"侠客道"的演说，见《東京朝日新聞》1928年3月28日。一名国粹会成员和酒井一样，亦谈论"侠客"，虽然他偏好以"ヤクザ"（yakuza）与"ヤクザ道"来表达。见梅津勘兵衛：《侠客及侠客道に就いて》（日本外交協會，1941）。

传单以德川时代传说中的"侠客"幡随院长兵卫起头，据说他毕生打击不公不义、劫强济弱。酒井描写幡随院如何奋勇抵抗一群荼毒并凌虐江户人民的旗本（幕府直属家臣）集团"白柄组"。酒井讨论的第二号人物，是他自己的前辈及前老大小林佐兵卫，他是明治时代的"侠客"，被描写成一个接纳并指引不良少年、帮助孤儿与老人，而且基于责任感，为社会牺牲奉献的人。接着，酒井将自己描绘为承接二人衣钵的新世代侠客，作为大正时代的小林佐兵卫，他顺应时代变化而成立新时代的侠客团——正义团，其成员愿意为了国家及应尽的义务，牺牲自己的生命。[1]

　　酒井为正义团和过往的联结所作的诠释，比国粹会单纯想要在今日唤醒过往的愿望更加复杂——它展望的是理想更为高洁的组织，但行事不像前一个侠客世代，是通过传统仪式展现遵从历史悠久的道义节操，而是以新颖、及时为目的。一方面，酒井崇拜由知名德川时代的"侠客"幡随院长兵卫、国定忠治和清水次郎长等所展现的责任与侠客理想；另一方面，酒井又自相矛盾，称正义团在内容和形式上，都不是一个"侠客"组织。他明白指出，正义团的成员有正当的职业，禁止赌博、打架、酗酒。酒井强调自己在商界很活跃，说他这一代的男人具有形塑公众观点、改革国家政治的崇高理想。这样的新世代和过去可怕的"侠客"又迥然不同，那些侠客夸大其词，而且过着和一般市井小民截然不同的生活，如今的昭和时代，已不容许此类行为了。酒井特别说明这些，试图区隔正义团以及侠客过去可能被视为不道德的方面，

1　酒井栄蔵:《無遠慮に申上げる》（竜文館，1927），1—3頁。

显示他有意将组织成员描绘成正直的公民, 推而广之, 他们的暴力不是犯罪, 而是公正、合宜、有目的性的。[1]

国粹会与正义团声明的意识形态, 与法西斯运动的共同主题呼应——建立一个强调民族共同体、单一性以及纯粹性的国家历史, 并自我认同为抵抗西方腐败的国家守护者。[2] 暴力不只受到认可, 被视为保家卫国的方法, 而且因其高贵、洗涤的力量, 以及能唤醒昔日武士与"侠客"荣光, 而几乎被视作美行。[3] 这两个组织就像纳粹运动将自身描绘成既粗蛮又令人景仰的组织一样, 不断用各种方式合理化, 甚至荣耀化自身的暴力。[4] 尤其是国粹会, 他们实践了行动队[5]的特性——"不仅将暴力视为一种手段, 而且将暴力当作一种人生行动的基础价值"。[6]

115

---

1 酒井栄蔵:《無遠慮に申上げる》(竜文館, 1927), 35—37、44、85—89页。

2 罗伯特・帕克斯顿 (Robert Paxton) 对法西斯定义的前半段是:"法西斯主义可以定义为一种政治行为的形式, 其特征为执着于共同体的没落、屈辱或被害者意识, 而希望以民族统合、活力以及纯粹来替代。"他的定义的后半段适用于日本——虽然不能说是"一个国家主义斗士组成的大众政党, 与传统精英一起以不容易但有效的方式合作", 但像国粹会与正义团这样的团体, 确实"抛弃民主的自由, 而追求救赎式的暴力, 而且缺乏之内部清洗和外部扩张的道德及法律节制目标"。Paxton, *Anatomy of Fascism*, 218。

3 关于在法西斯暴力中发现美的人, 见前注, 84—85页。

4 Richard Bessel, *Political Violence and the Rise of Nazism: The Storm Troopers in Eastern Germany, 1925 – 1934*(New Haven: Yale University Press, 1984), 75.

5 译注: 行动队 (squadrismo), 意大利法西斯民兵组织所策动的行动, 主要是通过暴力逐一消灭其他政党。

6 Roberta Suzzi Valli, "The Myth of Squadrismo in the Fascist Regime," *Journal of Contemporary History* 35, no. 2(April 2000): 132.

法西斯暴力

国粹会与正义团这两个组织的暴力在他们意识形态里显露的程度，也许更甚于他们的出版物和官方声明，因为他们的行动，就和文字一样昭然若揭。[1] 劳资关系的议题，尤其能够清楚展现行动和文字之间的矛盾。国粹会在他们成立的宗旨中宣称，要"促进政府当局与劳资之间的融合"。[2] 酒井荣藏也视自己与他的团体为劳资双方之间的中介者，而且让自己看起来在批评两边时，各打五十大板。[3] 事实上，带了一点左派色彩的工会多少会被视为有外国腐败元素，而这正是国粹会与正义团这两个组织想要肃清的；罢工则被认为是企业生产及国家进步的路障。依此逻辑，"促进融合"往往意指将罢工者带往和资方的需要及需求一致的方向。国粹党与正义团经常作为资方的后盾，主要发挥破坏罢工者的角色，闯进罢工活动恐吓罢工者。他们大可曲解组织所声明的意识形态，以符合实务需求，将资方描述为"弱者"，需要被保护，免于工人引发的干扰；而这些劳工则是借由罢工，让自身处于"强者"位置的人。那么，以侠义精神击垮劳工、支持资方，就成了正义行动；

1　理查德·贝塞尔（Richard Bessel）对德国的情境提出类似的论点，认为冲锋队的行为应该被认为是纳粹的意识形态。Bessel, *Political Violence and the Rise of Nazism*, 151－152。

2　大日本國粹會：《大日本国粹会设立趣意书》，协调会史料，7頁；《大阪每日新聞》1919年11月1日，资料来源：《大正ニュース事典》，379頁。

3　酒井荣藏：《無遠慮に申上げる》，62—66頁。

如此一来，产业以及国家便能更加强大。

这种反对左派——不只工人，还有更广泛的社会主义者和共产主义者——的立场，与意大利黑衫军和德国冲锋队的暴力并无二致。虽然墨索里尼起初能言善道地讲述反资本主义宣言，可他后来的行事完全与之背道而驰，他的黑衫军打击社会主义者，就像冲锋队打击共产党一样。罗伯特·帕克斯顿曾指出，法西斯政党成为执政党时，并未执行其反资本主义的意识形态，反而消灭罢工以及独立运作的工会。[1]受到左翼意识形态影响的工人，对所有这些团体而言，是共同的内部威胁，也是敌人。 116

国粹会和正义团除了担任罢工破坏者的角色，其作用以及给人的印象，即是意大利与德国的准军事组织给人的印象。对酒井荣藏而言，这个相同点是有意识且刻意为之的。酒井在1925年6月13日与墨索里尼会面，他显然相当景仰眼前这个意大利独裁者，将他形容为一个缺乏教育、血统以及资源的人，仅以侠义作为唯一的武器，高举正义的旗帜。在酒井的自传中，他也将黑衫军描写成"侠客团"。而他本人更是被某些人称为"东方的墨索里尼"，虽然他对此称号不予置评，一如他对法西斯标签的反应，但那可能是想避免承担这个称号的任何负面意涵。而事实上，正义团不仅被称为"日本的黑衫军"，酒井本人也称该团体为"黑外套团"，并令其成员着黑衫。[2]

1　Paxton, *Anatomy of Fascism*, 7、64、84.

2　酒井荣藏：《無遠慮に申上げる》，1、7、85、87頁；《読売新聞》1925年10月11日；鈴木裕子《日本女性労働運動史論1女工と労働争議　1930年洋モス争議》（れんが書房新社，1989），107頁。正义团的制服据说也有一个"北"字，向酒井的老大小林佐兵卫致敬，小林也被称为"北の佐兵卫"。《読売新聞》1925年2月18、21日。

国粹会的制服, 则明显像是国家的暴力专家, 如军人、警察的制服。他们规定的服装包括有臂章的夹克、警用帽、上衣和皮带。所有这些配件都展现了该团体的徽章, 而这些徽章则由一组整体的象征——"国粹"字样、鸽子、一朵或一束盛开的樱花——组成, 可能是象征坚忍。有些臂章上有一朵樱花和一只鸽子; 帽子上有"国粹"字样, 环绕着盛开的樱花; 上衣有"国粹"字样写在一朵樱花上; 而皮带扣上也有"国粹"的字样。这些制服不仅标示出该组织成员, 也标志着阶级。臂章上的不同图样以及徽章上的不同颜色, 显示这个人是本部的长官、支部的领导人、干部, 或者是一般团员。翻领上也可看出差异, 此处所标志的, 是勤奋或特殊表现的荣誉勋章。[1]

国粹会曾参与多次劳工纷争, 包括八幡制铁所 (1920年)、胜家缝纫机公司 (1925年)、野田酱油 (1927年至1928年)的罢工, 以及鹤见事件 (1925年)。[2] 正义团则参加了大阪市电 (1924年)、

---

[1] 内務省警保局:《国粋会員の服装に関する件通牒 (庁府縣)》(1923年8月15日); 同《「大日本国粋会員の服装に関する件 (愛媛)》(1935年6月4日), 13—16頁。

[2] 关于八幡制铁所罢工, 见廣川禎秀:《八幡製鉄所における1920のストライキ》,《人文研究》第24卷第10號 (1972), 59—92頁; 八幡製鉄株式会社八幡製鐵所:《八幡製鉄所労働運動誌》(八幡製鉄所, 1953)。鹤见骚扰事件是两个承包商之间的冲突, 双方都有极道支持。见斉藤秀夫:《京浜工業地帯の形成と地域社會: いわゆる「鶴見騒擾事件」をめぐって》,《横浜市立大學論叢: 人文科學系列》第40卷第1號 (1989年3月), 1—121頁; サトウマコト編:《鶴見騒擾事件百科》(ニイサンマルクラブ, 1999)。关于胜家缝纫机公司罢工, 见龜井信幸:《シンがーミシン会社分店閉鎖及分店主任解雇問題に関する件》協調會史料, 編號80 (1925年12月7日), 502頁。

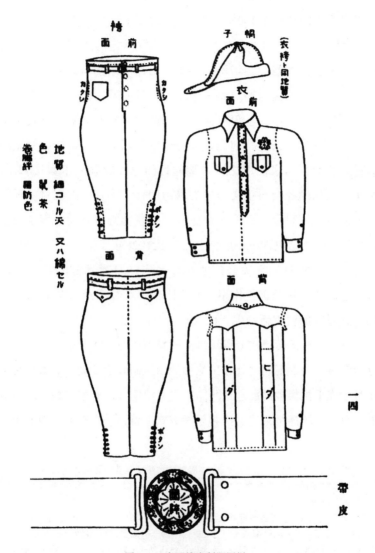

图4.1 日本国粹会制服图样。

图片来源：内务省警保局：《大日本國粹會員の服装に関する件（愛媛）》
（1935年6月4日）。

野田酱油（1927年至1928年）与东洋薄呢（1930年）罢工。[1]

国粹会与正义团暴力在工人罢工行动中相当明目张胆，法务省不得不警告这些组织，切勿走上墨索里尼利用暴力以阻止共产主义在该国散布的法西斯道路。1926年，针对暴力行为的法案《暴力行为处罚法》中，不仅有涉及集团胁迫、持有武器、干扰集会的法条，且第一条便特别提到在协调劳动纠纷时，可能会触犯的罪行。然而，国家使用法律手腕的目的也许较倾向于宽松管制，而非消灭如国粹会与正义团这类暴力团体。毕竟，国家对左翼的意识形态戒慎恐惧，且能从企业成长中获得既得利益，不希望企业受到干扰。这也许可以解释，为什么1926年《暴力行为处罚法》的罚责，似乎只有无关痛痒的罚金，从50日元到500日元不等。由于这部法律缺乏警告作用，暴力团依旧继续活跃于整个20世纪30年代早期的罢工活动中，也就不足为奇了。[2]

国粹会与正义团在劳资纠纷上的暴力，与壮士及院外团的暴力行为有所不同，不同之处在于他们试图压制政治活动，而不只是恐吓对手或干扰集会而已。这些国家主义组织并没有想要赢过政治对手，而是试图抹杀某些想法和思考方式。就这一点来看，他们很像

1　关于大阪市电罢工，见渡边悦次：《戦前の労働争議-3-河野密さんにきく　高野山への籠城戦術をあみだした大阪市電争議》，《月刊総評》第241號（1978年1月），113頁。

2　司法省調査課：《司法研究報告書集（第8集）》（1928），509頁；大阪府警察史編集委員会：《大阪府警察史（第2卷）》，195—196頁；《朝日新聞》1926年3月9日，资料来源：田中惣五郎編：《大正社會運動史（第2卷）》（三一書房，1970），961頁。在大阪，对暴力团参与恐吓行为而征收的罚金的罚金，1931年为89 000日元，1935年为255 000日元，1936年为24 000日元，1937年为27 000日元。《大阪府警察史（第2卷）》，201頁。

是意大利的黑衫军，对他们而言，"政敌不是他们不认同的对手，而是要借着让他们乖乖服从，予以消灭并羞辱的敌人"。[1] 简言之，这种暴力中没有任何和民主沾上边的内容。而国粹会与正义团在劳动纠纷里扮演掌权者对付工会成员的行为，则强化了他们的非民主特质。

国粹会以及正义团的一个支部，在1927年至1928年的野田酱油[2]大罢工事件中，和经营者站在同一阵线，这场罢工无疑是日本二战前规模最大、代价最高的罢工活动之一。野田酱油直接或间接聘雇的3 500多人，尽皆受到这场历时超过7个月的罢工影响，工厂与工会损失超过100万日元。[3] 这家公司经营所在地野田町（今野田市）位于千叶县，当时的人口为16 891人，单是野田酱油就有3 613名员工，再加上他们的家人以及与野田酱油有生意往来的公司及其员工总数，因此，历时这么久的罢工可说是影响了野田町的大部分居民。[4]

罢工的导火线是野田酱油与所属承包公司"丸三运送店"之间的纠纷，又因工人对于薪资和福利的问题而加重。[5] 丸三运送店是由野田酱油成立的独立合股公司，负责这家酱油酿造公司的运输需求，双方合作超过四分之一个世纪。然而，当丸三的员工成为当地工会会员，而野田公司的最大厂——野田酱油十七厂——竟

1　Gentile，"Problem of the Party in Italian Fascism，"256.

2　译注：野田酱油于1964年更名为"龟甲万酱油"。

3　Mark W. Fruin，*Kikkoman：Company，Clan，and Community*（Cambridge，Mass.：Harvard University Press，1983），183，200－201.

4　森長英三郎：《野田醤油労働争議事件：217日の長期、最大のスト1》，《法學セミナー》第202號（1972年10月），104頁。

5　Fruin，*Kikkoman*，183，195，201.

没有任何员工加入工会时，他们因此拒绝运送野田酱油生产的产品，紧张情势便蔓延开来。为了回应这种情况，野田酱油将其运输业务渐渐从丸三移转到另外两家子公司，即"野田运送店"和"丸本运送店"，因而导致丸三公司的营收下滑。1927年9月15日，

119　当地工会站在了丸三公司员工这一边，并重申他们在那年4月已经递交给野田酱油的关于提高薪资及福利的要求。[1] 罢工从隔天9月16日开始，持续超过两百天。[2]

　　罢工行动爆发后不久，野田酱油表面上雇用了一些暴力专家来维持公司的安全，然而他们大多是要威吓工人和罢工者的。这些受雇分子的组成很难确认，因为消息来源（大部分来自同情劳工者）指称他们来自暴力团、暴徒、罢工破坏者与正义团成员。[3] 此处提到的正义团，可能是指"野田正义团"，是10月12日由野田商诱银行的董事高梨忠八郎正式成立的。虽然看似大日本正义团的地方支部，但两者之间的关联程度其实并不明确。野田正义

1　1927年4月10日递交给公司的六项要求如下：（一）男性员工薪资提高10%，女性员工薪资提高20%；（二）计算解雇、退休、提早退休时，每月多算一日；（三）为各工厂的制桶工人引入学徒制训练；（四）固定至少一个月的年终奖金；（五）资深从业员升迁；（六）员工扶助规定扩大适用于非全职员工。原文引用自 Fruin, *Kikkoman*, 201。

2　Fruin, *Kikkoman*, 200；森长英三郎：《野田酱油劳働争议事件1》，106頁；森长英三郎：《野田酱油劳働争议事件：217日の長期、最大のスト1》，《法學セミナー》第203號（1972年11月），88頁。当地工会率先发起的行动之一，便是在第十七厂的大门拉起封锁线。该厂被迫暂时关闭，直到9月27日才继续生产。森长英三郎：《野田酱油劳働争议事件2》，88頁。

3　野村襄二：《全労働者は決起して建國會を叩きつぶせ》，《労働者》第13號（1982年2月），41頁。因为现代资料最常见的用语是"暴力团"，我在这里也使用这个词，因为很难或不可能找到对这种暴力更精准的用字。

团确实号称有800至1 000名成员，主要由町中的中产阶级、中小企业主、町长和町役场干部组成。[1] 该团体发表的宗旨是建立和平、促进町民福祉，鼓吹一种称为"会社正义"的模糊概念，并在劳资争议中采取中立立场。若考虑到前几项的理念可被轻易操弄成镇压劳工骚乱的合理借口，最后一条宗旨充其量只是更引人心生疑窦罢了，更遑论这段宣言也使用了"护持国体与产业"这般强烈的用语。[2]

最终，野田正义团在成立几个星期后，就渐渐采取支持资方的立场了。[3] 野田正义团会鼓励罢工者返回工作岗位、拜访运作中的工厂、尝试联合町内反对罢工者，公司资方认为，这个组织同情他们的看法与政策，是很"幸运"的。例如10月29日，几名野田正义团干部去了九厂及十五厂，鼓励这几个营运中工厂的工人留在岗位上，赞赏他们未加入阻止其他工人上班的纠察员同事；11月1日与2日，野田正义团继续拜访一厂、七厂和十二厂。[4] 该团体为了让公司顺利作，还提供劳动力。11月初，野田正义团在町内发

1　800这个数字是来自協調会劳动課编：《野田劳动争议の顛末》（協調會劳働，1928），50頁。1 000这个数字则来自野田醬油株式會社编：《野田争議の顛末》（野田醬油，1928），30頁。《野田醬油株式會社二十年史》（野田醬油，1940），234頁。

2　協調会劳動課编：《野田劳働争議の顛末》，50—51頁；野田醬油株式会社编：《野田争議の顛末》，32頁。

3　《第九工場作業開始に就いて：野田醬油株式會社》（1927年10月）。法政大學大原社会問題研究所，野田醬油劳働争議档案，1927年9月至1928年4月；協調会劳動課编：《野田劳働争議の顛末》，27頁；町田辰次郎：《劳働争議の解剖》（第一出版社，1929），66頁。

4　野田醬油株式會社编：《野田争議の顛末》，30頁；《野田醬油株式會社二十年史》，234頁；野田醬油株式會社编：《野田争議の經過日錄》，38、44頁。

送传单，规劝罢工者回去上班。对罢工者来说，野田正义团对公司的支持如此明显，该组织也被揶揄地贴上了"御用团体"的标签。[1]

野田正义团可能招募了极道和其他罢工破坏者，而其自身成员也可能扮演暴力团的角色。暴力团事件的频率确实显示，至少野田正义团的干部，例如町长与其他町内官员，对暴力事件视而不见。毕竟，当肢体冲突越过工厂的围墙，走上野田町街头时，是不可能不引起注意的。

野田町最早报道暴力团的时间是9月底，据说当时他们群聚在十四厂附近。为了应对这个情况，罢工者便武装了起来——其中2名工会成员和其他80人，因准备74支竹枪抵抗暴力团而被逮捕。[2]到了10月，至少一份报纸报道了暴力团事件蔓延的事情。报道中宣称，该公司自东京雇请了数百名暴力团分子，驻守在各厂区，并令其在町内四处走动，与罢工者冲突时，务必携带枪支、短刀或其他武器。10月13日，由一名公司顾问率领的暴力团试图闯进一场工会集会。[3]一星期后，10月20日晚上，一名罢工领导者和另一人被丸本运送店所属的十四五人的暴力团攻击。这两个人被强行带上一辆卡车，载到丸本本社，在那里，大约40名持刀的丸本支持者和赶到现场的罢工守卫爆发了一场混战。警察最后平息了这场冲突，没收了武器，逮捕了10名罢工者和43名丸本方的人

1　協調会労働課編：《野田労働争議の顛末》（日本社會問題研究所，1928），150、164頁；協調会労働課編：《野田労働争議の顛末》，78頁。

2　这些被逮捕的人后来于9月30日被释放。"竹枪事件"后，公司向工会成员送出解雇通知。森長英三郎：《野田醤油労働争議事件2》，88—89頁。

3　森長英三郎：《野田醤油労働争議事件2》，88—89頁；《社会民衆新聞　号外》，協調会史料，編號63（1927年10月23日），566頁。

马。一份左派报纸报道了这则新闻，趁此机会描述町民对罢工者深感不安且抱有同情，尤其是因为公司暴力团无所不在。除了这一连串的事件，也有报道说罢工者经常被拖进暴力团的车里，带到公司，并被强迫工作。工会成员在路上被暴力团员袭击的事件也屡有发生。[1]

　　国粹会在罢工活动中的角色，起初比较温和，并未诱发罢工者对野田正义团时的那种敌意。罢工开始的前几个月，国粹会试图担任调停者的角色，并在谈判桌上赢得了席位。国粹会的野田支部是由其会员后藤幸次郎成立的，该支部从本部招募了想要参与解决这项纷争的成员。例如在9月23日，国粹会关东本部的六名干部来到野田町，拜访罢工者与公司两方并提议调解；然而，双方都拒绝了，其他的国家主义领袖及团体也有过相同的提议。12月中，国粹会再次提出协调争议的意愿，依旧被婉拒。野田酱油不接受协助的原因并不明确。这些组织也许是真的想要调停，让罢工结束，但即便如此，野田酱油方的顽固态度也体现了他们对与罢工者协商的坚定拒绝。[2]

　　当国粹会将焦点放在调解上时，野田正义团和罢工者之间的紧张情势还在持续升温。四五人一组的罢工者，会潜入高梨与其他野田正义团成员的住所泼洒排泄物。11月初，罢工者拒买野田正

1　《社会民众新闻　号外》，协调会史料，编号63（1927年10月23日）；日本社会问题研究所编：《劳働争议野田血战记》，147—148、153页；森长英三郎：《野田酱油劳働争议事件1》，90页。

2　协调会劳働课编：《野田劳働争议の颠末》，59、70页；町田辰次郎：《劳働争议の解剖》，64—65页；森长英三郎：《野田酱油劳働争议事件2》，89页。

义团干部经营的商店货品，展现他们反对该团体和该公司的行为。
野田正义团干部和工人代表经过半个月的会议讨论仍无任何决议，
罢工者于是召开了一场会议，鼓励把钱从野田商诱银行提出来，
因为高梨是银行的董事之一。[1]

在持续与野田正义团对抗的同时，罢工者也要对抗可能属于
或不属于野田正义团那帮人的暴力团分子。这些暴力缠斗持续到
1927年即将结束前的几个月，并在12月初达到最高点，从野田町
延伸到野田酱油十六厂所在的行德町。十六厂的厂房在未经公司
授权下，被罢工者当作办公支部。当野田酱油威胁要将工人逐出，
以便让该厂房回归原本的用途时，工人声称，留在那里是他们的
权利，拒绝退让，公司因而忧心动荡的情势将会持续扩大。这时，
名叫茂木国太郎的野田酱油行政主管从东京请来超过40组暴力团，
他们头上绑着头巾，高喊"战斗"，攻击在行德町的罢工者。这些
罢工者据说也绑着白色头巾，高唱革命歌曲，可惜人数稀少，最
终还是输给了对方。[2]

罢工者被逐出厂区后，他们利用野田剧场作为集会场地亦遭
逢挫败，这次是被经营者所支持的国粹会逐出场地，显然如今野
田酱油公司已经决定要和国粹会合作了。听闻国粹会的仓持直吉
将集结100名国粹会成员以壮大公司声势，罢工者在野田剧场门口
点起火堆，町内的商店很早就关起了大门。即便国粹会毫不避讳

1　日本社会問題研究所編：《労働争議野田血戦記》，227頁；野田醤油株式会社編：
　《野田争議の経過日録》，47頁；協調会労働課編：《野田労働争議の顛末》，78—
　80頁。

2　日本社会問題研究所編：《労働争議野田血戦記》，233—236頁。

地展示他们选择的暴力工具，公司方面还是向来到野田的国粹会
成员求援了。一辆从东京开往野田，预计和国粹会成员会合的车
子被警察拦下，从车上没收了12把日本刀、18支棍棒、41包弹药
和两把枪。警察也搜索了四名国粹会成员的住家，发现了一把枪、
一把日本刀、两把短刀和几十支铁棒。虽然这些搜查行动逮捕了
一些人，国粹会还是成功驱逐了罢工者。仓持在剧场上方立了一
个牌子，上面写着"仓持兴业部事务所"，并且在那里派驻了100
名国粹会成员。到了这个时候，很明显国粹会已经介入罢工，并
站在了资方一边；国粹会的梅津勘兵卫已和公司行政主管分别讨论
过，并于12月23日和野田正义团的代表进行会面。[1]

　　暴力团的暴力行为为罢工者的信念煽风点火、鼓励肢体冲突、
妨碍协商。国粹会抢下野田剧场的行动，激起了大约一个月后的
报复性攻击，成为野田酱油纷争中最严重的事件。1月14日晚上，
在一场公开集会后，工会成员纷纷前往野田町，并向野田正义团
成员的住处丢掷石块，砸坏了29家店面橱窗和摆设。罢工者对其
镇压者的敌意，也表现在一张咒骂野田正义团成员是"奴等"与
公司奴才的传单上。这张传单同时尊崇那些勇于和"资本家暴力
团"战斗的人。[2] 2月初，双方尝试调解，却不断因为各种原因告

122

1　日本社会問題研究所編：《労働争議野田血戦記》，238—239、242—243頁；《野
　　田醤油株式會社労働争議概況》，资料来源：《特高警察関係資料集成（第9卷）》
　　（不二出版，1991），290頁；協調会労働動課編：《野田労働争議の顛末》，83頁；
　　野田醤油株式会社編：《野田争議の顛末》，65、67、71—72頁。

2　労働農民党、東京府京橋支部：《野田六千の兄弟諸君！！》，協調会史料，編號
　　63（1928年1月16日），568頁。80人被捕（包括两位工会主要人物），34人被起
　　诉。森長英三郎：《野田醤油労働争議事件2》，90頁。

吹，而2月6日，即协商的第一天，四名工会成员遭一名暴力团分子刺伤，双方和解当然更是无望。[1]

最终谈判得以重启，并非因为暴力威胁，而是因为罢工者策略性的行动吸引了天皇的关注，并从而获得了正当性。工会副会长大胆地直诉天皇，便足以让每个人诚惶诚恐地重回谈判桌。野田酱油的行政主管、工会成员、一名野田正义团代表和其他人从3月底协商到4月，终于在1928年4月20日达成一项协议。公司挑选300人回去上班，735人辞职。[2]两天后，野田正义团举行了一场解散仪式，这恰恰也凸显了其为一个以破坏罢工为宗旨的团体。[3]

正义团的暴力，其意图是镇压，往往也不经意间导致了劳资双方敌意的升温。这在野田酱油罢工事件中已可见端倪，但是在1930年的东洋薄呢（Tōyō Muslin）[4]争端中，情况更显严峻；当时正义团坚定地支持资方，并以武力恐吓工人。工人对酒井荣藏及其组织极为不满、充满憎恨。

罢工事件起因于公司即将关闭棉纺部和营缮部，这导致500名员工被解雇。内部公告说明，棉纺部将于9月26日关闭，所有留在该部门宿舍的工人将被遣送回家。工人代表、公司干部和酒井展开

1　日本勞働總同盟関東勞働同盟会：《野田争議の真因経過及現状会社の誇大並に虚構の宣伝を糺す》，協調会史料，編號63（1928年），498—499頁；森長英三郎：《野田醤油労働争議事件2》，90頁。

2　森长英三郎提供的协议日为4月19日，其他资料来源写的是4月20日。森长英三郎：《野田醤油労働争議事件2》，91頁；野田醤油株式会社編：《野田争議の経過日録》，143頁；Fruin, *Kikkoman*, 205。

3　協調会労働課編：《野田労働労働の顛末》，51頁。

4　译注：东洋薄呢于1938年改名为"东洋纺织工业"。

会谈，但是工会对公司开出的条件不满，促使工人展开了当年的第二次示威。[1] 所有东洋薄呢大约2 500名工人，全是"日本纺织劳工工会"东洋薄呢支部的成员，据说所有人都参加了游行；工人之中，有超过2 000名女性。[2] 罢工者在一星期后恳请市民支持的请求书中，传达了他们对于酒井出现在谈判桌上的愤怒，并解释说，他们的协议无法继续，因为公司动员了暴力团，并作好了战斗的准备。[3]

　　9月27日清晨，代表公司担任"职业闹事者"的正义团成员搭车来到位在东京外围龟户町的东洋薄呢。那天下午3点半，工人在工厂举行了一场示威抗议，并攻击了办公室，顺利将正义团团员关在一个房间里。那天稍晚，警察强行进入女工宿舍，宿舍里的500名年轻女性员工成功越过警戒线，展开示威抗议。当这些女工

123

1　棉纺部被遣送回家的员工将可以拿到三个月的旅费；每个月公司会支付26天标准薪资的三分之一。他们有可能被转到练马、静冈或其他工厂；若某个员工在三个月内未被召回，公司会支付退休金。想要立刻退休的人，可以拿到29天的标准薪资，外加旅费和退休金。通勤而非住公司宿舍者，将可拿到和上述一样的金额和选项，只是少了旅费。而营缮部的员工，他们可能会收到公司的合约，允许他们接受公司外部分派的额外工作。铃木裕子：《女工と劳働争议》，49—50页；丸山鹤吉（警视总监）：《洋モス龟户工场劳働争议ニ关スル件》，协调会史料，编号97（1930年9月30日），113—114页；社会局劳働部编：《东洋モスリン株式会社劳働争议状况》（社会局劳働部，1930），2页。关于性别在此次罢工中的运作之英文讨论，见Elyssa Faison，*Managing Women: Disciplining Labor in Modern Japan*（Berkeley: University of California Press，2007），93－106。

2　丸山鹤吉的报告中，工人的人数为2 482人，但社会劳动部的工人数为2 649人，包括468名男性，2 181名女性。丸山鹤吉（警视总监）：《洋モス龜戶工场劳働争议ニ关スル件》，113页；社会局劳働部编：《东洋モスリン株式会社劳働争议状况》，1—2页。

3　洋モス争议团、全国劳働组合同盟、日本纺织劳働组合：《洋モス争议について町民诸君に檄す》，1930年10月2日，法政大学大原社会问题研究所：《洋モス争议ファイル(1)》。

高唱革命歌曲时，那些留在宿舍的人则打破纱窗，从她们二楼的窗户向外挥舞着工会旗帜。[1]

在这场争端中，在工厂的约200名正义团成员，似乎多由暴力团组成，并以公司雇佣的安保人员身份与工人对抗。[2] 相较于在野田酱油罢工时使用的"暴力团"一词，正义团一词并未特指某个组织，但在东洋薄呢的事件中，工人清楚地认识到正义团与暴力团是互为一体的。一名女工向她的同伴们表示："女孩们，这些人名为正义团，但其实就是暴力团，所以我们不能输（给他们）。"[3] 有些刊物刻意在"暴力团"一词后面，以圆括号加注了"正义团"这三个字。[4]

正义团的知名度如此之高，罢工者可能将某些其他的暴力团体认作是正义团，但事实可能不完全如此。例如10月初，东洋薄呢从入山煤矿带来16名临时守卫，表面的说法是，他们来协助公司安装机器、搬运库存。罢工者称这些守卫为"暴力团（正义团）"，而且拟好了一张传单，说必须打倒这些人："让我们杀了所有这些入山煤矿的暴力团！"[5] 入山守卫的身份其实并不明确。1927年的入山煤矿罢工时，确实有暴力团介入，但正义团当时参与的程度似乎相当有限；

1　丸山鶴吉（警視總監）：《洋モス亀戸工場労働争議ニ關スル件》，117頁；鈴木裕子：《女工と勞動争議》，53頁；《東洋モス大争議：レポ集》1930年9月27日，法政大學大原社會問題研究所：《洋モス争議ファイル(1)》。

2　某一天晚上，300名正义团员在公司当天结束工作后，看守公司的办公室。丸山鶴吉（警視總監）：《洋モス亀戸工場労働争議ニ關スル件》（1930年10月1日），106頁。

3　鈴木裕子：《女工と勞動争議》，52—53頁。

4　《全國大眾新聞》1930年10月11日；《檄！》1930年10月5日，法政大学大原社會問題研究所：《洋モス争議ファイル(1)》。

5　丸山鶴吉（警視總監）：《洋モス亀戸工場労働争議ニ關スル件》（1930年10月10日），133—134頁；《檄！》。

有些消息来源指出，入山煤矿罢工时的暴力团是极道。[1] 不管如何，很明显的是，罢工者对他们敌人的认知就是：正义团等于暴力团。

罢工者在众多工会宣泄渠道中严厉批判并大肆宣传暴力团的暴力行径，这些消息也广为流传。例如"劳农党"便召集了一场公众集会，反对由政府、资本家以及暴力党联合起来的暴力镇压。[2] 特定事件也被道出来，强调暴力团暴力的凶残本质，并煽动民众反抗暴力的愿望。为罢工者声援的新闻报道，亦刊载了23名工厂女工被20名武装的公司暴力团团员攻击而受伤的消息，巨大的标题写着"公司的暴力团以短刀刺伤23名工厂女子"以及"驱逐暴力团"。在这些文章中，暴力团的攻击事件受到严厉谴责，被视为不可原谅的行为。[3] 暴力团突袭宿舍的事件也同样引发关注，有一份传单上描述他们在10月9日夜晚，如何进入工厂女性员工的房间，并用草绳捆绑了她们。[4] 阅读这些文章的读者不只会看见暴力

1　有些报纸报道，入山劳动争议中的某些"暴徒"是某个极道老大的手下。《福岛民报》1927年1月21日；《福岛民友》1927年1月21日，资料来源：村田淳编：《甦える地底の記録（第1卷）磐炭・入山労働争議資料集成》（いわき社会問題研究，1984），190—191頁。如前章所述，吉田矶吉也宣称为入山劳动争议的协调人之一。

2　劳农党也想要推翻滨口内阁。劳農党：《洋モス争議応援暴圧反対、打倒浜口内閣の演説会に就いて》1930年10月3日；法政大學大原社会問題研究所：《洋モス争議ファイル⑴》。

3　《洋モス争議闘争ニュース6號》1930年10月11日；法政大學大原社会問題研究所：《洋モス争議ファイル⑵》；《關東合同労働組合ニュース1號》1930年10月11日；法政大學大原社会問題研究所：《洋モス争議ファイル⑴》。

4　《東洋モス大争議：レポ集》1930年10月11、24日；法政大學大原社会問題研究所：《洋モス争議ファイル⑴》；《東洋モスリン争議団本部による題名のないチラシ》1930年10月7日，法政大學大原社会問題研究所：《洋モス争議ファイル⑴》；《全國大眾新聞》1930年10月11日。

124　团的冷血本质，也会相信，若要战胜资方，暴力是必须的。[1] 强调暴力团的暴力，也是罢工者激励并合理化自身暴力的一种方法。

正义团最终从罢工活动中撤退，据说是因为对参加前景不明的长期争端抱有担忧，且此类争端也会引起世间的反抗。[2] 不论撤退的真正理由为何，很显然的是，正义团的介入并未恐吓到工人，迫使工人转为消极行动，或推进罢工协议顺利进行。相反，罢工者激烈抗议资方的事件依旧频传，这显示正义团的出现只会加剧紧张气氛，更坚定工人的决心。罢工最终于11月21日落下帷幕，那几乎是两个月后的事了。

国粹会与正义团镇压左派的企图，不只对工会及罢工者的攻击，而是延伸到其他隐约怀有自由或左翼思想的人士身上。例如国粹会就以企图妨碍男性普选权的施行，以及干扰社会主义者集会闻名。[3] 国粹会最被广为宣传的事件之一，是该组织把"水平社"当成打击目标，水平社是一个带有社会主义色彩的全国性组织，他们反对歧视被压迫的少数"部落民"[4]。国粹会迎战水平社，可能是因为他们担心这一群敢于和强权对抗的部落民人口；由于国粹会老大本身多为建筑承包商而且雇用部落民为工人，他们因此尤其

1　日本紡織労働組合争議団：《洋モス争議日報》1930年10月10、15日，法政大學大原社会問題研究所：《洋モス争議ファイル(2)》；日本紡織労働組合加盟：《洋モス争議は最後の決戦だ !》，1930年，法政大學大原社会問題研究所：《洋モス争議ファイル(1)》。

2　労働運動史研究会編：《日本労働運動の歴史（戦前編）》（三一書房，1960），186頁。

3　渡辺銕蔵：《大正志士論》，《中央公論》第38卷第12號（1923年11月）：83頁；司法省調査課：《司法研究報告書集（第8集）》，509—510頁。

4　译注：部落民，即日本封建时期贱民阶级的后代。1871年日本废除封建阶级制度，部落民被合法地解放，但是社会上对他们的歧视仍未完全消除。

担心。国粹会和水平社中某些成员彼此关系友好的事实也不足以消弥这些忧心，其中有些人甚至和这两个组织都有关联。[1]

众所周知的"水国（水平社—国粹会）事件"于1923年3月17日在奈良县发生。当时一名部落民新娘被名为森田熊吉的老人嘲笑；在她经过时，森田举起4根手指（一个羞辱部落民的手势）。两名年轻人见状，便向警察告发了老人，后来这则新闻传开，酿成事件。水平社要求森田道歉，森田不但拒绝，还向国粹会求援。[2]隔天，约800名国粹会成员和约750名带着竹棍、刀剑的水平社活动家之间，爆发了激烈冲突，双方的支持者不断从奈良和附近的县集结于此。到了3月19日，也就是引起争端的事件发生的两天后，情势持续扩大，1 220名水平社支持者与大约1 200名来自国粹会、在乡军人会和青年团的人马爆发了集体斗殴。[3]暴力程度规模之大，政府不得不从军方与大阪警方调派人员，而当地的警察署长则努力居间协商，化解敌意。在3月19日冲突最高点时，共有10名

1　山村昌子：《水平社・国粹会爭鬥事件の檢討：裁判記錄を中心として》，《部落解放研究》第27號（1981年9月），161—164頁。感谢杰夫・贝利夫（Jeff Bayliss）引介这篇文章给我。

2　守安敏司：《今田丑松と水平社創立者たち：大日本国粹会と奈良縣水平社》，2頁；Neary, *Political Protest and Social Control*, 87；山村昌子：《水平社・国粹会爭鬥事件の檢討》，136、140頁。国粹会的奈良线支部长名为今田丑松，生于1854年，年轻时就沉迷赌博，14岁时父母和他断绝关系，他两年后返家，后来又离家，成为工人。1907年，他因为犯罪被送往北海道，1919年参与国粹会的成立。今田于3月18日前往事件现场，但他在这个事件中真正的角色不明。守安敏司：《今田丑松と水平社創立者たち》，2—4、8頁。

3　3月18日，国粹会的支持者为800人，3月19日为1 200人，3月20日为275人。水平社的人数：3月18日为750人，3月19日为1 220人，3月20日为970人。《水平社對国粹会騷擾事件》（種村氏警察参考資料第78集），44—46頁，国立公文書館藏。

监察官捕、36名巡查部长，以及348名正规警察官聚集在奈良。[1]

125 　　虽然3月20日水平社与国粹会之间的协议结果是要求森田道歉，这似乎是水平社占了上风，但是后续警察对事件的调查，似乎对部落民阵营更为严苛些。当警察分成两个调查组时，负责调查水平社的组员共133人，相较之下，调查国粹会的仅45人。同样地，在个别的系列调查里，40名警官接受指派负责水平社，国粹会方面则只有25名。由于水平社的总参与人数并没有比国粹会的人数多出多少（2 940人对2 275人），警察方面调度的人数似乎很令人起疑。由于警力分配不成比例，水平社遭逮捕的人数比国粹会多（35人比12人），也就不令人意外了。[2]

　　在对工人和普遍左派的攻击中，国粹会与正义团如同意大利的黑衫军以及德国的冲锋队一般。这些团体都有着坚定不移的国家主义意识形态，同样认为工会与社会主义者是国家本质和发展的一大威胁。黑衫军的主要指令之一，是打击"布尔什维克主义"，尤其1920年之后更是如此。那年冬天，黑衫军发动了一场针对社会主义者的持久性攻击，一直延续到1921年春天。这种"系统性的恐怖活动"包括介入劳资纠纷，将目标对准其他社会主义机构的商会。[3]而德国冲锋队虽然会与保守右派起争端，但日本的这些组织并未发生类似的情况，因为冲锋队和黑衫军初期都有反资本

1　集结的警力3月18日为81人，3月19日为394人，3月20、21日为正规警察218人，义警17人，《水平社對国粹会骚擾事件》，36—38頁。

2　《水平社對国粹會騷擾事件》，48—51、55頁。

3　Adrian Lyttelton, *The Seizure of Power: Fascism in Italy, 1919 - 1929*（New York：Routledge，2004），38，53 - 54.

主义的立场。[1] 但实际上，这些团体无不激烈对抗社会主义者和劳工，试图彻底地清洗掉国内的左派遗毒。

都会区与之外的国家主义阵线

国粹会与正义团的法西斯暴力是更为镇压式的，因为这两个所谓的"暴力团"不只是极道组织；他们是国家主义阵线的重要枢纽，他们吸纳政客、军人、官僚以及企业家。这些人并非基层，或只在名义上隶属于团体，而是在这些团体中担任要角的显赫人物。尤其是国粹会，其中的政治精英之间都有着紧密而频繁的联系。1926年2月，时任国粹会会长去世，据说想要角逐这个重要位置的政客之一是后藤新平。后藤功绩彪炳，曾任日据时期的台湾总督府民政长官、南满洲铁道株式会社（简称"满铁"）总裁、递信大臣、拓植局总裁、内务大臣、外务大臣以及东京市长。结果他错失国粹会会长一职，原因是他不够反共。[2] 3年后，1929年，一名杰出的政客——铃木喜三郎，果真接下了这个组织的总裁宝座。铃木喜三郎是前司法大臣与内务大臣，后来成了政友会总裁。在他身边担任会长的是高桥光威，他还曾是原敬内阁的书记官长。[3] 在国粹会里，军

126

---

1 Peter H. Merkl, *The Making of a Stormtrooper* (Princeton: Princeton University Press, 1980), 100, 299; Conan Fischer, *Stormtroopers: A Social, Economic and Ideological Analysis, 1929－35* (London: George Allen & Unwin, 1983), 149, 186.

2 后藤新平也与正义团友好；他确实曾经请酒井荣藏及其组织协助清理家族领地上的佃户。酒井荣藏：《無遠慮に申上げる》，89—94頁。

3 荒原朴水：《大右翼史》（大日本國民黨，1966），53頁。

人同样担任重要角色。20世纪30年代中期，总本部的副会长即是一名海军中将，理事长是陆军中将。理事会包括4名陆军中将、1名海军中将、3名海军少将；顾问包括3名海军中将和1名陆军中将。国粹会的顾问中，还包括资深的国家主义者、玄洋社总帅头山满。[1]

国粹会和正义团与国家主义者结成统一阵线，不仅在政治上有着重大意义，而且其所涉及的范围亦是十分广阔。这两个组织的运作基地都超越了日本国界，延续了国家主义团体支持大陆扩张的悠久历史。在向国外输出暴力这方面，国粹会与正义团成员效仿类似玄洋社的组织，化身为了大陆浪人。先前在第二章中曾提及玄洋社于明治中期在朝鲜及中国东北的暴力活动，目的是激起更为激进的日本外交政策。另外，国粹会的青岛支会反而将焦点放在该组织在日本本国长久介入的问题：劳资关系。在这个山东半岛南边顶点的城市，国粹会成员在罢工发生时，就会现身工厂内。他们也会介入日本人与中国居民之间的纷争，这些行为不但激起中国人的怒火，1931年8月18日甚至已到临界点，数千名中国人手无寸铁，以肉身袭击了国粹会。除了蔓延的敌意，青岛国粹会也因内部的紧张局势而陷入困战，尤其是当其支部干事长在被告知要克制自己的行为后，仍一意孤行地参加镇压行动，内部紧绷的情势更是到达顶点。1932年2月20日，尽管有些人希望组织能撑下去，但该支会最终还是决定解散。[2]

在中国东北的国粹会更是高声批评日本对中国的外交政策。当

1　内務省警保局：《大日本国粋会員の服装に関する件（愛媛）》，17—18頁。

2　川越茂（青島總領事）致外務大臣：《青島国粋会解散ニ関スル件》（外務省記録，1932年4月1日），208—209頁；《朝日新聞》1931年8月20日。

沈阳支部于1931年5月更名为"国粹会满洲本部"时，表明其将关注日本在中国东北的各个方面。5月22日，新任本部长（东京帝国大学毕业的记者）就任典礼后，他们随即举行一场会议，讨论当前政治情势和组织的未来。约300名与会者现场聆听诸多严词批评，内容包括日本对中国政策的软弱、处理"满铁"议题缺乏全面性，以及在中国东北的日本人需要群起合作，方能面对外交关系的艰困局面。他们下一步的焦点是募款、招募更多会员、选派有意愿前往"满铁"指挥各区的领导人。该团体事业计划的概要包括成立武术中心（国粹武道馆），但不确定是否成立。[1]1931年9月中的九一八事变后，有文献记录提到"满洲国粹会"于10月时成立。但不清楚这是一个全新的组织或是原"国粹会满洲本部"的重整机构。无论何者，据说该组织到了1933年4月，成员已达1 500人。[2]

对正义团而言，九一八事变是启发他们决定在中国扩张的关键。1931年9月后，计划蓝图已规划出来，1932年开始执行，酒井和几名干部数次前往中国东北进行实地考察，第一次是在4月，之后在6月和7月。在这几次的考察任务中，他们探访不同的地点，拜会重要政府官员及军方领袖，设法取得"满铁"和其他金钱利益者的支持。7月的一场会议上有来自三井、住友、安田以及

1　關東廳警局長致拓務次官、外務次官等人：《国粹会奉天本部ノ改称ト其ノ活動》（外務省紀録，1931年6月1日），196—205頁。
2　小栗一雄（福岡縣知事）致内務大臣、外務大臣等人：《満州国粹会幹事ノ言動ニ関スル件》（外務省紀録，1933年4月5日），240頁。

三菱等财阀的代表。[1]

该团体的目的是鼓舞更多成员移民伪满洲国——即日本在中国东北的傀儡政府——并成立"正义村"。这个"村"为传布正义思想的基地，更具体地说，是要保护并巡逻"国界"。到了7月，正义团挑选了100人——包括30名来自东京、30名来自关西、20名来自九州，以及20名其他地区的日本人——成为首批移民的其中一部分。这一群人由酒井领导，于8月9日抵达沈阳，设立事务所，随即为"满洲正义团"的正式成立进行准备工作。

1932年9月8日傍晚，他们举行了一场正式集会，说明组织成立的宗旨，并且以誓杯仪式欢迎新成员。在与会的320名日本人和中国人面前，酒井侃侃而谈建立一个与日本为兄弟之邦的强大伪满洲国的重要性。"满洲正义团"当场揭示的团规和纲领，主要是宣扬王道、实践正义、促进"和平与世界人类的福祉"。[2]

实际上，正义团的工作大多都以肢体暴力为中心。正义团成员为该组织的两大据点——沈阳与"新京"（伪满洲国时期的长春）——提供警察和安全人力，并对暴动者进行严厉扫荡。关东厅警务局的局长报告说，从日本移民来的正义团成员（相较于在

1　这种至少先赢得掌权者认可的策略，在日本国内经常可见。一名国粹会理事长曾在一间旅馆和某位市长、市会议长，以及警方、内务省和司法省的重要人物开会。中安信三郎理事长还寄过新年贺卡给地方长官，包括京都府警本部长。大日本国粹會總本部会報局：《大日本国粹会史》，37、42页。

2　關東廳警務局長致拓殖次官：《大滿州正義団ノ誓盃式舉行》（外務省記錄，1932年9月13日），313—314页；小栗一雄（福岡縣知事）致内務大臣等人：《滿州正義団誓盃式舉行ノ件》（外務省記錄，1932年9月12日），308页；關東廳警務局長致拓務次官、内務書記官長等人：《大滿州正義団々規》（外務省記錄，1932年9月25日），319—321、325页。

中国东北加入同党的司机、工厂黑手以及无业游民）无不携带枪支和弹药，足见他们正进行军事演练和训练。在官方通信中，酒井被指为大部分来到中国东北的这群"武装移民团"的负责人。酒井也和当地的强盗集团（马贼）建立关系；1932年9月底，据说他为伪满洲国赢得了1 300名土匪的效忠。《朝日新闻》的这则报道似乎有些破绽，但值得注意的是，酒井确实是个会和土匪打交道的人，他属于一种暴力专家。除了有记录显示，对于酒井及其周边浪人的监视并未停止，但法律上对正义团的暴力似乎没有施加什么惩罚。

"满洲正义团"就像大陆上的国家主义前辈一样，其行动受在中国的日本军事要角支持。如头山满的玄洋社和对扩张主义的日本有共同愿景的军事长官形成联盟那样，"满洲正义团"与日本在中国东北军方同样发展出某种联系。[1]无论是在大陆或日本本土，国粹会和正义团皆是推进充满野心及暴力的帝国主义阵线的一分子。

政党衰退期的暴力

政客和国家主义组织之间的紧密关系，导致了20世纪30年代政党的衰退。虽然内阁长期都有军方人马担任阁员，在与国粹会和正义团共同分担的管理模式影响下，政客甚至变得更习惯于和

1　藤沼庄平：《日本正義団ノ満州進出ニ関スル件》，2—3頁；小栗一雄：《満州正義団誓盃式挙行ノ件》，308頁。

军方共享政治领导权。在全国范围内，这种联合治理的想法会在20世纪30年代时大幅削弱政党的力量。更重要的是，尤其在政友会和国粹会蜜月期的背景下，导致人民对政党产生了诸多负面印象，认为他们与人民脱节。领导或隶属国粹会的政友会政治人物，成为政党与自由主义渐行渐远的象征，可见这些人其实已经成为"既成政党"。更糟的是，政友会因为未能控制好国粹会的暴力早已备受批评，大多数人渐渐认为，政党根本无法保障国家的秩序和安全。

129　　政友会与国粹会之间的关系，在国粹会成立之际，借由政友会内务大臣床次竹二郎之手建立起来。床次继续担任顾问角色，但是更引人注目的，是被视为该组织会长角色的村野常右卫门。在第三章里我们讨论过村野的政治生涯轨迹，是从涉及1885年大阪事件的暴力行为开始的。村野后来成为当地壮士组织者，最后承担起政友会院外团的管理之责，再晋升为政友会干事长。1922年，村野成为国粹会历史上的第二任会长。他跟随总裁大木远吉——曾任原敬内阁和高桥是清内阁的司法大臣——一起领导该团体。我们很难确知村野拥有多大权力，但身为会长，他有权挑选总裁、副总裁，以及国粹会支部的部长。如历史学家色川大吉所评论的，村野的日记详述了他参与过的各种国粹会事务，显然他不只是名义上的会长。[1]

　　村野促使政友会院外团和国粹会的暴力部门相互交融，此举更是受到同党成员森恪的进一步支持。森恪是由原敬招募进入政

1　《東京日日新聞》1922年4月12日；色川大吉：《流転の民権家：村野常右衛門伝》（大和書房，1980），342、345—346頁。

友会院外团的，后来成为众议员和院外团团长。在他的领导下，院外团吸收了更多的极道、大陆浪人以及国家主义团体——人数之多，以致某历史学者后来称森恪的团体为"暴力团的院外团组织"。20世纪30年代后半期，政友会院外团和如国粹会之类的国家主义组织之间的交流，已不再罕见了。[1]

国粹会与政友会院外团的结合，是共同意识形态和策略自然发展的结果。村野受国粹会吸引，因为国粹会致力于抑制左派社会运动，而且，这样的合作在田中义一担任政友会总裁之时蓬勃发展，似乎也不是偶然的；田中担任首相期间，下令逮捕左翼政党分子，而且支持日本在中国东北扩张其利益。那时他们所使用的暴力形式（有组织的、有目的性的暴力行为），在国粹会和院外团都通用。

到了这个时候，国粹会与政友会的关系，可说是类似黑衫军之于20世纪20年代早期意大利的"国家法西斯党"（以下简称"法西斯党"），或者像冲锋队之于德国的纳粹党。法西斯党在党内为黑衫军谋求地位，其地位之重要，用史学家埃米利奥·真蒂莱（Emilio Gentile）的话来说："黑衫军与法西斯党的联结牢不可破。"[2]该党的每一单位都有一个"行动小队"，鼓吹法西斯主义并捍

---

1 前岛省三：《志士的プッチと国家権力》，《日本史研究》第24號（1995年5月），57頁；高橋彦博：《院外団の形成：竹内雄氏からの聞き書を中心に》，《社會労働研究》第30卷第3、4號（1984年3月），107頁。和国粹会一样，"大正赤心团"是另一个国家主义团体，其指导阶层包括政友会干部。色川大吉：《流転の民権家：村野常右衛門伝》，340頁。

2 Gentile, "Problem of the Party in Italian Fascism," 254。罗伯塔·苏齐·瓦利（Roberta Suzzi Valli）可能不同意这种对黑衫军的描述，因为瓦利认为，他们更像是一个"军事政党"，而非"政党民兵"。Valli, "Myth of Squadrismo in the Fascist Regime," 133。

卫国家。在德国，冲锋队则作为一种"政党民兵"，一种服务且有助于政党利益的准军队组织。值得注意的是，比起冲锋队之于纳粹党，国粹会之于政友会，则享有更多的政治自治；而冲锋队暴力在选举中发挥的作用，也是国粹会所不及的。例如在1932年的德国选举中，武装冲锋队和政敌之间的冲突，造成超过300起政治暴力以及24人死亡；对选举结果的失望，也促成了一场"大型恐怖活动"。[1]虽然有着显著不同，这三个团体——国粹会、黑衫军以及冲锋队——都为他们各自的政党扮演保护和攻击的角色。

　　国粹会暴力触目皆是，致使该组织及其相关的政治人物成为遭受批判的目标，特别是稳健派左翼人士的批判。政治暴力变得如此的日常，以致1923年《中央公论》针对此现象连载了好几个系列。在其中一期，批评家、哲学家兼史学家三宅雪岭批评国粹会意识形态之肤浅，指控国粹会并不关心所谓的"国粹"或侠义。国粹会并未如自身所宣称的那样劫强济弱，而是迫害并威胁弱者。在三宅的想法里，当国粹会施展政治力量与金钱影响力，并以武力动员时，他们不但蛮横，甚至是残暴的。和平主义者水野广德

1　Thomas Childers and Eugene Weiss, "Voters and Violence: Political Violence and the Limits of National Socialist Mass Mobilization," *German Studies Review* 13, no. 3 (October 1990): 482 – 483。日本与德国的法西斯暴力规模不同，这和这两个国家的法西斯的权力结构和普遍程度有很大的关系，但也与这些法西斯组织的目标有关。国粹会和正义团在很多方面都是法西斯，但是他们没有条理清晰的法西斯愿景，他们施展暴力的首要目标也不是夺取政权。虽然这两个组织和军方关系紧密，他们并不像墨索里尼的黑衫军，或者纳粹的冲锋队，意图夺取政权。国粹会和正义团的暴力关注点在粉碎左派，而当左派被控制并镇压时，他们的势力也跟着减弱。

呼应他的看法，特别提到国粹会如何虐待劳工。[1]其他人对于政府积极支持国粹会，甚至率先参加国粹会活动而感到格外愤怒。剧作家兼作家菊池宽警告，政府共谋"暴力团体"的成立，如国粹会，只会助长右翼与左翼之间的敌意。对他而言，国粹会是暴力的不祥预兆、意识形态的冲突。对社会主义者和基督教育者安部矶雄来说，这种冲突早在1923年的水国事件便可看出端倪。这些思想家纷纷谴责政府纵容，甚至鼓励国粹会暴力的行为。[2]

对国粹会的支持，不仅明显玷污了"政府"，类似的政党暴力对国粹会相关团体的支持，也导致政党失去正当性。有些人将院外团流氓和国粹会混为一谈，以同样的词汇描述他们。实业家兼政治家渡边铁藏将两者贴上"志士"的标签。而且他进一步说明这些"大正志士"和幕末志士完全不一样。渡边解释说，明治维新时的志士讨论国家大事，将日本推向世界舞台，而大正时期的志士不学无术、无知、胆小，声称爱国，实际上却只能带来伤害。[3]

1　三宅雪嶺：《国粹会に望む》，《中央公論》第38卷第1號（1923年1月），213—214頁；水野広徳：《暴力黙認と国家否認》，《中央公論》第38卷第1號，206頁。这两篇文章都是以下这个系列的一部分：《暴力的団体の存在を默認する當局の怠慢を糾弾する》。

2　菊池寛：《暴力に頼らずして凡ての事を処理したし》，《中央公論》第38卷第9號（1923年8月），95—96頁；安部磯雄：《国家的『力』の発現を公平ならしめよ》，《中央公論》第38卷第9號（1923年8月），74頁。两篇文章皆为以下系列的一部分：《暴行・脅迫・強請等に対する当局の取締の緩を難す》。安部磯雄：《法治國に暴力を許すとは何事か》，《中央公論》第38卷第1號（1923年1月），220頁；安部磯雄：《暴力に対する国民の不徹底的態度》，《改造》第6卷第5號（1924年5月），94頁；井上忻治：《群眾心理に通曉せよ》，《中央公論》第38卷第9號（1923年8月），102頁。

3　渡辺銕藏：《大正志士論》，8、84—85頁。

其他人将国粹会与院外团归类为相同的暴力现象，只是有些许不同，且对两者所持的批评意见，没有太大差异。如同国粹会及政友会被形容为滥权蛮横，将其意志施加在相对弱势的少数族群身
131 上。报章频繁提到他们的壮士暴力行为、帝国议会内的斗殴，以及政友会明显堕落的腐败。[1]

　　这些对政党及议会政治的抨击，并非有意侮辱议会政治的基本理念。事实上，许多稳健派左翼人士长期支持通过民主程序，造就社会变革。他们想要提出这项议题，不是针对整体的政治体系，而是针对政治上频繁发生的暴力现象以及暴力团体。他们基本的关注是，暴力的普遍性说明了日本在现代性、文明和文化上的意义是什么。三宅感叹理性和逻辑是如何成为暴力的受害者的，意大利墨索里尼的兴起和日本对其的吹捧是如何说明了民主倒退现象，以及日本文明、文化的水平是如何沉沦的。暴力的主轴是原始的，且与进步、理性、正义、法律相对立，因而三宅的知识分子同僚，如安部、水野，以及政治理论家杉森孝次郎，提出文明的与启蒙的政治主张。[2] 即使他们无意质疑议会政治的正当性，他们推论暴力的建构是社会、政治之病，玷污了政党和国会。这些政党，和国粹会不同，他们是统治机关，被视为当前国

1　堀江歸一：《暴力的団体の存在を默認するか》，《中央公論》第38卷第1號（1923年1月），212頁；井上忻治：《群眾心理に通曉せよ》，102頁。

2　三宅雪嶺：《『力』を賴むの弊》，《中央公論》第38卷第9號（1923年8月），80—83頁；杉森孝次郎：《暴力と文化》《中央公論》第36卷第6號（1921年12月），99頁；杉森孝次郎：《暴力の倫理性》，《中央公論》第49卷第6號（1934年6月），41、43—44頁；安部磯雄：《法治國に暴力を許すとは何事か》，16、219頁；水野広徳：《暴力默認と國家否認》，205、210頁。

家事务的最终负责者。当暴力被一些人视为专横、不文明、具破坏性时，持续的壮士与院外团暴力就侵蚀了政党作为统治者的正当性。

不只左派知识分子严词批评政友会及其暴力。20世纪20年代，该党因为在街头及国会议场使用暴力，成为大众、主流报纸社论严厉批评的对象。1926年3月发生了这类批评爆发的导火索事件：当时众议员清濑一郎在国会大厅发表演说，指控政友会总裁田中义一不当使用秘密军事支出账户。政友会成员一听完，蜂拥上主席台痛殴清濑，整个议场陷入一片混乱。一名政友会议员从后面拉扯清濑的衬衫，另一名国会议员则痛击他的头部。在国会的

图4.2 这幅漫画刊载于1926年3月，即众议员清濑一郎遭攻
　　击事件一段时间过后，标题为《立宪政治范本》。

图片来源：《宪政を危機に導く政友会の暴行事件》（自由文坛社，1927年）

旁听席，院外团之间的冲突也导致多人受伤。多名参与混战的人走出议会时，身上都有绷带包扎，而清濑则因为脖子遭刺而流血。一份报纸报道约有13名"暴行代议士"攻击清濑，多达16人最后被东京地方裁判所以暴力攻击的罪名起诉。[1]

132 许多报纸社论都指称这场冲突格外暴力。《大阪每日新闻》写道，议会已发生多次肢体暴力，而以涌上主席台的人数记录来看，这一次着实无可匹敌。另一份报纸评论这次暴力的规模，观察到从未有其他事件像这次一样，让人感觉生命受到威胁。还有另一份报纸认为，即使对一个经常发生混乱的议会来说，这场混战也可以说是"议会史上最大的污点"。[2]

如这些关于国会的评论显示，这次事件让众多媒体有机会对议会和政党表达忧心。虽然《东京朝日新闻》提出不要抵制这些政治机构，只是倡议不要让此类暴力的国会议员再次当选而已，可许多报纸依然认为，议会和政党已然危机四伏。[3]《九州新闻》观察到，国民对国会的信任正被侵蚀，拒绝承认国会的呼声也不断高涨。有一篇社论要求国会扮演人民的模范，尊重言论自由，并且

1　《長崎日日新聞》1926年3月26日，资料来源：《憲政を危機に導く政友会の暴行事件》（自由文壇社，1927，本书以下簡稱「KKMSBJ」），36頁；《九州新聞》1926年3月26日，资料来源：KKMSBJ，40頁；《時事新聞》1926年3月25日，资料来源：KKMSBJ，49頁；《大阪日日新聞》1926年3月31日，资料来源：KKMSBJ，47頁；《政治経済通信》1926年4月6日，资料来源，KKMSBJ，60頁。

2　《政友會の暴行事件》1926年3月20日，资料来源：KKMSBJ，33頁；《德島每日新聞》1926年3月27日，资料来源：KKMSBJ，45頁；《時事新報》1926年3月26日，资料来源：KKMSBJ，23—24頁。

3　《東京朝日新聞》1926年3月25日，资料来源：KKMSBJ，20頁；《時事新報》1926年3月26日，资料来源：KKMSBJ，23頁。

警告若国会改革失败，将招致人民的轻蔑——如果这种情况发生，国会将不再具有任何意义或重要性。[1]

也许比国会状况更为严峻的是，政友会那摇摇欲坠的未来。《大阪每日新闻》认定，政友会的政客已将人民对该党的信任消耗殆尽，严重摧毁了党的声望和威信。政友会的行为被一些人解释成与人民作对的暴力，是否定宪政、与宪政基础相左的暴力。更糟的是，这种暴力更具腐蚀性，其中暗藏着所有的恶质，例如对他党议员发言的残暴和蛮横压制，以及试图借由"抹红"[2]对手（如清濑一郎），让他们失去信用。[3]《长崎日日新闻》认为，可耻的不只是肢体暴力，还有该党之后试图合理化其暴力，想要逃避责任的行为。同样地，《国民新闻》指出，政友会总裁确实参与了某种秘密计划。其理由是，若田中无罪，他大可直接否认，而不用诉诸暴力。就暴力本身而言，这种以肢体暴力模糊一切的策略相当可耻。检视这些罪状，多家报纸亦得出结论，即政友会是在"自掘坟墓"[4]。

133

1　《九州新聞》1926年3月27日，资料来源：KKMSBJ，40—41页。

2　译校注："抹红"指将对手指责为无政府主义者、共产主义者、马克思主义者、列宁主义者、社会主义者或持类似意识形态的组织的同路人，以打击对手言论或逻辑论证的有效性，属于一种非形式谬误。

3　《大阪每日新闻》1926年3月27日，资料来源：KKMSBJ，31页；《九州新聞》1926年3月26日，资料来源：KKMSBJ，42页；《國民新聞》1926年3月26日，资料来源：KKMSBJ，52页；《中外商業新報》1926年3月26日，资料来源：KKMSBJ，51页。

4　《長崎日日新聞》1926年3月26日，资料来源：KKMSBJ，39页；《德島每日新聞》1926年3月27日，资料来源：KKMSBJ，43页；《國民新聞》1926年3月25日，资料来源：KKMSBJ，21—22页；《日萬朝報》1926年3月26日，资料来源：KKMSBJ，27页。

为了明确表达他们的忧心，约有130名记者和20名知识分子（包括政治学者吉野作造）于4月7日在日比谷公园参加一场集会，谴责并拒绝议会暴力。这个团体正式名为"议会暴力排击有志记者大会"（拒绝议会暴力记者会），他们发表了一篇宣言，正式陈述这些记者在其社论中所持的立场：反复发生的议会暴力对宪政政府来说是十分可悲的，对人民的思想亦有负面影响；议会的神圣性不容侵犯；应拒绝暴力，保护言论自由。大会也通过了一项决议，当中最重要的是，呼吁政党自省，并开除习于使用暴力的国会议员。政友会对此则做出极其讽刺的应对措施：他们派了67名乔装为记者的壮士参加这场集会，而且各个都有名片，并标示其报社记者的身份。这些人在场内制造混乱，以妨碍集会，但是在记名的投票过程中，反暴力宣言和决议都在壮士的反对声中通过了。[1]

这些批评声浪所透露的最大隐忧，是政友会或其他一般政党的存在本身，就没有对暴力社会拨乱反正的能力。一些最直言不讳的知识分子担心，暴力的颠覆本质将最终导致革命，或者如吉野作造所预见的"无政府的混沌"。[2]伴随失序恐惧的，是对秩序的渴望，这使得许多左翼思想家转而将国家视为稳定的源头。他们提醒国家维持社会秩序的责任，呼吁政府严厉压制暴力，不论其意识形态如何。"恐吓与勒索的社会害虫，"三宅疾呼，"必须用最严

---

1 《政治经济通信》1926年4月7日，资料来源：KKMSBJ，61—64頁。

2 吉野作造：《「國家」の外「力」の使用を許さず》，《中央公論》第38卷第1號（1923年1月），201頁；井上忻治：《群眾心理に通曉せよ》，100、104頁；水野広德：《暴力默認と國家否認》，207—208頁。

厉的方式根除。"[1] 针对那些特别被罗列出来的人，尤其是警察，应   134
该要控制暴力。如堀江归一阐明的，警察有保护公民在日常生活
各方面免于危险的责任，例如免于"暴汉"的威胁。[2] 最坚持警察
应该挺身承担这份职责的是安部矶雄，他在1923年8月前，便呼
吁政府应该使用警力对付所有暴力人物，并且批评警方执行这项
任务时不够果断积极。安部坚信，若警方取缔暴力，将能逐渐减
少暴力事件的发生：

> 若警方能采取禁止所有暴力的立场，那么暴力事件会逐渐
> 减少，我们自然不太需要过度担忧。当然，要国家的警力去控
> 制我所描述的暴力，也是很困难的。若警力不足，也可动用军
> 事力量。[3]

虽然在可能的国家警力滥用议题上，安部停顿了一下，但是他
确实不断告诫，思想和言论必须自由，安部——这位基督教和平
主义者，也是日本社会运动的先驱——对国家调集警察甚至军事
力量来镇压暴力分子的未来并不会感到忧心。之所以如此，或许
是因为他们温和的意识形态立场（但不同情他们认为应该受到约
束的极端分子），因为他们对德国社会民主主义的执着（完全不质
疑国家），或者因为他们对混乱的强烈恐惧（以及预感到缺乏其他

---

1 水野広徳：《暴力默認と國家否認》，207頁；水野広徳：《一視同仁たれ》，《中央
   公論》第38卷第9號（1923年8月），94—95頁。
2 堀江歸一：《暴力的団体の存在を默認するか》，210頁。
3 安部磯雄：《国家的『力』の発現を公平ならしめよ》，74、76—77頁。

可能性），但没有一个主张国家对暴力进行更多控制的思想家来回答，由谁来监督国家的问题。

这些思想家轻易向国家力量求援，而不是向政党或议会求援，其实呼应了人民普遍对政党政治是否能有效治国的怀疑。侵蚀政党信心的因素，包括暴力及腐败、大萧条的破坏性经济影响，以及民政党首相滨口雄幸于1930年签署了充满争议的《伦敦海军条约》。公然的暴力，是政党软弱的有力象征。而这种现象并非二战前的日本所独有的；德国亦是如此，对街头上演的暴力行为的担忧，使民主政府看起来无能："纳粹党急于塑造自己为对抗共产主义最积极、最有效的力量——而且，同时将自由主义政府塑造成对保障公众安全束手无策的形象。"[1]在意大利，黑衫军则集结起来，对抗议会以及无能的政党。[2]日本的不同之处在于，既存的政党并未受到某个政党或反对运动的正面攻击，而是受到来自四面八方的尖锐批评，包括各派系的国家主义者、军国主义者，以及不同的组织——有些最后掌握了政权，即使不能消除政党的影响力，也会将其置于一边。[3]如同在德国与意大利，需要某种"有序的暴力"来控制"无政府状态"的想法使这些人物的崛起变得顺理成章，尤其当暴力行为不只因为暗杀活动而中止，也因为企图政变而中止时。[4]

135

---

1 Paxton, *Anatomy of Fascism*，84.

2 Valli, "Myth of Squadrismo in the Fascist Regime," 134.

3 关于20世纪30年代的政党影响力，见Gordon Mark Berger, *Parties out of Power in Japan, 1931－1941*（Princeton：Princeton University Press，1977）。

4 Michael Mann, *Fascists*（Cambridge：Cambridge University Press，2004），175.

要厘清国粹会、正义团，与我们所熟知的进行暗杀和政变的右翼分子和军国主义者之间，其关系紧密到什么程度，是很困难的。但可想而知，他们都相信暴力的救赎力量；例如20世纪30年代的某个青年团体"荣耀恐怖主义和可能的殉道，犹如是为国牺牲一般的净化行为"[1]。而这些暴力都弱化了政党力量。1921年，银行家安田善次郎和首相原敬遭右翼分子暗杀，单就这两件事已经够令人忧心了，未想20世纪30年代还接连发生数起颇具知名度且立场鲜明的暴力事件：1930年11月首相滨口雄幸遭袭击；1931年3月和10月，右翼及陆军发动政变；1932年2月和3月的血盟团事件，造成民政党干部井上准之助与三井财阀总帅团琢磨的死亡；1932年5月，一名青年海军将校发动政变，暗杀首相兼政友会总裁犬养毅；1936年的"二二六"事件，青年陆军将校领导军事叛变，在叛变过程中，他们杀死了大藏大臣高桥是清、内大臣斋藤实以及陆军教育总监渡边锭太郎。早在1932年5月，海军大将斋藤实接任犬养毅的首相职务时，便已昭告政党内阁的结束，15位阁员名单中，有10个不是政党的政治人物，而是官僚或者军人。这种对各政党的打击，是各种高层阴谋四起的结果，然而，其中不能忽视的看法是，有些人认为，稳健派的军事领袖需要被放在有政治实力的位置，以管控更激进、更暴力的元素。

与政党衰退相伴的，是院外团逐渐从政界消失。20世纪20年代后期，当选民人数因为男性普选权生效而多出4倍时，院外团的暴力

1　Gregory J. Kasza, "Fascism from Below？ A Comparative Perspective on the Japanese Right, 1931－1936," *Journal of Contemporary History* 19, no. 4（October 1984）: 617.

便逐渐衰弱了。这群扩大的投票人口首次于1928年2月的普选中参与投票，他们更是受到（非暴力的）演说集会和年轻造势团体吸引，全然不接受壮士的肢体威胁。单是选举人数的规模，就让参选政客更

136 是慎重思考以买票贿赂，而非以暴力威吓选民。到了20世纪30年代，政友会院外团则被类似国粹会的国家主义暴力团体吸收并取代了。

到了20世纪40年代早期，各种形式的非国家暴力专家集团似乎是从政治圈消失了。当首相近卫文麿在1940年意图成立一个大规模政党（大政翼赞会[1]）时，院外团式的暴力就失去了存在意义，为应对政争而需要压力团体的时代已经过去。这时也是战争用罄金库、经济拮据，无法雇请壮士的时期。[2]国粹会与正义团的命运未卜，因为20世纪30年代末到40年代初，能运用在组织活动上的资源少之又少。他们的人数在20世纪30年代前半期暴跌——国粹会在1932年时据说有20万人，到了1935年只剩25 819人；正义团则从10.5万人骤减至19 619人。这可能是因为左翼运动的萎缩，使得反左翼团体随之涣散。不论如何，到了1942年，一份针对国家主义运动的官方报告，并未指出国粹会或正义团任一组织的名称。[3]最后一点是，许多暴力专家，尤其是身强体壮的年轻男

1　译校注：大政翼赞会（日语：大政翼贊会）是日本帝国在第二次世界大战期间的一个极右翼政治团体，于1940年10月12日宣告成立，1945年6月13日解散。其以推动政治权力集中的"新体制运动"作为主要目标，将既有的政党解散成一个全国性的政治组织，以一党专政的模式统治日本。

2　高橋彦博：《院外団の形成》，107—110、118頁。

3　内務省警保局保安課：《特高資料一社會運動団体現勢調》（1932年6月），31、33頁；同（1935年6月），45—46頁；警保局保安課：《戰時下ニ於ケル国家主義運動取締ノ方針》，1942年7月，资料来源：《特高警察関係資料集成（第14卷）》，234—235頁。

性，很可能都在20世纪40年代初期，随着扩大的战时军事征召而入伍。壮士和极道因此不再是政党或国家主义组织的肢体暴力供应者，转而为国家暴力部队效劳。

法西斯运动的暴力体现在组织上，如国粹会与正义团，其力道是相当强劲的——他们实现了反左翼与扩张主义者的愿景，例如恐吓工人，并且寻求改善日本在亚洲大陆的地位。他们的暴力能够有所发挥，是因为符合某些重要军国主义者、企业家与政客关心的议题。这不是某种施展于候选人之间，或政党派系间，或立足于诸如国会议员之间的暴力行为，上述这些人只想保护他们自己，在个人选举或议会投票的层面获得利益。反之，法西斯暴力是一种散播包括国家主义、资本主义和扩张主义意识形态的暴力行为，而且拥有位高权重者的支持。[1]

国粹会和正义团的暴力意识形态压迫，使他们成为一种政治现象，全然不同于其他案例，例如与美国的"平克顿侦探事务所"（Pinkerton's National Detective Agency）就全然不同。这间事务所的创办人阿伦·平克顿（Allen Pinkerton）也许拥有他自己的政治信念，但是渗透进入工会的平克顿侦探，以及为企业提供保全服务的平克顿保全人员，则不是政治组织的一员。[2] 国粹会和正义团，与美国渗透进工会、担任工贼的组织型犯罪团体也不同。其中有

137

---

1 这种将暴力视为一种有力的，而且是某种权力的论点，和汉娜·阿伦特（Hannah Arendt）知名的主张不同。阿伦特认为，暴力与权力不同，因为暴力"总是需要工具"的。但也许权力和暴力一样，多是通过广义的"工具"来表现、行使并调解。Hannah Arendt, *On Violence*（New York：Harcourt, Brace & World, 1969），4。

2 Frank Morn, *"The Eye That Never Sleeps"：A History of the Pinkerton National Detective Agency*（Bloomington：Indiana University Press, 1982），96–99.

广义的相似点：美国的组织型犯罪团体对工会以及与其寄生势力对抗的领袖施予暴力（从攻击、棍击到谋杀）；他们通常以各种方式伤害工人，包括盗取工会与退休基金；而且他们在选举中支持特定政客，之后便在他们的保护下，免于被起诉，这种情况尤其在20世纪初期与中期较常发生。然而，他们不打算削弱或根除工会活动；他们当然会剥削工会，而这种剥削需要工会的持续存在才能延续下去。最重要的是，组织型犯罪团体（例如芝加哥的阿尔·卡彭的团伙）视工会为生财工具，或者用社会学家詹姆斯·雅各布斯（James Jacobs）的话说，是他们的"摇钱树"。他们的动机与关注点多是金钱上的，不是意识形态上的。[1]

国粹会与正义团的角色没有仅止于罢工破坏者，他们也不只是想海捞一笔的黑手党。这并非说他们不关心利益，但也不应该就此假设他们对金钱和政治的关注是互斥的。国粹会与正义团活动的影响，无疑是意识形态层面上的，即使动机不同。部分极道的政治参与，甚至是信念，迫使人们重新思考组织性的犯罪，基本上是"非意识形态企业"[2]。这些特定极道的国家主义思想，也解

---

1 James B. Jacobs, *Mobsters, Unions, and Feds: The Mafia and the American Labor Movement*(New York: New York University Press, 2006), xi‐xii, 1‐2, 26, 32‐34, 100‐101, 107‐108。美国的案例与日本的不同之处还有，在美国，两边——工会和资方——充斥暴力的劳工冲突中，双方都会雇用"黑邦"（gangster）。确实，工会愿意寻求这种协助，助长了组织犯罪进入工会勒索。Jacobs, *Mobsters, Unions, and Feds*, 24。

2 霍华德·阿巴丁斯基（Howard Abadinsky）在他定义"组织犯罪"的教科书中，称这种团体是一种"无意识形态的企业"，他们没有"政治目标"，而且"不受意识形态议题驱使"。对阿巴丁斯基而言，缺乏意识形态即是组织犯罪的一项基本而且最重要的特征。Howard Abadinsky, *Organized Crime*(Chicago: Nelson-Hall, 1985), 5。

释了他们为什么是法西斯活动的一部分，而不像意大利的黑手党，反而成为被法西斯攻击的对象。西西里岛的黑手党与国粹会、正义团不同，黑手党是对抗法西斯的顽固分子。在墨索里尼眼里，黑手党因为抗拒一个统一的意大利民族国家，而挑战他的政权，并且继续以国中之国的姿态运作着。为了摧毁这些"暴力人士"的浪漫主义，并在西西里建立其主权，墨索里尼在20世纪20年代的多数时候，都在为黑手党定罪，使其成为逮捕和审判的对象。[1]

国家主义和扩张主义的意识形态，造就了日本二战前著名的国粹会与正义团暴力。他们的意识形态立场不但吸引军方、企业界以及政界的有力人士，同时受到这些人的扶持。因而这些人会重视并合理化国粹会与正义团的暴力行为。要衡量这些暴力的使用所具正当性的程度如何，是很困难的一件事，但可以猜想的是，他们的意识形态（即使不必然是他们的暴力）可以和许多热情接纳国家主义及帝国主义的国民产生共鸣。而那些未参与工会或社会主义运动的人可能对暴力相当冷漠，因为他们不是反左派暴力的攻击对象，并未背负这种恐惧包袱。所有这些因素都使得法西斯暴力与左派暴力不同，左派阵营不只缺乏雇佣暴力专家的资金，也不依权势地位运作，也没有获得广大人民群众的支持和合作。而政党暴力岌岌可危，因为缺乏意识形态的基础或包装，不像过去民党的壮士对抗来自吏党、明治政治元老或其政治后继者的严厉手段时，无不表达出自身的意识形态。到了20世纪20年代，政

138

---

1 Christopher Duggan, *Fascism and the Mafia* (New Haven: Yale University Press, 1989), 95 - 97, 145, 147, 227 - 237.

党的暴力行为渐渐看起来像毫无目的的政治内斗。即使那些批评国粹会暴力的人，也将他们谴责的压力，转移到政党，责怪他们未能维持秩序及稳定。意识形态，尽可能发挥其实用性，在具体化暴力的建立、影响和命运方面，至关重要。

第五章

民主重建：二战后的暴力专家

　　1946年5月底，《读卖新闻》刊登一篇社论，宣称暴力是民主的敌人。为了奠定新和平国家的基础，日本人民必须对抗"封建"的、暴力的思想遗毒，接纳并拥抱民主主义。二战前的恐怖主义与军事独裁会时刻提醒人们暴力是多么猖獗，造成的结果是多么恐怖。[1]《读卖新闻》不是唯一谴责暴力的声音；这篇发行量相当大的日报社论，只是一般二战后老调重弹暴力与民主不相容的声明之一。

　　如此弥漫的情绪，足以证明经过战争和占领，从根本上深刻地改变日本的暴力民主并非不可能。战争暴露了暴力最恶劣的毁灭之心，日本人为此付出惨痛代价，并长期处于精疲力竭和绝望的状态。[2]而投在广岛与长崎的原子弹，则具体表现了暴力

1　《読売新聞》1946年5月22日。

2　关于战争结束那几年的疲惫和绝望，见John W. Dower, *Embracing Defeat: Japan in the Wake of World War II*（New York: W. W. Norton, 1999）的第三章。

可能招致的灾难。日本投降后几年，宪法学者铃木安藏描述战争
为最恶的一种暴力，威胁人民的意志与身体，而在广岛投下的原
子弹，是人类历史上最残忍的暴力行为。他说，这颗炸弹熄灭了
对未来的希望，如果还有另一场战争，将意味着文明的毁灭以
及人类的灭绝。[1]大多数对战争的谴责，若不是针对原子弹，就
是直指军国主义者和战时政府应负的责任。对国家领导者的指
责，受到联军占领军当局的支持，此时的他们正专注于肃清当时
的掌权者，并进行战犯审判。结果，在许多日本人心中，军方和
所谓的法西斯主义者成为与恐怖主义、战争暴力相关联的一群
人。他们之间的关联如此密切，因此《读卖新闻》很自然地将军
国主义者和法西斯主义者点名为二战前以及战争时期暴力的化
身，在战后数十年间，陆续有多人批评他们目睹的过度专横的暴
力，并为这些人贴上军国主义者或法西斯主义者的标签。战争，
以及那些被认为该负责的人，成为暴力可能引起巨大灾祸的警告
象征。

　　许多日本人带着战争深刻的伤痕，转而投向民主，作为对抗
之前几十年所有过错的方式。如历史学者约翰·道尔生动描述的，
接管日本的占领军当局从上而下铺陈了一套民主化计划。其民主
化改革中最重要的，是在著名的无条件投降条款中的第九条，神
圣化和平主义价值的一套新宪法，将派任制的贵族院改为选举制

1　鈴木安藏:《暴力・とくに民主主義における暴力について》,《理論》10—11號
　　（1949年11月），24—25頁。

的参议院，以及将投票权扩大到女性群体。[1] 这些制度上的改变，伴随主流的政治文化发展，将民主视为和平的、进步的象征。许多人明确表达出对民主的向往，包括经济学者和庆应义塾大学的前塾长小泉信三。小泉承认民主是不完美的，但是主张批评和反对的自由、参加政治活动和投票的自由，将能建立起一个社会进步的体制。比起墨索里尼以及希特勒的强人政治……，民主不只是更好的方向，也是阻挡此等独裁的方式。[2]

紧接着二战后的数十年见证了民众无法容忍暴力，以及广泛对民主的接纳，这也是二战前政治作风留存下来的一个证明。保守的政客从被击败的死灰中重生，有些人仍然紧抓住他们爱国、痛恨共产主义的固有意识形态。他们协助编织了一张保守派的网，将政治掮客、极道、大企业以及美国新盟友团结在一起。与20世纪20和30年代的国家主义者的联合阵线相似，这一切绝非偶然；这当中的许多角色是二战前的国家主义者和军国主义者，同样希望削弱社会主义者，尤其恐惧共产主义的占领军势力的人，赋予了他们第二生命。因此，这股保守势力直接与各种左派，如社会主义者、工会以及来自四面八方批评强硬的美日联盟的人等发生冲突（有时甚至是暴力的），便不足为奇。

这些意识形态的紧张态势——以及鼓吹新的、非暴力政治的人士，与继续相信暴力政治有必要的人士，两方之间的摩擦——经过一段颇长的时间后，才有办法进一步解释，何以一些暴力专

1　关于占领军当局的民主化努力，见 Dower，*Embracing Defeat*，尤其是第四部分。

2　小泉信三：《暴力と民主主義》，《経営評論》第4卷第9號（1949年9月），4—6頁。

141　家消失了，而其他的却得以延续到二战后。为什么壮士（政治流氓）和院外团（压力团体）从政界淡出了，极道却得以存活下来，而且还欣欣向荣？这也是理解政治暴力的本质在二战后如何演变，以及暴力为何逐渐让位给金钱，成为政治工具选项的关键。各种跨战争的延续或中止现象同时并行，无疑提醒了我们，二战后的政治是在旧秩序中重建的，而不是利用一块完全不同的布，全新制作的新装。这再次吸引我们重新检视日本不断在改变的暴力民主本质。

壮士的没落与院外团暴力的重整

　　政治上的扩大参与，以及民众对暴力的难以容忍，终结了壮士的存在，也结束了他们在政党中组织化的现象。确实，1880年到1920年间，在政党中常见的政治流氓，到了二战后即使有，也很少再露脸了。选举、辩论、演说会大多比较平静，不再会被闯入的壮士打断。而"壮士"一词，似乎被从政治语汇中剔除掉了，偶尔被提起时，甚至需要补充定义。壮士的没落是一股从20世纪20年代开始持续的潮流，当时实施男性普选权，选举人口大幅增加，使得采取武力威吓人数众多的选民变得相对困难。金钱买票成为影响选举结果更为有效且具有成本效益的方法。若说雇请流氓胁迫选民的策略已随着男性普选权的实施而失去光环，那么，在二战后全民普选的时代，这种策略就更不符合实际了。1946年4月，当女性第一次可以参与投票时，全国约一半的人口符合投票

248

资格。[1]比起1890年第一次大选时仅百分之一的选民，可以说是一项惊人的成长。[2]

壮士不再出现于院外团的暴力侧翼，院外团本身在1950年初期也以一种暧昧不明的状态存续着。20世纪40年代后期，就很少听人提起院外团了，据说"日本进步党"内曾讨论过是否应该支持这样的组织。[3]当日本进步党于1947年合并其他政党，成立新的政党"民主党"时，他们确实成立了院外团。这个组织名为"新生会"，其宗旨是扩大该党在议会外活动的范围。这些活动所涵盖的范围有多大、有多暴力，我们都不清楚。但是民主党的院外团随着政客币原喜重郎的离开而分崩离析，这甚至是该党于1950年

142

1　1964年4月，符合资格的选民人数为36 878 420人。这时的人口数相当不可靠，估计为7 000万至7 800万之间。《朝日年鉴》给出的日本于1946年4月的人口数为73 114 136人。见 Election Department, Local Administration Bureau, Ministry of Internal Affairs and Communications, "Fixed Number, Candidates, Eligible Voters as of Election Day, Voters and Voting Percentages of Elections for the House of Representatives（1890 – 1993）," http: //www. stat.go.jp/english/data/chouki/27.htm;《朝日年鑑》（朝日新聞社, 1948）, 374頁。关于当时日本人口正确数字推求之困难，见 Allan B. Cole, "Population Changes in Japan," *Far Eastern Survey* 15, no. 10（May 1946）: 149 – 150。

2　这次选举看不见暴力介入，也较少有贪腐行为，可能的原因是占领军当局在竞选期间派遣军队监视，也可能是因为新成立的政党财源相对匮乏，不足以贿赂选民或雇用流氓。关于选举监视，见 SCAP Government Section, *Political Reorientation of Japan: September 1945 to September 1948*, vol.1（Washington: U. S. Government Printing Office, 1949）, 316。这并非意味着战后早期的选举没有违规行为。关于选举的不正当行为，见 Richard J. Samuels, *Machiavelli's Children: Leaders and Their Legacies in Italy and Japan*（Ithaca: Cornell University Press, 2003）, 227。

3　《読売新聞》1949年2月10日。这时期有几篇其他文章提到院外团，但很少提到暴力。相关的两篇文章见《読売新聞》1946年9月16、21日。

解散之前发生的事。[1]

1953年，政治杂志里的一篇文章提到，当时听见"院外团"这个字眼，是多么罕见的事。一年后，一名评论家在一份知名的月刊上解释说，20世纪20年代后期的院外团，以使用暴力干扰国会议事而为人所知；他显然认为，对一群不熟悉压力团体的暴力功能的读者，这样的注释很有必要。[2] 而为了彰显与过去一刀两断，"改进党"宣称，自身是进步的，没有这种院外团。该党称，这种团体的作用原本是联结人民与政党，并意指这种媒介在如今较民主的时代是不必要的。这种论调被另一敌对政党——自由党——质疑，他们推测，改进党只是因为缺乏资金而豢养着院外团。

自由党于1953年1月底正式启用院外团，成为唯一拥有压力团体的政党。虽然背负着院外团的标签，自由党的组织比起战前的院外团，行事较为克制稳重，少有暴力。之前在占领时期所称的"同交会"，这个更名后的自由党院外团，总人数大约为375人，主要聚集在东京，组成分子为其党员中未选上公职者、有前景的候选人、喜好政治的人士以及学生。该团体最主要的职责是推广党的决策，为了这个目的，这个院外团为某场特别选举待命，向一名特别放送局局长询问关于共产党运动的状况，以及递交了一

1　《読売新聞》，1949年2月10日；《院外団の正体を衝く》，《政経時潮》第8卷第3號（1953年3月），13頁。

2　西島芳二等人：《國會・暴力・民眾（座談會）》，《世界》第104號（1954年8月），76—77頁。座談会中的出席者为西島芳二、中村哲、远山茂树、加藤彪二。座谈中，中村哲提到，帝国议会大楼在二战前是相对危险的场所，因为当时每个人都可以走走被认为是"国民的通道"的回廊。他声称，直到1947年2月1日已计划完备、却被禁止的大罢工之前，出入口管理才变得比较严格。

份关于东京都议会骚扰事件的决议。观察家评论说，院外团的行事风格甚为严谨。二战前那段耍耍流氓然后得到一份免费午餐和小费的有趣时光已不复见。政治人物，也是二战前院外团成员的大野伴睦津津乐道地回忆当年的莽撞与热血，回忆闯进演说会闹事、和敌营扭打成一团有多么有趣。大野对战前压力团体粗野和蛮力的怀念，显示出壮士与院外团暴力的性质已经改变，在二战后的政治圈甚至变得陌生起来。[1]

　　我们不应误认为院外团的性质变得较为冷静，就代表他们在政治上表现得体了。政党青年党员虽然可能不是正式的院外团成员，但仍是政党雇来紧跟竞选行程，随身携带麦克风，而且很可能还带着大把钞票准备贿选的人群。[2] 更有甚者，即使在院外团里似乎没有明显的暴力组，但政党仍然保有暴力的可能性。例如在自由党院外团的活动内容里，有一些可以被解释为潜在暴力的延续：在公开演讲支持演说者；采取"所有可能的方法"阻挠左派组织企图修改《破坏活动防止法》的某些条文；当党总裁和干部在东京以外的地方助选时，担任他们的保镖。在这个脉络下，走在首相吉田茂身边的几个人即被称为院外团。我们不清楚他们在执勤时使用暴力的频率，但是从20世纪50年代中期，就偶有报道提及喇叭干扰辩论或演说会的情况。基于他们保护党的职责、他们的成员以及他们面对肢体攻击的责任，一名资深的院外团成员同意称院外团是一个"腕力团"。[3] 除了院外团，政党内

143

1　《院外団の正体を衝く》，13—14頁。

2　田畑嚴穂：《暴力と政黨》，《人物往來》第1卷第7號（1952年7月），25頁。

3　《院外団の正体を衝く》，13—14頁；《読売新聞》1954年4月20日。

的另一个团体也因偶有暴力行为而为人所知："秘书团"在国会议事堂的小冲突中，会与对立政党的院外团及其党员发生肢体冲撞。

关于这十年间的暴力，其中值得注意的是，暴力专家，或者说是以施展武力为主要职责的人，突然从议会政治中消失了。院外团、秘书团、党员以及政客可能或的确有暴力行为，但已经不能和战前的壮士，或者政党任命的政党内武斗派相提并论了。这部分是因为金钱已经取代暴力，成为政治工具的新宠儿。但更重要的是，大众普遍对肢体暴力无法容忍，使得重现暴力团体和暴力专家，沦为政党的一步险棋。他们唯恐被贬斥为反民主的，以及这种担忧如何塑造暴力在议会政治里的形式，在20世纪50年代中期发生的肢体冲突里，尤其明显。

作为议会政治及辩论武器的暴力

1954年6月3日的夏日夜晚，一场政治风暴在保守的自由党与"日本社会党"（以下简称"社会党"）之间引爆。事件的导火索是由自由党提出的《警察法》修正案，计划将警力中央化，撤除数百个现存的地方自治警察单位，将他们和国家的地方警察合并，在各县知事与公安委员会的管理下，成立新的都道府县警察。社会党强烈反对这项法案，因为他们担心地方自治会被否定，且他们强烈反对倒退到二战前的中央集权制的警察组织架构，因为那是国家力量的扩权行径。5月15日，众议院以254票对127票通过

144

了这项法案，但后来这项法案在参议院遭到搁置。[1] 6月3日的几乎一整天里，自由党都无法决定是否要第四次延长会期，并在最后关头以迅雷不及掩耳的速度进行投票表决。当时间分秒过去，从下午到了晚上，社会党担心反对党会在当天的最后一小时内企图强行通过法案。确实，如社会党所担心的，众议院议院运营委员会会长在8点后的某个时间点结束了委员会会议，企图将这个法案带到国会的全院会议。社会党预料到这个举动，便召集他们的秘书党，在国会议长室和议场中间形成一道封锁线，将会长阻挡在议长室内，阻止全院会开议，延长会期，以讨论这项法案。那些已经在国会议场的社会党议员则霸占了主席台上的位子。虽然社会党员原本并不期望踏进议长室，但开启的后门让他们得以进入，他们在那里筑起一道人墙，封锁了议长室。一些自由党员对这样的擅闯行为大感惊慌，赶紧叫来警察以支援分身乏术的议会警卫官。[2]

比起二战前发生在国会议事堂的全面冲突，这次事件的暴力程度要低得多。社会党为了达成他们想要的政治结果而动员秘书团，自由党则召集警力与此对抗，两者皆可视为暴力行动，但是不似二战前的冲突那般常见，几乎没有造成身体伤害或实质上的破坏。然而，在二战后对暴力忍受度极低的情况下，民间仍对此事件爆发了比20世纪20年代或30年代的任何一次都更为明显且激烈的抗议。三份高发行量的日报迅速地表达了愤怒，在6月11日发表声

1　堀幸雄：《戦後政治史：1945—1960》（南窓社，2001），211—212页。
2　西島芳二等人：《國會·暴力·民眾（座談會）》，74—76頁。

明，要求国会寻回失去的名誉。虽然他们的矛头都指在社会党上，并促请其思考如何防止国会开议时的武力使用，但报方更是恳求政府、所有政党以及每一位国会议员皆应自制，务必思考事件发生的经过。他们也请求所有牵涉其中的人尽快挽救局面，依据多数人民的想法行事，将国会议事引入正途。媒体担心，若这种令人困扰的情况再在国家最高机关持续下去，所造成的政治、经济和社会焦虑将会摧毁民主政治的根基。[1]据报道，人民早就对执政的自由党和吉田茂内阁有诸多不满，认为他们忽视人民的意志，决策时未听取民意。而如今，很多人对社会党的行径也颇为失望，对国会议员整体都心生厌恶。即使到了隔年，1955年2月普选前，据说民众对于腐败和暴力事件频传的国会依然感到不信任。[2]

自由党与社会党的支持者利用此次政治上的不满，用尽心力诋毁他们的政敌，形容对方为暴力的、不民主的。这次较劲的两方阵营，都想将对方描绘成威胁并打断既定议会程序的人。事件发生两天后，吉田首相在自由党国会议员的集会上发表谈话，对社会党严词抨击。吉田指控该党践踏自由言论、国会自由以及宪法精神。社会党的行动被说成是可耻的、有预谋的，而且是计划摧毁民主、议会体制的更大阴谋的一部分。[3]政治人物增田甲子七也响应这一段对社会党的描述，宣称社会党暴力闯入议事讨论，

1 読売新聞社、朝日新聞社、毎日新聞社共同聲明：《速やかに政局を收拾せよ》，1954年6月11日，《世界》104號（1954年8月），78頁。
2 《読売新聞》1955年2月1日；西島芳二等人：《國會·暴力·民眾（座談會）》，79頁。
3 《読売新聞》1954年6月5日。

显示出一种拒绝并削弱国会重要性的意识形态。为了强调这一点，吉田使用了令人回想起二战前记忆的语言：他将社会党渲染为滥权、封建、专制主义的少数派，是违背多数政党期望的，与墨索里尼并无二致。他竟然将阻挡议长和占领议长席的行为，扩大解释为类似政变，暗指其行为与20世纪30年代的军方夺权如出一辙。

增田与其他人也借这个机会，将这次事件与左派意识形态和左派行为完全联系在一起，企图激起民众对左派暴力和动荡可能性的恐惧。吉田坚称，左派诉诸暴力以及非法手段，渴望从根本上颠覆社会，并且宣称，社会党6月3日的行动是典型支持暴力革命的想法。[1] 而进一步阐释社会党之广泛影响的，是早稻田大学的退休荣誉教授津田左右吉，他将社会党和日本共产党、工会和学生运动的暴力绑在一起。依津田的说法，社会党不仅该为国会的违法事件负责，他们还鼓动了左翼暴力的情势，正在摧毁国家法律、社会与道德的秩序。[2]

至于社会党，他们也使用类似的推脱策略，将注意力转移到政敌所称的暴力上。评论家加藤彪二将这起事件直接归咎于自由党，认为他们对国会事务的不当处理和拖延战术，迫使社会党陷入困难且不利的处境。在加藤看来，自由党治理不善的根源是吉田首相的政治和内阁的强权性格，强行通过该党议程事项。《朝日

1　增田甲子七：《民主政治と暴力：断固懲罰すべし》，《経済時代》第9卷第7號（1954年7月），32—35頁。

2　津田左右吉：《暴力政治への怒り：どうなる場合も暴力を排除せよ》，《文藝春秋》第32卷第12號（1954年8月），73—76頁。

146

新闻》的记者西岛芳二和法政大学的中村哲也同意这种观点，他们暗指吉田的思想并不民主。中村认为，这部新宪法的本质就是将二战前天皇的权利让渡给首相，在新宪法脉络下的战后社会中，首相的民主思想缺失是一个巨大的问题。在吉田的领导下，自由党的多数已经习于"少数服从多数，则万事皆可行"的态度，忽略了人民的意见，不经充分讨论就作出决定。中村承认社会党妨碍国会程序时，确实违反了议会政治的规则，但他坚信，若在运营委员会中有公开且自由的对话，这起事件也许就不会发生。对加藤和中村而言，构成威胁的，是自由党滥用其优势，而非社会党的策略。历史学家远山茂树使用"多数暴力"这一词语，更为明确地阐述了相同意见。远山也以重蹈战前错误为借镜，促请进步的政治力量彼此合作，保卫和平并阻止战后政治可能在自由党手中"法西斯化"。[1]

这起事件过后约两年，1956年5月，冲突再次爆发。在这次事件中，肢体冲撞达到了一个高点，以致当时的国会被冠上"暴力国会"的称号。对于暴力频发的情况，有很多种可能的解释。这个国会标志着二战后日本两党政治体制的开端，使保守的"自由民主党"（或称"自民党"）与社会党双方竞争。自民党是自由党与"日本民主党"合并的产物，享有执政多数党的优势。面对保守政治势力的团结，社会党也许认为，正常的国会程序不足以击败其政敌延续的强硬策略。二者之间也存在很深的意识形态鸿沟，与国会议事堂外甚嚣尘上的社会冲突相呼应。围绕教育和劳工问

1　西島芳二等人：《國會・暴力・民眾（座談會）》，74—77、79—82頁。

题的左派运动动荡，被这场暴力中讨论的一项重要法案带进了国会议场，从而影响了支持自民党的基本盘，以及社会党的重要选区。

国会会期原本于1955年底平稳展开，然而，这时社会党想要阻止自民党提出一项小选举区制（单一选区制）法案，他们认为若该法案通过，将助自民党一臂之力，能够更胜反对党一筹；此时紧张气氛再次浮上台面。[1] 在这次立法角力的优势下，1956年3月，自民党又提出了一项《新教育委员会法案》，引起两党发生正面冲突。这项法案公然改变了教育委员会的遴选方式，使之成为一个由政务官和市长指定人选的机关，由此可见，法案一旦通过，这些地方委员会将成为为政治服务的固定角色。这项法案也企图削弱在选举中一向有所表现的"日本教职员组合"（即"日本教师工会"，以下简称"日教组"）[2]。不用说，这项法案遭到代表工会利益的一些社会党员反对，他们不只附属于左派政治团体，也是"日本劳动组合总评议会"（日本最大的工会组织，简称"总评"）的附属团体。为自民党撑腰的，则是一群地区自治的干部、全国市长会以及自民党在下一次参议院选举将要笼络的支持者选区。

147

5月25日，两方相左的意见才具体浮上台面，约20名的日教组支持者动员了工会成员与社会党秘书团和代表，形成几条封锁

1　西島芳二：《國會はあれでよいか》，《政治経済》第9卷第7號（1956年7月），4頁；青木一男：《許されね社會党の暴力：無抵抗で終始した自民党》，《経済時代》第21卷第7號（1956年7月），36頁。

2　堀幸雄：《戰後政治史：1945—1960》，245—248頁。

线，其中一条包围了教育委员长的事务室。这种情况维持了四五天，然后当自民党决定强行通过法案时，情势进入一个新的局面。为了回应这种情势变化，社会党指派党籍议员和秘书团成员来到议场，将议长限制在议长室，以封锁线将副议长围堵在自民党的接待室里。而且作为呼应1912年至1913年的第一次宪政拥护运动，社会党成员以红色康乃馨作为识别，自民党则用白玫瑰。

6月初的前几天，暴力情绪达到了高点，社会党以武力回应了自民党的阴谋。晚上8点左右，议长临时召集当月第一次的全院会议，但在大多数社会党议员抵达之前，他们就把通往议场的大门关了起来。后来，社会党的议员和秘书团试图破门而入，用身体冲撞另一边由警卫看守的紧闭大门。当社会党员冲进议场时，这些守卫终于寡不敌众，遭到拳打脚踢。一进入议场，愤怒的社会党代表便攻击议长、痛殴副议长，国会陷入了混乱。据不同的报道，负伤者从十几人到超过30人不等；救护车赶至现场，将受伤人员送往医院。

在此之前，国会议长一直拒绝警察干涉，但这晚过后，他签署了必要文件。东京都警视厅的预备队在6月2日下午2点50分接到请求，大约一小时后，500名警察就抵达国会。下午3点45分前，他们已驻点在参议院议场前的走廊，第二天一早，当参议院开议，他们甚至短暂地进入了议事厅。对一些人来说，国家武力在自民党的要求下进入国会的心脏，是一件忍无可忍的事。[1]

---

1 山口林三：《暴走した参議院》，《政治経済》第9卷第7號（1956年7月），22—
   23頁；野島貞一郎：《暴力國會と参議院》，《政治経濟》第9卷第7號（1956年7
   月），24—25頁。

对这件事的新仇加上两年前的旧恨，皆发自一个根本的概念：威胁与暴力是不民主的。然而，相较于1954年那一次冲突，这次对暴力的批判更是激烈且强硬。因为这是在两党政治揭开序幕之际，攸关胜败的关头，也因为外国媒体对日本政治新闻的关注，这次事件使日本国会现状蒙羞。[1] 最重要的是肢体冲突程度的升高。这不仅解释了为什么有这些激动的讨论，也说明了为什么对社会党的猛烈攻击成为趋势。而针对这次与前次事件，其中最大的不同在于处置态度，社会党这次被强力贴上暴力标签，被认为是有问题的政党，即便是上一次为他们辩护的人，现在也都无法继续支持他们了。所有人皆有一种共同的默契及认知，认为社会党的暴力已经逾越了可接受的政治行为界线。[2]

社会党不仅和过去一样，被描绘成不民主的，更是被认为是有罪的。一名评论者指控该党不了解，甚至摧毁了新宪法的基本原则与精神，认为他们使用暴力无疑是一项重罪。社会党也因为一面宣称保护和平宪法，一面动用暴力，而被认为是虚伪的。[3] 同一份期刊的评论者也从社会党在国会的行为，怀疑其关于和平职

148

---

1 经济学者北冈寿逸在他文章开头就提到，最近的"丑闻"通过新闻、广播、电视和新闻短片，如何暴露在国内外观众和读者的面前。北冈寿逸：《暴力国会の批判と对策》，《经济时代》第21卷第7号（1956年7月），29页。

2 1956年6月一份问卷调查问道："谁该负起暴力的责任？"42%的回答者认为是社会党，只有15.8%的回答者认为是自民党。另一个问题特别问及社会党的暴力行为："你对少数党使用暴力作为一种议会策略的形式，有什么想法？"只有20%的回答者认为"无法避免"，但有72.4%的回答者认为"不可原谅"。United States Department of State, "Internal Affairs of Japan, 1955－1959," June 12, 1956, U. S. National Archives, Decimal File 794.00/6 1256, C-009, Reel 26。

3 野岛贞一郎：《暴力国会と参议院》，24页。

责的真诚度，并且将他们排除在想避免第三次世界大战、建构世界和平的真正爱好和平者之外。[1] 不出所料的是，该作者是自民党国会议员，但是即使是同情社会党的人士，也比过去更严厉地批判该党。曾于1954年批评自由党和吉田茂的《朝日新闻》记者西岛芳二，希望社会党能抛弃暴力路线。即使西岛赞同社会党反对《新教育委员会法案》的立场，也忧心自民党的多数党地位，他基本上仍称社会党不够成熟，敦促该党反省自身暴力行为，接纳议会与民主政治，继而发展成"大人の政党"（即"成熟政党"）。[2]

伴随对社会党严词批评的，是一种更明确的企图，想要为自民党粉饰太平，露骨地辩称他们才是和平人士。参议员青木一男，这位厚颜无耻的反社会党人士曾发表一段启人疑窦的言论，宣称不管发生什么事，自民党代表都未对暴力作出任何抵抗，也从未离开他们在议场的座位。他继续自信满满地说，如果他们加入战局，一定会赢，因为他们许多同党同志都接受过武术训练。但是他们克己复礼，未参与过暴力行为，因为以暴制暴是一种罪行，而且国会是动口，而不是动手的地方。青木也觉得，有必要简短解释自民党动员警力的部分，对于警察进入议场的严重性，他轻描淡写一笔带过，澄清说只有15名警察（当时在国会有500名警力在场）确实进入议场，而且只有短短几分钟。[3]

1　宫沢胤男：《鳩山内閣を信任して》，《経済時代》第21卷第7號（1956年7月），41頁。
2　西島芳二：《國會はあれでよいか》，4—5頁。西島不是唯一发表这种感想的人。《读卖新闻》里的一篇评论也指出，社会党应该可以更"大人（成熟）"。《読売新聞》1956年5月31日。
3　青木一男：《許されね社會党の暴力》，37頁。

针对自民党的行为也有一些反对声浪，与1954年发表反对言论的是同一阵线，但他们的声音在某种程度上被抹杀了。据说社会党委员长重申自民党渐次垄断国会，才是不民主的，左翼学者也谈及多数滥权。[1]《读卖新闻》的一篇社论，将多数党强行通过提案的策略指为一种暴力，但是这篇文章刊载于6月初暴力高峰之前，高峰过后，多数焦点都转而指称社会党的失格行为。[2]

也许，与我们关心的暴力专家这个议题最相关的，是社会党与过去声名狼藉的暴力元素之间的相似性。谴责政敌的暴力与二战前军国主义者、法西斯主义者相关，已经成为一种传统。这种推托策略在此次事件中再度被利用，就像社会党的分支和日教组的联结，被形容成是呼应1931年九一八事变时的帝国军国主义者。[3]社会党也被与暴力流氓相提并论。在一篇文章里，社会党被比喻成不懂议会政治、宪政的暴徒或"无赖汉"[4]。而他们的手段也被视为和九一八事变时的"马贼"[5]行径并无二致。

关于1956年这场国会事件的讨论，可以说是广泛的日本社会对暴力无法容忍的典型案例，这是日本战后民主一项显著的新特征。许多谴责政治上各式肢体暴力的人，显然都有他们各自的政治打算，对于暴力的感受，也许不像他们言语上所表达的那般强烈，但可以看出他们选择在暴力议题上反复琢磨，以此话题作为

1　野島貞一郎：《暴力國會と参議院》，24頁。

2　《読売新聞》1956年5月31日。

3　野島貞一郎：《暴力國會と参議院》，24頁。

4　《読売新聞》1956年5月20日。

5　青木一男：《許されね社會党の暴力》，37頁。

贬抑对手的手段。至少，他们认为劝阻暴力能与民众产生共鸣，获得民众支持。虽然在二战前已有对暴力直言不讳的批评，但是那些批评大多是在左派分子的政治场合出现，而且反暴力的情绪，也不像二战后的几十年那般普遍存在。

对于政治暴力或甚至不同种类的暴力专家的再现，不论是军国主义者或流氓，都创造了一种风向，认为政党拥有壮士或战后模式的院外团，是一种愚昧的行为。公开将暴力人物直接组织化到政党内，能激起许多人的怒火，使该政党成为众矢之的。

国会议员和秘书团愿意用自己的身体作为政治武器，意味着一旦出现意见不合，确实有转变成肢体冲突的潜在可能。少了壮士的存在，议会政治中就不会一直有暴力暗示或暴力化身出现。而且，少了暴力专家在国会大厅里出没，相较于二战前时期，国会议事堂里的肢体冲突无论是频次还是强度，都要低上许多。

"暴力团"回归：极道与保守势力联合阵线

虽然二战前形态的壮士和院外团被逐出战后政治圈，极道却未遭逢相同的命运。相反，他们转化成为一个保守势力联合阵线不可或缺的部分，而此阵线即是前一章讨论的二战前国家主义的化身。极道便是这个网络的一部分，且有助于解释其韧性以及在政治圈持续的存在，亦即为何大众对使用肢体暴力无法容忍，却未终结这些特定的暴力专家。保守派的政治领袖和掮客坚信，对极道及其暴力的需要与利用，比任何批评的负面效应还要重要，至少在二战后最初几十年里就是如此。而且，也许他们希望和极道形成一种松散的联盟，比起像壮士一样组织化到政党内部，松散的联盟看起来比较不会惹人不快; 确实，新的做法至少比较有否认和模糊的空间。

要理解战后保守政客与右翼的兴起，我们得回到20世纪40年代末期，当时欧洲拉下冷战铁幕，而美国在"杜鲁门主义"下，表达出对苏联的忧心。对于共产主义在日本蔓延、某些工会顽强的本质以及其他看似不受控的民众运动的高度焦虑，在占领军当局的政策中，激发出一种"逆向路线"，反共产主义侵蚀了民主，成为美国关注的重点。稍早，从1946年至1948年，占领军当局采取了肃清行动，避免二战前的右翼分子复出，并且协助保护民主化计划。与军国主义者和政治领袖同样被设定为肃清对象的，是"极端国家主义、恐怖主义，或秘密爱国社的有力人士"，包括像玄洋社那样的社团。在占领的最初阶段，有超过一百个组织被迫解散。同时，占领军当局允许工人自由组成工会，并且让日本共产党合法化，此举有助于推动左翼运动。[1] 但是在1949年与1950年，占领军当局的态度有了180度的转变，他们将日本共产党成

---

1 SCAP Government Section, *Political Reorientation of Japan*, 18、20。这场肃清行动的命令，与《波茨坦宣言》的条款一致，声明指出: "欺骗及错误领导日本人民使其妄欲征服世界者之威权及势力，必须永久剔除。盖吾人坚持非将负责之穷兵黩武主义驱出世界，则和平安全及正义之新秩序势不可能。"在国家主义团体方面，"具影响力者"的定义为"曾经在任何时间担任: 一、创建者、干部、指导者; 二、担任任何职务或有权力者; 三、担任任何刊物或机关的编辑; 四、向任何一个（被禁的）组织或支部、下属组、关联组织大量捐赠（金钱或资产，价值本身很高，或者占该嫌疑人本身资产的一大部分)"。United States Department of State, *Occupation of Japan: Policy and Progress* (Washington: United States Government Printing Office, 1946), 99－100、106。关于一个激烈左派与民权运动的再现，见 Dower, *Embracing Defeat*, 254－267。

员、工会和其他左翼分子从公部门及私部门撤除职位，各行各业从重工业、教育和传播媒体，无一幸免；这波"红色肃清"行动迫使21 000人失去工作。同时，占领军当局还让一些战前的军国主义者和国家主义者复位。红色肃清与复位行动两者同时并进，促使一股

151 政治上的保守霸权发展起来，启动了二战后右翼组织的复苏。[1]

　　岸信介便是被赋予新政治人生的人士之一，他曾以甲级战犯嫌疑人的身份被拘禁于东京的巢鸭监狱三年多，并于1948年被释放。岸信介曾于20世纪30年代末期，在被占领的中国东北担任官僚，并建立一个政治联结网络，且据称他透过合法、非法的鸦片和走私资金中饱私囊。从1941到1944年，他在东条英机内阁担任商工大臣，掌管二战时的经济。大约在这个时期，岸信介集结了自己的政治联盟，成立"岸新党"，成员包括国会成员、他在中国合作过的日本商人以及于1931年企图政变的国家主义者。1948年一出狱，岸信介便着手成立一个能够主导战后政治的保守政党。他的第一步，是重整他战前的岸新党和"护国同志会"，即后来为人所知的"日本再建联盟"，该党却在初次选举中败北。岸信介转而设法让自己进入保守的自由党，并于1953年当选众议员，然隔年因为企图从内部造反而被开除党籍，后来由同为保守派对手的民主党所接纳。在此期间，岸信介一直梦想团结保守势力。1955年11月，他协助媒合了自由党与民主党，成为"自民党"，该党自此主导日本政治，直到20世纪90年代初期。岸信介（未来首相佐藤荣作的兄长、21世纪首相安倍晋三的外祖父）成为自民党的干事长，

1　Dower, *Embracing Defeat*, 271－273.

并于1957年至1960年担任首相。[1] 1960年后，他持续担任国会议员，直到1979年卸任。[2]

促成不断斗争的保守势力——而且最后成为保守派联盟——联合起来的，是他们对社会主义共同的恐惧。20世纪50年代初期，社会主义分支团体在选举中获得的胜利，以及紧接着在1955年10月社会党两大派系的整合，使对手保守势力戒慎恐惧。伴随着反社会主义立场并团结保守势力的，是对工会活动的排斥、对商业利益的支持，以及对许多人而言，是对日本再次武装起来的盼望。

对左派的反感也许将保守势力集结了起来，但为保守政治的巨轮上油的，以及为自民党霸权建立加速的，则是金钱。自民党及其政客的金钱来源于许多有钱有势的保守联合阵线。对自民党的献金，即使可能被视为购买政党的影响力，但有些在技术上是合法的。名为"经济团体联合会"（以下简称"经团联"）的大型商业代表主要的巨额捐款对象，便属于保守势力。1955年1月，经团联建立起一套制度，来自各会员的政治献金统一由行政单位"经济再建恳谈会"筹集。这种机制背后的意图，是为了避免先前许多公司及企业，分别与政客、政治派系、政党等进行个别交易，他们希望透过新的机制，让政治献金更加透明；希望以更公开的方式，以避免大众失去对日本企业的信任，毕竟他们在前一年已经因为一宗政治贿赂案而名声扫地。由委员会分配的金钱绝非黑金，而该体制的主要管理者之一花村仁八郎曾骄傲地表示，所有企业

152

1　Samuels, *Machiavelli's Children*, 148 – 149, 226 – 232.

2　CIA "岸信介" 略传, 1980年7月29日, U. S. National Archives, CIA Name File, Box 66, Folder: Kishi Nobusuke。

的捐赠都遵守《政治资金规正法》，而且委员会绝无丑闻。然而，经团联的财力程度，仍引发了人们的质疑，尤其是对于大型企业在民主政治中所扮演的角色，也令人心生疑窦。很显然，经团联在金援巩固保守势力方面，扮演着关键的角色。该委员会运作的第一年，集资到大约10亿日元，当中大部分都给了两大保守政党。自民党的成立也是经团联乐见的，花村致力于建立该党的财务基础，表面上的说法，是为了确保自由经济体系的延续。二战前财阀与主要政党之间的联系，在战后则由经团联接手，在建立大企业与自民党的财务联结上，扮演关键角色。从1955年到1960年，该委员会发放了25亿日元；1960年大选时，则募集到8亿日元，当中有7.7亿日元给了自民党。经团联确实有将钱分给所有的政党（除了共产党），但90%都给了自民党。经团联更为显著的影响，是该委员会和其他募资者相较之下的献金规模——到1960年，该委员会的献金占日本所有公开政治献金的六成。然而如政治学者理查德·J. 塞缪尔斯（Richard J. Samuels）指出的，来自该委员会的这些现金流，只占了所有企业给自民党的献金的一部分。[1]

　　自民党另一个有力赞助者是美国中央情报局（CIA），据称他们暗中提供资金给自民党及特定的保守派政客。解密文件明确透露美国政府希望在日本看到一个保守派政府。1955年8月，当时的美国国务卿约翰·福斯特·杜勒斯（John Foster Dulles）谈到

1　玉置和宏：《経団連と花村仁八郎の時代》（社會思想社，1997），109—113頁；花村仁八郎：《政財界パイプ役半生記：経団連外史》（東京新聞出版局，1990），3、13、19—20、84—86頁；Chitoshi Yanaga, *Big Business in Japanese Politics*（New Haven：Yale University Press, 1968），84 – 86; Samuels, *Machiavelli's Children*, 233。

与日本保守派一起行动的重要性。几年后，美国驻日大使道格拉斯·麦克阿瑟二世（Douglas MacArthur Ⅱ）报告说，若岸信介能赢得1958年的关键选举，将最符合美国利益。[1]当岸确实获胜时，国务院评论道，日本的政治气候"符合美国在远东的利益"，而且预测"日本将成为远东地区日渐重要的同盟"。[2]根据美国中情局文件以及中情局前官员的说法，美国对岸信介参选的支持，包括金钱上的援助。而1958年大选对岸信介的资助，是对自民党更大宗的金援策略的一部分。根据1955年至1958年中情局远东区主事官小阿尔福雷德·C.阿默尔（Alfred C. Ulmer Jr.）所述："我们提供金援。我们仰赖自民党提供情报。"而在肯尼迪总统时期领导国务院情报单位的罗杰·谢尔曼（Roger Hilsman）也描述道，他们于20世纪60年代初对自民党及其政客的资助是"多么完备且例行性的"，以至于被认为是美国对日本外交政策中，具明确规范且重要的一个方面。[3]

153

　　保守派联盟的其他人不只协助募款，还协助筹划对自民党的支持。政治掮客通常在幕后运作，充分发挥战前人脉网络和领导技巧的影响力，重振保守派政治与右翼团体。正是这些人，协助极道进入了保守圈。当中最有影响力的政治掮客是笹川良一，他曾于1945年以甲级战犯嫌疑人身份，与岸信介一起被拘禁。二战

1　春名幹男：《秘密のファイル：CIAの對日工作（下）》（共同通信社，2000），146—148、206—209頁。

2　United States Department of State, Bureau of Far Eastern Affairs, "The Political Climate in Japan," [1958], U. S. National Archives, Subject Files Relating to Japan, 1954 - 1959, Lot File 61D68, C-0099, Reel 3.

3　New York Times, October 9, 1994. 关于更多CIA赞助日本政治人物的信息，见 Michael Schaller, *Altered States: The United States and Japan since the Occupation* （Oxford: Oxford University Press, 1997），125, 136, 153, 165, 195。

前，他便是激进的国家主义者，且支持开战。小学毕业后，他中断了学校教育（笹川宣称，是因为家人担心他若继续读书，会成为社会主义者），在帝国海军担任飞行员，之后涉足各种国家主义行动。1931年9月，他就任"国粹大众党"总裁，这是一个有23个支部与超过一万名党员的组织，他们追随意大利法西斯模式穿着黑衫。1932年，他在大阪建造了一座飞机场，目的是训练战斗机飞行员。这个场地的飞机棚厂可停放70架战斗机和20架训练机；飞机场的所有权最后移交给了军方。从1935年至1938年，笹川因为各种罪名，如勒索、贿赂、策划政治犯罪（包括一项是以首相为目标的），而被逮捕入监——当时的报纸为他冠上"日本暴力团头子"的称号。1939年笹川获释后，便前往罗马拜访墨索里尼。[1]

20世纪30年代，笹川认识了另一个国家主义者，和他一样，也成了二战后政治掮客，此人便是儿玉誉士夫。儿玉在早年便极为鄙视左派的意识形态。虽然他曾在不同的工厂里当过工人，对工人生活的困境也相当同情，但他仍强烈反对具共产主义色彩的工会和工人运动。他后来便迷上了国家主义，并在1929年加入反共产主义的"建国会"，这是由国家主义领袖赤尾敏与上杉慎吉领导的组织。在接下来的8年，儿玉参与了不同的国家主义团体，也

154

1　井口剛、下山正行、草野洋共編：《黑幕研究：武村正義·笹川良一·小針暦二》（新國民社，1977），199—201、204、208—209頁；春名幹男：《秘密のファイル：CIAの對日工作（上）》，284—285頁；Samuels, *Machiavelli's Children*，243；加賀孝英：《笹川良一黑幕への道》，《文藝春秋》第71卷第1號（1993年10月），299、302頁。

数次入狱；他获最长的刑期则是因为谋刺内阁阁员。[1] 服役期间，儿玉结识了与笹川熟识的藤吉男。透过这层关系，儿玉最后得以在笹川的国粹大众党里接下东亚部长一职。

　　笹川与儿玉的联系在1941年变得更为紧密，当时海军航空本部询问笹川，请他推荐一名可以负责特殊采购与物资调度机构的人。笹川选择了他的后辈儿玉，儿玉则勉为其难地留下一些时间给陆军，并于1941年12月成立"儿玉机关"。儿玉机关成立的两年后，笹川的左右手藤吉男成为儿玉机关的副机关长；笹川本人则沾其光，称自己协助成立了儿玉机关，而且被形容为该机关的主要赞助人。儿玉机关的本部设在上海，由于海军的建制以及为航空本部搜集战争物资之需，每年可从海军军费中拿到数百万日元。儿玉在这些事业上雇佣的特工人员多达数百人，据说主要是由"专业罪犯、右翼恶徒、宪兵队员"组成——使得儿玉及其部属成为某种意义上的大陆浪人。[2] 虽然儿玉从提供铜和飞机零件的工作开始，但经过一段时间后，他将旗下事业扩展到原料、食物、衣服以及交通工具等品类。他也在中国经营矿场，有些矿场

1　春名幹男：《秘密のファイル：CIAの對日工作（上）》，259頁；堀幸雄：《戦後政治史の中の右翼：児玉誉士夫にみる黒幕の役割》，《エコノミスト》第54卷第12號（1976年3月16日），22頁；堀幸雄：《右翼辞典》（三嶺書房，1991），240頁；飯塚昭男：《日本の黒幕・児玉誉士夫》，《中央公論》第91卷第4號（1976年4月），153頁；Kodama, *I Was Defeated*, 16‒57.

2　Michael Petersen, "The Intelligence That Wasn't: CIA Name Files, the U. S. Army, and Intelligence Gathering in Occupied Japan," in *Researching Japanese War Crime Records: Introductory Essays*（Washington: National Archives and Records Administration, Nazi War Crimes and Japanese Imperial Government Records Interagency Working Group, 2006), 208.

生产罕见金属，例如钨和钼。据推测，儿玉也经手黄金、钻石以及鸦片。根据美国中情局与"美国陆军对敌谍报部队"（Army Counterintelligence Corps）的报告，这些资源的绝大部分是通过非法占有及偷窃获取的，或者取得的成本远低于向海军报告的价格，以便特工能中饱私囊。除了非法所得，儿玉在1941年与1945年间，也从海军拿到了35亿日元的报酬，而到了二战末期，他的身价相当于1.75亿美元。在战争结束前的几星期，儿玉机关的资产与资金被送回日本；部分原物料据说保管在笹川租用的仓库里。[1]

1　SCAP Investigation Division, Interrogation of Yoshida Hikotarō, in "Records Pertaining to Rules and Procedures Governing the Conduct of Japanese War Crimes Trials, Atrocities Committed Against Chinese Laborers, and Background Investigation of Major War Criminals," June 4, 1948, reel 15, 3‑5; Kodama, *I Was Defeated*, 115, 119, 126；加贺孝英：《笹川良一黑幕への道》，304—305、308頁；井口剛：《黑幕研究》，196—197、234—236頁；Samuels, *Machiavelli's Children*, 243; Petersen, "Intelligence That Wasn't," 208‑209。

儿玉的合作伙伴吉田彦太郎（儿玉仅称他是一名"部下"）向占领军当局供称，儿玉机关的获利在二战后由他和儿玉均分，吉田分到的是2 000万日元的现金，以及两座矿场。儿玉供称，儿玉机关的现金获利是6 000万日元，当中的三分之二给了吉田，他自己的那部分拿去做"慈善事业"。儿玉也供称他真正的不动产与个人资产共价值650万日元。SCAP Investigation Division, Interrogation of Yoshida Hikotarō, 6; SCAP Investigation Division, Interrogation of Kodama Yoshio, in "Records Pertaining to Rules and Procedures Governing the Conduct of Japanese War Crimes Trials, Atrocities Committed Against Chinese Laborers, and Background Investigation of Major War Criminals," June 14, 1948, reel 15, 4；春名幹男《祕密のOO：CIAの對日工作（上）》，264—265頁；橋本伸：《GHQ秘密資料が語る"黑幕"の実像》，《文化評論》第333號（1998年11月），107—109頁；堀幸雄：《戰後政治史の中の加翼》，22頁；飯塚昭男：《日本の黑幕・児玉誉士夫》，153頁；豬野健治：《黑幕を必要とした密室政治児玉誉士夫「惡政・銃声・乱世」》，《朝日シャーナル》第18卷第20號（1976年5月21日），60頁。

一份报道指出，儿玉于1945年8月大约安排了十架飞机，从上海运送资产回到日本。General Headquarters, United States Army Forces Pacific, （转下页）

战争一结束，笹川与儿玉便仰赖他们的财务资源和对组织的认知，支持鸠山一郎成立了自由党。很多人暗指出儿玉机关的战利品出售所得，直接赞助给了鸠山。经常被引用，但未经证实的捐赠数额为7 000万日元。[1] 此外，笹川与儿玉也为该党招募了支持者——其中包括极道。当笹川参加自由党成立仪式时，他由一群"的屋"（流动摊商，极道的一种）伴随出席。儿玉也被指在1946年4月的二战后第一次总选举中，从的屋老大手中强行索要了竞选献金。[2] 所以，看起来儿玉或笹川都未经历任何一种战后变节，不论是在政治作风还是意识形态方面。举例来说，笹川在战后立刻发表数场演讲，主张西方国家威胁日本的生存，刺激日本参战；还说日本扩张到中国台湾、朝鲜和中国东北不是侵略行为，而是这些地区的福祉。[3]

这两名政治掮客的政治生涯在他们双双以甲级战犯嫌疑人身份入狱时，都暂时中止。然而，和岸信介一样，两人后来都被释放

155

（接上页）Office of the Chief of Counter Intelligence，October 18，1945，U. S. National Archives，CIA Name File，Box 67，Folder：Kodama Yoshio，vol.1。

1　美国政府估计的数字超过1 000万日元。Security Group，Control and Analysis Branch，C/S Section，October 24，1956，U. S. National Archives，CIA Name File，Box 67，Folder：Kodama Yoshio，vol.2。儿玉被描述成20世纪50年代中期，"鸠山首相最坚强的幕后黑手之一"。见CIA Report，December 14，1956，U. S. National Archives，CIS-2829，CIA Name File，Box 67，Folder：Kodama Yoshio，vol.2。

2　猪野健治：《黑幕を必要とした密室政治》，60页；David E. Kaplan and Alec Dubro，*Yakuza: Japan's Criminal Underworld*（Berkeley：University of California Press，2003），63；Samuels，*Machiavelli's Children*，243－244；井口刚：《黑幕研究》，225頁。

3　井口刚：《黑幕研究》，226—227页。

了。据猜测，儿玉和笹川在1948年12月被释放，是因为他们反共产主义的立场，或许也因为他们承诺为占领军或中情局搜集情报。后者的说法可疑。儿玉确实与占领军当区接触，也提出过谍报服务。[1] 但他与美国情报单位的联系是相对不直接的——儿玉的协助是列入前帝国陆军参谋本部情报部长有末精三旗下，有末在战后被占领军的谍报部（G-2）收编，成为部里的一个秘密情报班。儿玉与他在亚洲大陆昔日的儿玉机关参与了有末的多项计划。虽然美国人的资金透过有末，间接送到了儿玉手上，但儿玉关心的，主要不是为美国工作。例如，此时他最在意的事情之一，是向三井物产勒索10亿日元。[2] 到了1953年，中情局取代谍报部，成为美国在日本最重要的情报机构，显然，模糊的反共共业已不完全是坚强盟友的基石了。美国中情局对儿玉的看法是，他并不够可靠，无法当一名优秀的情治特工："他是职业说谎家、黑帮、骗子，简直是个贼。"[3] 儿玉也被描写成"很显然他是个危险人物，且因为他对日本地下社会的影响力，所有人都恐惧他。身居高位而意志软弱的人，都会寻求他的庇护"[4]。

1　据一份1952年的报告，"他（儿玉）据可靠报道，希望向占领军当局贡献他的反共情报搜集机关"。Counter Intelligence Review，Number Eight，Personalities：Kodama Yoshio，April 15，1952，U. S. National Archives，CIA Name File，Box 67，Folder："児玉誉士夫vol.1"。

2　更多儿玉与三井物产的关系，见CIA Report，January 25，1951，U. S. National Archives，Report ZJL-540，CIA Name File，Box 67，Folder：Kodama Yoshio，vol.1。

3　Petersen，"Intelligence That Wasn't，"199－200，210－211；春名幹男：《秘密のファイル：CIAの對日工作（上）》，286—288頁；加賀孝英：《笹川良一黑幕への道》，313頁。

4　CIA Report，April 19，1951，U. S. National Archives，File 44-5-3-52，Report ZJL-604，CIA Name File，Box 67，Folder："児玉誉士夫vol.1."。

在接下来的几十年，笹川如二战前一样，继续支持着右翼组织。他担任几个团体的顾问，发表反共产主义的言论，将共产主义比喻成霍乱及瘟疫，并且号召人们站上生死线，力抗共产势力的传播。他也继续和儿玉誉士夫、岸信介合作，进一步发展他接下来的营利事业：赛艇。笹川利用他们的协助，确保相关法律在国会中通过，赋予了他经营赛艇事业的独占权。相关赌博事业的收入中，有大约15%进了"全国赛艇会联合会"，这是笹川用儿玉与"日本船舶振兴会"的本金创立的，笹川则于20世纪60年代初接任了振兴会会长一职。而这两个组织的工作人员，是他在战前国粹大众党的成员。笹川也从儿玉掌管的"东京赛艇会联合会"的收入中获利。大约这个时期，笹川开始关注慈善事业，并向联合国与世界卫生组织捐助大笔金额——因为他的巨额捐献，联合国欧洲总部竖立了一尊笹川的铜像。笹川还大力鼓吹众人齐心一致，好让他获颁诺贝尔和平奖。[1]虽然日后证明这项荣誉是多么难以企及，但他确实获得了马丁·路德·金和平奖、联合国和平奖，以及莱纳斯·鲍林（Linus Pauling）人道主义奖。[2]

儿玉也在战后支持右翼运动。虽然禁止"公开出席"政治活动是他免除被整肃的条件，只要他保持低调，便仍可自由关心政治

156

<hr />

1 井口刚：《黑幕研究》，238—240、246—247頁；Samuels, *Machiavelli's Children*, 243－244；春名幹男：《秘密のファイル：CIAの對日工作（上）》，288頁；加賀孝英：《笹川良一黑幕への道》，308頁。

2 到了20世纪80年代中，估计笹川帝国的资产达84亿美元。CIA Biographical Sketch, "Sasakawa Ryōichi," March 5, 1987, U. S. National Archives, CIA Name File, Box 111, Folder: "笹川良一"。

议题。[1] 因此，从巢鸭监狱出狱后，他再次活跃于政坛，而且似乎还能重振他二战前的组织（至少美国情报单位仍称之为"儿玉机关"）。据悉，这个网络参与的行动，包括将共产主义影响力逐出亚洲，以及将日本打造为反共同盟基础。[2] 为了达成这些目标，该组织在北海道有一个支部，据说儿玉在那里从事反日本共产党的活动。募款活动则是由位于东京丸之内区的商社主导。[3] 除了这家特定商社，其他数家商社也被认为是儿玉机关的附属单位。该机关同时获得与多名战前军人和国家主义者的合作，如大川周明、三浦义一。[4] 谣传许多与儿玉机关有关的人都参与了一项更大的计划，走私物资运给中国国民党、招募日本青年加入志愿军，投入反抗共产党的阵营。然而，儿玉极力否认和这些事有任何关联。[5]

儿玉誉士夫的战后生涯，继续纵横于政界，并建立各种可供

---

1 Counter Intelligence Review, Number Eight, Personalities：Kodama Yoshio, April 15，1952，U. S. National Archives, CIA Name File, Box 67, Folder："儿玉誉士夫 vol.1"。

2 CIA Report, December 8, 1949, U. S. National Archives, File 44-7-8-9yl, Report ZJL-236, CIA Name File, Box 67, Folder："儿玉誉士夫 vol.1"。

3 CIA Report, January 5, 1950, U. S. National Archives, File 44-7-8-9y3, Report ZJL-243, CIA Name File, Box 67, Folder："儿玉誉士夫 vol.1"。

4 CIA Report, November 10, 1949, U. S. National Archives, File 44-7-8-8yl, Report ZJL-220, CIA Name File, Box 67, Folder：Kodama Yoshio, vol.1；CIA Report, November 17, 1949, U. S. National Archives, File 44-7-8-9y, Report ZJL-222, CIA Name File, Box 67, Folder：Kodama Yoshio, vol.1；CIA Report, April 4, 1952, U. S. National Archives, Report ZJLA-1909, CIA Name File, Box 67, Folder："儿玉誉士夫 vol.1"。

5 CIA Report, "Smuggling（？）or Secret Recruiting（？），" October 31, 1949, U. S. National Archives, CIA Name File, Box 67, Folder："儿玉誉士夫 vol.1"。也有未经证实的CIA肃清者报告，说他们（包括儿玉）计划政变。CIA Report, October 31, 1952, U. S. National Archives, File 44-7-15-25, Report ZJJ-239, CIA Name File, Box 67, Folder："儿玉誉士夫 vol.2"。

利用的政治人脉。例如在他和岸信介一起度过了下围棋、同桌吃饭的巢鸭监狱生活后，两人仍维持着融洽的关系。岸在担任首相期间，儿玉经常在他也出席的会议中露脸。他们的关系似乎一直非常友好——偶尔仍一起下围棋，儿玉还会把钓到的鱼分给岸信介，听说有一次，两人还一同去打了高尔夫球。[1] 儿玉和大野伴睦的关系也非常紧密，我们在第三章中谈论过，大野在20世纪10年代被招募加入政友会院外团。大野的政治生涯在二战后一帆风顺，虽然他被暗指涉及1948年一场重大政治丑闻。[2] 1952年，大野担任众议院议长，1953年担任国务大臣，后来一直担任自民党副总裁，直至1964年逝世。谣传大野的行事风格犹如博徒和"侠客"一般粗犷。一名记者在一篇八卦性质的文章里谴责道，大野在成为具知名度的政客后，依然未改他好斗的习性。文章议论说，男孩子打架十分正常，但如今，大野不应还挥舞着拳头，加入激烈的冲突。[3] 重点是，大野并不避讳与极道来往。即使他当上自民党副总裁，他仍被拍到和一群关西地区的极道老大聚会，其中包括极道组织"本多会"的一把手和二把手，本多仁介和平田胜市。这个

157

1　岸信介：《岸信介回顧録：保守合同と安保改定》（廣濟堂出版，1983），456—457頁。岸也表面上与笹川良一辩解，称他不如一般人想象的奇怪。原彬久編：《岸信介證言録》（每日新聞社，2003），361頁。

2　译校注：此处的丑闻指"昭和电工事件"，昭和电工事件，发生于1948年的日本二战后四大丑闻事件之一，起源于昭和电气工业公司为了获得30亿日元政府贷款，向首相、议员、官僚行贿7000万日元的事件，导致以芦田均为首相的社会党、民主党、国民协同党三党联合内阁倒台，芦田均被迫辞职并旋即被捕。

3　富田信男：《戰後右翼の機能と役制：保守支配の現実》，《エコノミスト》第43卷第28號（1965年6月），67頁；高木健夫：《大野伴睦という男》，《政界往来》第18卷第12號（1952年12月），31—32頁。

位于神户的团体最早成立于1938年，名为"本多组"，1946年更名为本多会，20世纪60年代初的成员不到两千人，旗下经营的事业包括"本多建设工业"。[1]

儿玉本人则和极道有着相当直接的关联。例如1956年9月，他主办了一场聚会，与会的40名宾客中，有十几人是来自不同极道"一家"的老大，另外有职业摔跤手、右翼组织干部以及鸠山一郎内阁的农林大臣河野一郎，而鸠山本身也是儿玉的人脉。[2]

如儿玉和笹川在二战后的再次崛起，国家主义组织的重生也是旧政治联结展现其韧性与力量的故事。20世纪50年代以暴力闻名的右翼团体基本上是一个混合群体——部分是极道，部分是政治组织——不像二战前日本国粹会与日本正义团那般单一。在战争期间极少见的极道于20世纪40年代后期，靠着战争结束后的黑市大发利市，得以重建并存续。早在1945年10月，约有1.7万个类似黑市大量涌现，兜售如食品、清洁盥洗用品、衣服等生活必需品，也包括安非他命。在大都会区，极道老大透过管理卖家来掌控地盘。例如在东京，松田组管理新桥区，芝山组管浅草，上田组管银座、关口会管池袋、和田组和尾津组管新宿。而这些极道组织的首脑认为，他们为这个纷繁杂乱的世界维持序。森本三次就是这样的人物，他拿下大阪梅田的黑市掌控权，一方面赞扬劫

158

1　《「仁侠？」につながる保守政治家》，《週刊読売》1963年8月18日，12—13頁。

2　CIA Report, December 14, 1956, U. S. National Archives, CIS-2829, CIA Name File, Box 67, Folder: "児玉誉士夫vol.2"。后来传说儿玉支持河野一郎为首相人选。CIA Report, December 14, 1962, U. S. National Archives, Report FJT-8890, CIA Name File, Box 67, Folder: "児玉誉士夫vol.2"。

强济弱的美德，另一方面以刀、枪武装，禁止任何人越界。然极道的出现往往没有削弱暴力，反而鼓舞了暴力，尤其是因为地盘争端引发的肢体冲突。1946年6月的一次事件中，数千名极道交火，造成7人死亡，34人受伤。

当经济开始有了复苏的迹象，黑市的作用就显得不那么必要了，极道组织也将目标转移到新兴的娱乐产业，从中获取经济成长的金钱利益。赌场、柏青哥、酒吧、餐厅以及妓院等行业，提供给极道收取保护费的机会。这些收入由建筑业与码头服务业的工人来补足，这是极道在二战前就已占下的好地盘，其间也逐步向外扩展。这些事业都为极道的金库赚进大把钞票，并为他们扩张成更为庞大的组织提供资金，最后逐渐变成权势滔天的暴力联盟。[1]

当这些极道组织沾上政治的边，大多属于右派，而非左派。这种情况至今仍是如此，以至于"左派极道"这个说法本身就荒唐可笑。这种政治倾向是有大致理由的。不要想招惹执政的保守霸权，这在策略上无疑是明智之举；与警察和其他有权斩断极道财政来源的人维持友好关系也是如此。所以保守派在劳资纠纷中倾向于站在资方。和二战前一样，极道要站在有钱付给他们恐吓罢工工人的资方，才更有利可图。

其中，有一个极道组织就没有和右翼组织合作，而是自己成为右翼团体。"关根组"是管理着东京浅草、本所和向岛一带黑市的

1　Dower, *Embracing Defeat*, 140－144; Peter B. E. Hill, *The Japanese Mafia: Yakuza, Law, and the State*（Oxford: Oxford University Press, 2003）, 42－47.

极道"一家"。1948年，当关根组的老大因为持有武器被当局逮捕，该团体也被下令解散。不复存在的关根组自我重组，日后成为一个（合法的）政治组织，在1953年前后，转变为一个右翼团体，并于1959年9月成立"松叶会"。松叶会的宗旨指出，该组织的愿景是防止共产思想侵入年轻人的心灵，并击败日教组和其他怀有"危险思想"的团体。这个团体同时发表着隐约让人想起战前时期的观点，诸如尊崇天皇为国家的象征，以及在未来建设"大亚洲"的愿望。到了1960年，松叶会在东京有6个事务局，在千叶、茨城、群马县有支部。至少有一份报纸指出，松叶会有2 000至3 000名会员，主要由极道组成——尤其是博徒、的屋和"愚连队"（街头帮派）。[1]

其他的右翼组织则极度仰赖近年日积月累的关系，他们与二战前的右翼团体联系，并借用他们的意识形态。占领时期结束时，前日本国粹会的分支"关东国粹会"可能维持或重建了其联络网，计划于1953年3月在东京召开一场"全国国粹大会"。[2] 他们也找到关东国粹会的梅津勘兵卫，针对反苏联与反共产主义事宜，听取了他的建议，并请他协助动员极道。负责联络梅津的，是政客兼律师木村笃太郎，他曾在吉田茂两度内阁中担任法务大臣。木村与梅津召集博徒和的屋，于1954年成立了"护国团"及其下属组织"护国青年队"。该团体的核心人物是井上日召，他在战前就成

159

---

1 《朝日新聞》1960年4月2日；"主要右翼团体一覽表"1960年10月，资料来源：《「浅沼事件」関係資料集》（1960），2頁；堀幸雄：《右翼辞典》，550—551頁。1966年出版的右翼刊物提供的会员数字大约为1 000人。荒原朴水：《大右翼史》（大日本國民黨，1966），744—745頁。
2 《読売新聞》1953年1月22日。

立了"血盟团"，执行了1932年的暗杀事件（即"血盟团事件"）。护国团的金主包括儿玉誉士夫与笹川良一。[1] 和松叶会一样，护国团也崇尚天皇，只是以更激进热烈的描述，称天皇为团结日本民族的日本人血缘中心；他们利用二战前的思想，以"家族"来呈现日本民族社会。[2]

从"日本国粹会"（以下简称"国粹会"）可以看出，他们在二战前的政治资本依然雄厚，然该国粹会其实是重组组织，原为战争结束之际，遭到解散的"大日本国粹会"。国粹会采取战前团体的语汇与宗旨，自称侠义团体，不只与日本国粹会有关联，也与更早期德川时代的极道理想形象有关。此外，他们标榜培养对祖国的爱、坚决反对左派并保护日本国粹中的"美好品质"，那是这个国家历史与传统中值得骄傲的一部分。同时，国粹会也吸纳在战后脉络下可能更符合民意的语言，声明他们不是右派，言明会员对于肃清"压迫该国人民生活的'残忍暴力'"责无旁贷。尽管有这些声明的目标，该团体并未克制暴力的使用，依然吸纳博徒以及附属护国团的人士。国粹会于1958年7月正式成立，总部

---

1 据说儿玉誉士夫捐了5万日元给松叶会，笹川良一则捐了1万日元。CIA Report, August 5, 1957, U. S. National Archives, XF-3-207416（5b3）, CIA Name File, Box 67, Folder:「児玉誉士夫vol.2」。

2 大野達三、高木喬：《浅沼暗殺事件と右翼暴力団：戦後右翼暴力団の実体・政治的役割・背景》労働法律旬報395號（1960年10月），21頁；堀幸雄：《右翼辞典》，235頁。有人猜测木村早在1951年就计划成立大型的反共产主义组织。豬野健治〈黒幕を必要とした密室政治〉，60頁；堀幸雄：《戦後政治史の中の右翼》，22頁。到了1960年前半年，护国团的收入估计达188万日元，支出达180万日元。《朝日年鑑：昭和36年》（朝日新聞社，1961），244頁。

设于东京，1960年前后，有会员250人。[1]

警视厅表示，这28个宣称为右翼政治团体的类似组织，用警方的话来说，更像是"暴力团"[2]。但在这个数字中，只有一部分——如松叶会、护国团和国粹会——多次介入暴力的政治事件。其中一次类似事件发生在1958年10月，当时有三个人干扰一场在东京九段会馆举行的日教组集会。骚动从一名闯入者发射烟幕弹开始，他接着举起标语，上面写着"这是炸药"，企图引起恐慌。他的同谋如法炮制，又点燃另外2枚烟幕弹，会馆内瞬间烟雾弥漫，伸手不见五指。后来三名嫌犯中的两名被逮捕，并发现他们属于国粹会"青年挺身队"。第一个点燃烟幕弹的，是26岁的青年挺身队队长；他因强制介入与非法入侵的罪名遭到拘禁。[3] 1959年3月底的另一场类似事件中，十几个右翼组织的60名成员——包括护国团与护国青年队——以发送传单、骚扰演讲者、向讲台丢掷烟幕弹等方式，干扰了社会党的演说会。

20世纪50年代末，这些暴力事件以及这些右翼组织的团结，使左翼人士担心暴力右翼势力的复苏。包括护国团、国粹会在内的十几个类似团体，于1959年3月聚会，成立了"全日本爱国者团体协议会"，由笹川与儿玉担任顾问。这个协议会不仅是结合极道和右翼团体的同盟，其多位顾问、干部和二战前的暴力事件都有关联：护

1 　警視廳：《右翼資料》，资料来源：《「浅沼事件」関係資料集》，12—13頁；"主要右翼團體一覽表"；堀幸雄：《右翼辞典》，474—475頁。松叶会的会员人数为370人。荒原朴水：《大右翼史》，741—744頁。

2 　《暴力の横行と政治》，《世界》174號（1960年6月），185頁。

3 　《読売新聞》1958年10月14日。

国团的佐乡屋留雄曾经因为在1930年11月攻击当时的滨口首相而被判死刑,后来改判了无期徒刑,但仍于1940年获释;前面提到过的井上日召与血盟团,则和1932年的暗杀事件有关;三浦义一声名狼藉,他的一项罪行是于1939年攻击政友会总裁中岛知久平;橘孝三郎是1932年"五一五事件"[1]的关键发起人;天野辰夫因1933年的神兵队事件被捕,后来也介入1941年攻击阁员平沼骐一郎的事件;而大泽武三郎则卷入1933年暗杀前首相若槻礼次郎未遂的事件。[2]另一个于1959年结成的右翼同盟是"爱国者恳谈会",由包括护国团与松叶会在内的16个右翼组织的30名首脑,于7月11日成立。[3]

和二战前一样,右翼组织并非孤立的政治团体,而是一个更为广泛的政治联合阵线——二战刚结束的最初几十年,暴力右翼团体与政客有着最高层级的联结。例如,从松叶会会长妻子的丧礼,该会的政要关系便可一目了然。前东京都知事送花吊唁,其他许多重要人物出席,包括一名前警视厅总监、前文部大臣、17名自民党国会议员以及50名地方议员。[4]

因此,由于政治上的右派复苏,以及与不同保守派(重新)形成的互惠联结,极道与壮士的命运大不相同,他们不仅幸存下来,甚至更加蓬勃发展。极道集团只要有保守派领导权势这道护身符,

161

1　"五一五事件":1932年5月15日以海军少壮军人为主举行的法西斯政变。政变者袭击首相官邸、警视厅、内大臣牧野伸显邸宅、三菱银行、政友会总部以及东京周围变电所。首相犬养毅被杀。

2　富田信男:《戦後右翼の機能と役割》,66頁。

3　《暴力の横行と政治》,183—184頁。

4　中本たか子:《わたしの安保闘争日記》(新日本出版社,1963),90—91頁。关于类似的公开批露的极道与政治人物公开的关系名单,以及对极道与地方政治的讨论,见《読売新聞》1960年5月16日。

便可继续获取经济利益；而反工会和反共产主义者的保守派政客也可以从极道集团的活动中受益。如笹川与儿玉这些政治掮客，则是确保这层关系持续并从中获利的有力中间人。极道在保守派阵线中稳住位置，他们也因为自身的暴力，得以在一个不会指责他们，事实上还重视他们的位置中运筹帷幄——在政治界的这一个角落里，二战前形态的联结及策略仍被视为资产。而在右派与左派进行政治斗争的几个前线上，若能利用上极道，就会显得特别占优势。

1960年：战后暴力专家的巅峰

20世纪50年代的意识形态冲突，不应被过度简化，因为左右两派阵营都有各自的内部紧张关系，而且也不是统一的；然而，这10年间的一大分裂，存在于一个保守的右派和一个进步的左派之间。无论是在这些争端之中或经历这些争端后，保守派被迫看清，他们身处在全新的政治氛围中，他们奉若珍宝的战前意识形态和策略，已不适合这个翻天覆地变化着的环境了。确实，在保守（尽管势力广泛且有影响力）阵线之外，右翼的理念与政治立场，和公众无法产生共鸣，如同二战前的国家主义与帝国主义一样。[1] 然而比起战前的革新运动，如今的革新运动更是活跃。这在1960年变得更加显著，这一年是日本战后历史中，政治上最动荡

---

1 这就是我为什么在二战后的政治情境中使用"右翼"一词，而在二战前的政治情境中偏好使用"国家主义"的原因。

的一年。这个时刻透露的不仅是意识形态上保守派与进步派的根本分歧，也是一个在政治上一如往昔的右派，和一个无法接受拘泥于过去的主要左派之间的分歧。在这样的脉络下，当暴力专家被那些传统上依赖他们的人士带进冲突之中，他们也成了被广泛批评的对象，就像是先前认为暴力即代表不民主与不进步本质的情绪一样，此时他们因为政治和意识形态的动荡而再次受到攻击。1960年可说是具备了煽动政治斗争所有条件的一年——日本历史上历时最长的九州三池炭矿罢工、成千上万人抗议《美日安保条约》更约的大规模示威，以及日本社会党委员长浅沼稻次郎在众目睽睽下被暗杀。这几件事未被视作独立事件，而是同一场规模巨大的政治纷争中不可分割的一部分。

162

　　1959年秋天，三井矿山拥有的三池炭矿宣布计划解雇约2 000名员工，紧张情绪逐渐升温。为了在石油逐渐成为新能源选择的情况下，让矿场更具竞争力，裁员被认为是公司合理的对策。工会对这项决定不以为然，并进行了几次小型罢工。这并未阻止公司的裁员，被裁员的员工很多是工会领袖或成员，于是他们在1960年1月开始阻挠车辆进出矿场。为了响应他们的行动，工会决定罢工。罢工行动之一，就是拉起24小时的封锁线，25岁以下的人则组成"行动队"，驻守在公司各支部，处理必要的紧急事件。

　　随着工会分裂和暴力专家的介入，这起纷争在3月转而沦为激烈的暴力事件。工会的内讧发生于那些想要继续罢工的人，和希望罢工者回到工作岗位的公司护航派之间。3月17日，当后者与工会切断关系，另外成立"第二组合"（或"三池劳组刷新同盟"）

时，双方正式分道扬镳。第二组合最开始仅3 000人左右，接下来的10天，人数扩增到大约4 800人，几乎是原来工会人数的三分之一，其中成员多是担心罢工事件扩大，以及对阶级斗争的理念不特别热衷的人。第二组合受到了公司的支持，他们与公司雇佣的暴力团合作，共同反对罢工者。据说他们以守卫巡逻的名义，用公司的宣传车和摩托车在街上游行，像警察的宣传车一样，挥舞着日本国旗，并将暴力团安排在了队伍最前面。

3月底，紧张情势到达顶峰，罢工者与有暴力团支持的第二组合之间，发生了一连串暴力冲突。3月27日，开着卡车的暴力团冲破位于四山坑的封锁线。试图阻挡他们的纠察员遭遇长镐、竹棍的攻击，他们还被泼水，被丢掷石块。第二天下午，抗议者与暴力团以及第二组合成员在三川坑发生冲突。约有1 600名第二组合的支持者，由暴力团加持，分成三组人马，挥舞棍棒，试图强逼600名罢工者返回工作。这次冲突造成三池罢工第一起严重的流血事件，据报有220人受伤。这次对决延续到隔天，此时罢工者形成一个阵列，高唱劳工歌曲，准备迎战开车和搭乘巴士前来的200名暴力团成员。下午4点左右，一辆车高速冲过检查哨，在南门停下，一群暴力团下车，企图挑衅纠察人员。此行动失败后，便在警方护送下移送至正门。紧接着，暴力团与纠察队之间的冲突再次爆发，混乱中一名抗议者久保清遭到暴力团刺杀身亡。当纠察队员听到久保的死讯，在他们重整队伍要对抗暴力团时，突然陷入了沉默。此时警察介入，将暴力团成员带往荒尾警察署；第二天早上，除了杀死久保的犯罪嫌疑人，其他人均被释放。这是三川罢工事件最关键的时刻——久保之死的震撼如此之大，以致消弭

图5.1 1960年3月，手持棍棒和铁条，由公司雇用的暴力团攻击三池炭矿的罢工者。

出处《1960年·三池》（城台巖·藤本正友·池田益實，同時代社，2002年），出版者与三池劳动组合同意转载。

了两个工会之间的敌意，他们再次合为一个组织。[1]

　　久保惨遭杀害一事，引起了大众对于暴力团出现在劳资争议纠纷中的注意，极道越界以及警察共谋的暴力同谋，成为千人所指的批判焦点。在日本共产党的党报中，记者高木乔评论说，右翼的暴力团已经如此明目张胆，并指出他们在1959年已介入数起罢工，包括《主妇与生活》杂志社、地铁公司、SS制药、成光电机

1　木村正隆：《二組暴力就労と久保さんの死》，《月刊労働問題》279号（1980年10月），36—37頁；城台巖、藤本正友、池田益實：《1960年·三池》（同時代社，2002），41、45、53頁；三池炭鑛労働組合：《現地（三池）の実情はこうだ：闘うヤマの決意》，《月刊総評》第34号（1960年4月），36頁。

以及山武自动车。[1]

164   多名评论者也强调，暴力团是受雇佣的职业打手，暗指身为暴力专家的他们必须对暴力等级的升高负全责。马克思主义经济学者向坂逸郎观察到，暴力团早在1959年末期，就对三池虎视眈眈。他们不时喝得酩酊大醉，然后闯入工会主席办公室。向坂本身也曾被人利用传单攻击过，传单上写着"向坂收了工会很多钱"以及"赤色巨头向坂"。[2] 有些评论者不点名特定的暴力团，只称他们为"暴力集团"或"刺青集团"，因为刺青是极道明显的记号。这些人被描绘的形象是身穿破旧和服、用绳子当腰带、手持棍棒。而且据说，他们每天的工作大约可拿到5 000日元。[3] 其他则是直接指名参与其中的暴力团。松叶会被指名为一个博徒组织，以破坏性行为模式闻名；有报道指出，其成员在3月底的三池罢工事件现身后，下个月又出现在《每日新闻》的支局攻击事件中，一名作者认为这起事件等同于战前对《朝日新闻》的袭击事件。[4] 另一个被指名的暴力团是"燃灯会"，这是右翼团体"大日本生产党"的前线部队。据说，该会从劳资争议一开始，便与公司方面有所联系。有鉴于他们曾经用车子冲向工会成员并有破坏财物的行为，该团体常被视为危

---

1 高木喬：《動きだした右翼暴力団の背景》，《前衛》169號（1960年6月），23頁。

2 大内兵衛、向坂逸郎：《三池の闘いを見つめて》，《世界》174號（1960年6月），26頁。

3 極東事情研究会編：《三池争議：組合運動の転機を示すそ実相と教訓》（極東出版社，1960），234頁。

4 高木喬：《動きだした右翼暴力団の背景》，27頁。每日新闻社于4月2日遭受攻击，就在久保死亡的前4天；新闻社被攻击的原因是该报刊登了一篇关于保守政客与暴力团之间紧密关系的文章。在破坏报社的行动中，罪犯投掷烟雾弹、损坏印刷机。中本たか子：《わたしの安保闘争日記》，90頁。

险的存在。在三池争议中，燃灯会成员拍下工会抗议者的照片，并张贴在町内大街的公告板上，在3月底的暴力事件中（包括造成久保死亡的那一次），他们都是积极的参与者。随着罢工紧张情势升高，其他的暴力团如山代组和寺内组等，也相继加入战局。[1]

　　暴力团的存在，以及传闻他们和警方之间的合作，被视为对大众的冒犯。前述的记者高木乔将最近劳工争议的暴力行为部分归咎于公司之间与日俱增的竞争，但也归咎于警方的干预，指称警方自1958年的《警察官职务执行法》争议以来，执勤时越来越具有攻击性。[2]在高木看来，这两者的发展削弱了法院在争议中的仲裁角色，而法院原本是解决劳资纠纷较缓和且慎重的方式。少了循序渐进的合法仲裁途径，公司转而向暴力团和警方寻求帮助。据报道，在《主妇与生活》杂志社罢工事件中，当公司雇的暴力团威胁工会成员时，警方只是袖手旁观。同样的，在山武自动车争议中，当暴力团抢劫车辆，向罢工者施暴时，一辆巡逻车只是静静地停在一边，无动于衷。而在三池罢工中，警方被形容成只将注意力放在工会抗议者身上，而警察也只坐在大巴里，对暴力团与工会成员彼此冲撞毫无作为。[3]偶尔警察真的动手逮捕暴力团

165

1　三池炭鑛劳働组合：《闘うヤマの决意》，36頁；大内兵衛、向坂逸郎：《三池の闘いを見つめて》，26頁。

2　这项法案最有争议的条款是允许警察采取强制手段，包括进入民宅，以防止可能会严重干扰公共秩序的犯罪。反对党利用许多策略，例如封锁线和路障，以及采取和1954年、1956年国会争议中使用的相同手法。在强烈的抵抗下，这项法案被搁置了。见D. C. S. Sissons, "The Dispute over Japan's Police Law," *Pacific Affairs* 32, no. 1（March 1959）: 34 – 37。

3　高木乔：《動きだした右翼暴力团の背景》，24—25頁；三池炭鑛劳働组合：《闘うヤマの决意》，36頁。

成员，也很快会释放这些人。[1] 用三池工会四山坑负责人的说法，在罢工者的心里，他们很清楚警方本身已经变成了一种暴力团体。[2] 然而，若说暴力团完全不会因其行为受到处罚，也是不公允的。1960年4月初，警方曾经镇压这些团体，尤其是松叶会与国粹会。超过50人遭逮捕，但至于他们会被拘禁多久，他们的刑责有多重，就不得而知了。[3]

三池公司经营者想要借助暴力团和警察，动用武力来平息罢工，在工会成员和他们的同情者看来，这是一股镇压民众运动趋势的象征。不论是劳工争议，或者是抗议《美日安保条约》更约，资方、暴力团、警方以及自民党，不断被描绘成群众政治参与和民意的敌人。尤其是在3月久保之死与5月的僵局后，越来越多人认定三池罢工与抗议更约是互为一体的斗争。[4]

抗议更约最初是从岸信介政府支持修改《美日安保条约》所引发的。比起1952年最初的条约，新约虽然看似更为对等，但最终版本仍保留了美国在日本驻军的权利。这项基本的条款令社会主义者、学生团体、妇女团体等深感冒犯，他们认为，这将会钳制日本，最终沦落为美国霸权的从属者。也有人担心，美国军队的持续存在，将迫使日本卷进一场不由日本而起的战争。然而，岸内阁对更约相当满意，极力想拉拢美国一起合作，所以新约于1月在华盛顿签订；

1 　大内兵衛、向坂逸郎：《三池の闘いを見つめて》，26—27頁。

2 　木村正隆：《二組暴力就労と久保さんの死》，37頁。

3 　《読売新聞》1960年4月8、12日。

4 　城台巖等人：《1960年・三池》，81頁；木村正隆：《二組暴力就労と久保さんの死》，36頁。

图5.2 国粹会动员，压制《美日安保条约》更约抗议活动。1960年。

图片来源：荒原朴水，《大右翼史》（大日本國民黨，1966年）。

他们希望国会于5月20日批准，以便艾森豪威尔总统预定6月19日访问东京时，能正式生效。由于预期5月期限就会到来，成千上万的民众在4月走上街头，发动了一连串的抗议事件。到了4月底，东京街上已经可以看见右翼团体和策动游行者对峙的景象。试图压制示威的团体有国粹会、大日本爱国党和"义人党"等，"义人党"成立于1952年，拥有一个约500人的青年团——"日乃丸青年队"。[1]

1 《読売新聞》1960年4月26日；"主要右翼一覽表"，2頁。"大日本爱国党"由赤尾敏于1951年成立，1960年时有大约30名党员。该团体的宗旨包括修宪、再军备、加强美日同盟、成立亚洲反共联盟、使共产党非合法化。整个20世纪50年代中期，该党党员陆续因暴力犯罪而被监禁。公安調査廳：《右翼團體の現勢》1960年10月，资料来源：《「浅沼事件」関係資料集》，10—11頁。

5月19日，岸信介与自民党使用强制手段以确保新约在国会顺利通过，这不禁令人想起1954年与1956年国会事件，致使情势火上浇油。从早上开始，当众议员激烈争论是否要延长会期时，松叶会、义人党以及自民党的青年部成员，占领了众议院本会议场的旁听席。自民党想争取更多时间，让条约议题交付投票，社会党则继续发表冗长的演说以拖延时间。那天下午，围绕着这项议题的阴谋持续，社会党堵住了众议院议长进入议长室的路。冲突在走廊上一触即发，涉及人员包括社会党与自民党国会议员、社会党秘书团、自民党院外团以及极道。据说一名社会党秘书的头部遭受撞击，被极道跪压"重要部位"；报道中则提到，两名社会党议员遭到极道的殴打。大约晚上6点，参众两院的议长请求派遣约2 000名警力到国会议事堂外。然而，社会党的静坐持续到夜晚，其间也偶发冲突；晚上10点25分，当全院会议的钟声响起时，议长仍被困在议长室。大约20分钟后，议长仍继续催促社会党解散从议长室到议场内议长席的封锁线，但一切都是徒劳。议长于是决定请求500名警力，将社会党党员架出议事堂，以武力解散人肉路障——这是1956年以来，在日本国会史上，警察第二次进入议事堂。晚上11点48分，议长由国会守卫护送至议长席，当他上台时，议场内的全是自民党议员。不出所料，会期延长，条约案表决通过。[1]

---

1 信夫清三郎：《安保闘争史：三五日間政局史論》（世界書院，1969），162、167—168、171—172、175頁；西井一夫編：《60年安保・三池闘争：1957—1960》（每日新聞社，2000），125頁；George R. Packard, *Protest in Tokyo: The Security Treaty Crisis of 1960*（Princeton：Princeton University Press，1966），238‐241。

图 5.3 1960年6月15日，抗议岸信介首相更新《美日安保条约》的游行民众遭到暴力
团的攻击。

图片来源：西井一夫编：《60年安保・三池斗争1957—1960》(《每日新闻社》，2000
年)。《每日新闻社》同意转载。

新安保条约案的强行表决通过，以及自民党处理问题的方式，
都导致群情哗然，抗议活动激化到新的高点。上街抗议的民众不
仅反对新约，他们也要求岸信介下台，内阁集体辞职。6月初，抗
议活动蔓延到东京以外的地区，部分工人开始罢工，展现出了团
结气势，特定的公共服务也被迫中止。为了控制这场大规模的群
众运动，自民党转而向暴力团寻求帮助。很多人相信，岸信介本
人联系了他在监狱时的狱友儿玉誉士夫，请他组成一支暴力的右 167
翼团体联盟。[1] 我们不清楚儿玉是否真组成了一个如此强大的组织，

1　在一次受访时，岸信介称他并未联系右翼组织，但确实动员了东京都外的消防队
　　和青年团。原彬久编：《岸信介证言录》，292頁。

但暴力团在6月的抗议中的确随处可见。6月10日，当艾森豪威尔总统的先遣人员詹姆斯·哈格提（James Hagerty）抵达成田机场，暴力团与警方阻挡了试图向他递交请愿书的行动。哈格提下飞机的阵仗相当引人注意，因为迎接他的是数千名抗议者，有些人攻击了他的座驾，反复呼喊着要他回美国去。

6月15日，艾森豪威尔总统预定访问日本以及新约生效日的前几天，抗议者和暴力团之间的冲突激化到一个高点。上万名抗议者在国会外抗议，他们大多是由"日本劳动组合总评议会"与"全日本学生自治会总联合"动员的。[1]与他们抗衡的，是大约五千名警力以及数百名暴力团成员，他们来自各个不同团体，人数近千。包括在这场抗议前才刚成立的"维新行动队"，还有国粹会，他们的手臂和头上绑着印有该团体名称的臂带和头带。整个下午，抗议学生与暴力团之间不断发生冲突。5点过后，两台护国青年队的卡车挥舞着维新行动队的旗帜，直接开进了参议院门口旁的示威群众中。紧接着，数十名暴力团分子冲入人群里，挥舞着钉有钉子的棍棒，造成了多人重伤，他们还向试图逃走的民众投掷瓶罐。暴力团践踏并威胁要打死他们，当中许多是平民百姓，或是"新剧团"的成员。就像在三池罢工事件中一样，抗议者对站在一旁事不关己甚至与暴力团暴力同谋的警方，感到十分愤怒。6月15

1　"劳动组合"成立于1950年，由激进的工会组成。劳动组合鼓励以侵略性的草根策略，在作业安全、超时工作与薪资改善议题上获得进展。"全学联"成立于1948年，最初主要由大学校园里的日本共产党成员组成。但是到了20世纪50年代末，这个团体走出象牙塔，开始参与政治议题，其成员也更包容开放。

図5.4　在《总理大臣阁下》标题下，极道与警察被描绘成共同密谋终结反安保条约抗议，他们完全无视大学生桦美智子之死，或是玷污议会政治。文字部分写着："我们不会屈服于国会外部压力。示威者是我们的敌人，学生是我们的敌人，妇女和小孩是我们的敌人。击灭示威者。严惩国际共产党。（口气转至漫画家那须良辅）当一名妇人死了，即使她是敌人，你难道不会表现出任何同情？"

图片来源：《世界》176期（1960年8月）。漫画家那须良辅之妻——那须美代同意转载。

日晚间，丢掷石块的学生和挥舞警棍的警察爆发了口角，结果导致东京大学学生桦美智子的死亡，在抗议者眼中，这是三池事件久保清之死的翻版。[1]

有鉴于这一天的暴力事件规模，岸信介于隔天上午宣布，艾森豪威尔总统的访日行程取消。之后，6月19日午夜的钟声响起时，新版《美日安保条约》正式生效。上万名群众当晚集结在国会外，和平地表达他们的不满；到了这个时间点，阻挡该约的可能性已不复存在，暴力业已平息。最后，6月23日上午，因新版条约而闹得满城风雨的岸信介宣布他将辞职。

在对新版条约的愤怒和岸信介的铁腕策略缓和后，成千上万的反条约抗议民众将气力转移到依然持续的三池争议，远赴九州加入罢工者。[2]最后，到了1960年秋天，资方在警方与其他矿场的支援下，坚持得要比罢工者更久。最终，工会成员让步，公司的应对措施得以完全实施。

正当左派与大部分民众跟跄着走出一个暴力的夏天时，当年的第三个，也是最后一个惊天大雷，终于在10月降临，这也是三池争议最后一个阶段的展开。10月12日下午，社会党委员长浅沼稻次郎在日比谷公会堂对着一千多名民众发表电视公开演说时，遭一名右翼团体成员打断，他们正从会场的二楼发送反共产主义的

1　西井一夫編：《60年安保・三池闘争：1957—1960》，127—129、140、153頁；中本たか子：《わたしの安保闘争日記》，219、243—245頁；Packard, *Protest in Tokyo*，289－290、294－296；《朝日新聞》1960年6月16日；中央委员会幹部会《聲明》，1960年6月15日，资料来源：《安保闘争：60年の教訓》（日本共產黨中央委員會出版局，1969），185—186頁。

2　城台巖等人：《1960年・三池》，81頁。

传单。突然间，一名17岁少年山口二矢冲上台，当场以胁差（一种日本武士佩带的短刀）将浅沼刺死。被逮捕后，山口解释他攻击浅沼的动机: 这名社会党委员长与中国和苏联过度友好，是背叛国家的叛徒。依同样的逻辑，山口原本打算暗杀日本共产党与日教组的委员长。11月2日，山口执行对自己的刑罚，以自杀结束生命。[1]

经过进一步调查，警方发现山口是"大日本爱国党"成员，且有犯案前科。他长长的罪状，光是1959年就包括如下: 向反安保的抗议者发送传单（6月25日）；干扰谈论安保新约的广播节目（7月29日）；在广岛的原子爆禁止世界大会上冲破交通封锁线、丢掷烟幕弹、对警察动手（8月5日）；毁损警官衣物（9月7日）；非法入侵（9月8日）；散发传单并伤害警察（11月16日）；用扩音器从车子里大声叫嚣，并对警察动手（12月14日）。他在1960年的罪状包括: 妨害反安保集会（3月1日）；妨害反安保游行（4月26日）；暴力行为（5月3日）；毁损标示反安保请愿地点的看板（5月14日）。对于这些罪状，似乎因为年纪的关系，山口的刑责皆为缓刑。[2]

在许多左派人士的心中，浅沼的暗杀与安保抗议活动是彼此关联的，因为他们认为，社会党委员长是反安保运动的重要象征及领导者。对浅沼的攻击，因而被广泛解释为对所有反对安保新约

170

1　西井一夫编: 《60年安保·三池闘争: 1957—1960》，155頁；岡崎万寿秀: 《浅沼事件と右翼》，《前衛》176號（1960年12月）: 185頁。
2　法務省刑事局: 《最近における右翼関係主要刑事事件の処理状況》1960年10月，资料来源: 《「浅沼事件」関係資料集》，2—14頁。

国民的攻击。有些评论者进一步延伸，将暗杀行为解释为对支持日本独立、和平与民主人士的恶意行动。

　　而暗杀事件、反安保运动与三池罢工的共通点，就是右翼暴力团的存在，尤其从同情左派人士的观点看来，更是如此。到1960年秋天之前，关于必须削弱暴力团势力的议题已可见诸多讨论，因为他们"如洪水猛兽一般"，对平和生活是百害而无一利，况且他们的行事作风与公民的意志相左。对于该采取什么反制行动的建议，包括镇压极道团体；留意他们的政治地位、内部运作，以及他们与政权的关系。一名东京教育大学的教授[1]特别关心暴力右翼团体如何锁定年轻人为招募对象。他忧心这件事，主要因为这一代的年轻人没有经历过战争，而这意味着，他们无法了解加入右翼势力可能带来的负面后果。[2]

　　对于再一次经历二战前岁月的恐惧，赋予了1960年左派架构政治发展的方向。由于很多人立刻将浅沼的暗杀事件描述成右翼的"恐怖主义"，20世纪30年代的语汇便复活了。[3]也有人激烈地争辩，法西斯主义是否在日本复兴了。思想家兼评论家久野收并未明指法西斯主义，但是他坚信浅沼被刺是二战前与战争时期的"邪恶传统"，期望利用暴力对付政治上的代表人物，而这传统尚

1　译校注：木下半治（1900年5月9日—1989年8月14日），日本的政治学者。

2　大野達三、高木喬：《浅沼暗殺事件と右翼暴力団》，19—20、23—24頁；《暴力の横行と政治》，185頁；渡辺洋三：《法と暴力》，《思想》438號（1960年12月），118頁；木下半治、鶴見俊輔、橋川文三：《テロ・國家・會議：浅沼刺殺事件の思想的背景と歴史的意味》，《思想の科學》23號（1960年11月），71頁。

3　岡崎万寿秀：《浅沼事件と右翼》，184頁；向坂逸郎：《浅沼さんの死と個人的テロリズム》，《社會主義》110號（1960年11月），2頁。

未绝迹。他主张，和二战前一样，右派正使用政治与意识形态的谋杀，制造一种恐怖气氛，如此他们便可以将这个国家带往他们认为适合的方向。久野承认，在二战后的十五年间，人们开始书写自由与民主。然而，他声称，在暗地里仍有意识形态暗杀的可能性，而浅沼的暗杀事件便透露出来了。久野和其他人注意到美国媒体如何刊登关于最近日本事件的文章，让美国的读者质疑日本的民主与"文明社会"状态。一名评论者同意10月12日在《华盛顿晚报》（*Washington Evening Post*）上的一篇文章，内容即是关于浅沼攻击事件如何让人想起20世纪20年代与30年代军国主义者对政治人物的暗杀行动，这起事件也激发出一个重要的问题：日本法西斯主义是否有民众支持的基础？[1]

171

其他人虽然担心右翼的暴力，但不认为法西斯主义的威胁有那么严重。这一方的论点是，民主与自由精神的普及，以及公民所具备的发言权，使当前日本的政治情势已经和20世纪二三十年代大不相同了。一位作者写道，不能因为浅沼的刺客山口提过对好几个人物（包括天皇、吉田松阴、西乡隆盛和墨索里尼）怀有敬仰之情，就轻易将他与带有希特勒式虚无主义心理的法西斯青年相提并论。[2]

1960年的事件也引起一股对暴力的批评声浪。在某些批评中，

---

1 久野收：《民主主義の原理への反逆：浅沼委員長刺殺事件の思想的意味》，《思想》437號（1960年11月），67—69、72—73頁；高野実：《浅沼暗殺をめぐる政局》，《労働経済旬報》第14巻第453號（1960年10月），7頁。

2 大野達三、高木喬：《浅沼暗殺事件と右翼暴力團》，24頁；向坂逸郎：《浅沼さんの死と個人的テロリズム》，7頁；木下半治等人：《テロ・國家・會議》，70—71頁。

清楚且明确地谴责某些政治或意识形态团体，而其他批评则只是暗指，很少明说。然而，其共识都是对政治暴力的全面谴责。[1] 较主流的报纸更是挺身而出，发表了反对暴力的声明。6月中旬，反安保运动最高点时，《朝日》《每日》《读卖》《产经》《东京》《东京时报》《日本经济新闻》等发表联合声明，要求放弃暴力、守护议会政治。声明中表示，6月15日的"流血事件"是一件"痛恨事"（憾事），根源于对日本未来深沉的忧虑。使用暴力而非语言是令人难以接受的，声明中也忧心这种趋势若持续下去，将摧毁民主，危及日本身为一个国家的存在。他们催促执政党和反对党合作，解决当前局势困境，回应人民想要保护议会政治的愿望，并消弭焦虑。[2]

类似的情绪也表现在三池争议上。《朝日新闻》虽然对罢工者的批评多于对资方，但针对此议题也以一篇社论作结，坚持暴力无法取得圆满结果，两造必须找到一个和平解决争议的方法。[3] 而于1960年7月接替岸信介的池田勇人首相也批评笼统的"集体的暴力"（虽然左派怀疑，"集体的暴力"暗指工人罢工和民众运动）。10月21日的众议院全院会上，池田发表谈话，指出消弭所有暴力之必要，不分左派或右派。[4]

1　有些左派的评论家对这些暴力谴责存疑，他们担心对暴力的担忧，将成为镇压民权运动、示威与以及罢工权的理由。向坂逸郎：《浅沼さんの死と個人的テロリズ厶》，6頁；木下半治等人：《テロ・國家・會議》，77頁。

2　《每日新聞》1960年6月17日。

3　《朝日新聞》1960年7月8日，资料来源：三井鉱山株式会社：《三池争議—資料》（日本経営者団体連盟弘報部，1963），954—955頁。

4　《読売新聞》1960年10月21日。

1961年，不同党派向国会提出禁止暴力的法案。2月时，社会党提出《恐怖主义防止法案》，要求对政治恐怖主义的严厉惩罚，其定义为受政治意识形态鼓动的谋杀，以及以武器胁迫，导致谋杀的可能性相当高。5月时，自民党交出一份与"民主社会党"（以下简称"民社党"）共同联名的法案，民社党成立于1960年1月，是由退出社会党的党员组成。这份《政治的暴力行为防止法案》不只针对杀人或肢体伤害行为，同时提高了其他不正当行为（如擅自侵入）的罚责至重罪。这份草案也鼓励人民向警察举报任何施加暴力行为的可疑人物，阻止组织的不法和不当行为。若某团体被认为行为不当，其成员不得为该组织从事任何行为，包括发送机关报纸、举行示威游行，或公共集会，限期至多4个月。可想而知，这两项法案无不饱受批评。社会党的提案被一些人认为太过；类似的指控也针对自民党—民社党提出的版本，左派指他们的版本类似1925年的《治安维持法》。[1] 由于伴随这些争议的国会冲突与示威游行，两项提案都没能通过。[2]

172

终章：1960年后的政治暴力

从日本二战后的历史脉络来看，1960年标志着一个转折

1　《政治テロと集団行動》，《世界》187號（1961年7月），190—192頁；西尾正栄：《暴力と社会主義》，《社会思想研究》第13卷第7號（1961年7月），11頁。

2　关于外国媒体对此次暴力的批评，见 "Mobocracy Again," *Time Magazine*, June 16, 1961.

点——在三池罢工、反安保示威与浅沼暗杀事件后，由于民众对肢体暴力的难以容忍，以及警方更大规模的控管，暴力渐渐缩退成为一些政治的非正常手段，而且被迫走入地下。这种演变是渐进式的；暴力的褪去或消失不是一朝一夕的事。例如，20世纪60年代初期，在池田勇人正式当选为岸信介继任者的那个下午，一名右翼分子刺伤岸信介，在他的大腿刺了六刀；而且右派持续威胁政治人物，甚至谋划杀害池田首相。[1] 然而到了20世纪60年代中期，右翼团体的极端暴力行为引来了警方及政客的镇压，这些组织与政党之间开始拉开距离，自民党自然也不会例外。到了20世纪70年代，右翼暴力不再受到强大的联合阵线的支持，而是转为由极端分子执行的零星行动。[2] 至于左派，学生与工人于20世纪60年代末期走上街头，参加大型示威、抗议教育体制和越战，他们深感日本与美国实为帝国主义国家。当部分团体投掷炸弹、使用其他暴力手段后，民众转而反对游行示威者，并在1969年举行的普选中，让社会党尝到了挫败的滋味。随着武装斗争在20世纪70年代初式微，左派分崩离析，进而消失殆尽，暴力成为极端团体的特征，例如"赤军派"与"东亚反日武装战线"，他们后来走入地下，沦为非法团体。[3]

173

1　Packard, *Protest in Tokyo*, 304 – 305.

2　Peter J. Katzenstein and Yutaka Tsujinaka, *Defending the Japanese State: Structures, Norms and the Political Responses to Terrorism and Violent Social Protest in the 1970s and 1980s* (Ithaca: Cornell University Press, 1991), 30 – 33.

3　Peter J. Katzenstein and Yutaka Tsujinaka, *Defending the Japanese State: Structures, Norms and the Political Responses to Terrorism and Violent Social Protest in the 1970s and 1980s*, 14, 20, 24 – 25; Peter J. Katzenstein, *Left-wing Violence and State Response: United States, Germany, Italy and Japan, 1960s – 1990s* (Ithaca: Cornell University Press, 1998), 2 – 4.

暴力专家也明显淡出政治舞台。二战后的几年内，壮士算是销声匿迹了，而极道则渐渐和右派暴力拉开了距离（虽然不是与全部的右派），尤其是在20世纪60年代中期。儿玉誉士夫的极道团体同盟显然于1965年土崩瓦解，而右翼也逐渐不再雇请极道，而是由像杀害浅沼的刺客山口二矢的这种右派年轻人执行。[1] "暴力团"一词，最终变成只是指组织型犯罪的同盟，而非极道——右派组织的联盟。

极道自然不会回避政治或右派，但是相对不再专指涉及肢体暴力的暴力专家，而也指涉及腐败的经济体。诸多原因可用以解释这样的转变，包括极道团体转变成手头阔绰的组织型犯罪联盟，以及民众对政治暴力的不耐烦。对极道来说，比起使用暴力，金钱的运用更是投其所好，因为金钱往来较不易被民众察觉。在20世纪70年代，秘密资金往来的隐蔽性的需求变得更加迫切，因为当时爆发数起备受关注的贪腐丑闻（其中一宗涉及儿玉誉士夫），使民众对于行为不端的政治人物十分鄙视。同样地，政治人物也不得张扬任何与政治掮客之间的来往，例如与儿玉或极道这些人士，尤其是20世纪80年代，民众更不能接受黑手党。[2] 确实，政治人物一旦被曝光和极道有所挂钩，其政治代价就变得太高了。从90年代初起，民众对于政客与极道往来群情激愤，迫使竹下登首相与国会议员金丸信下台，并加速了首相森喜朗的失势。

日本二战后初期的民主，深受大众对政治暴力不满的影响，而

1　松叶会于1965年也解散了。堀幸雄：《右翼辞典》，550頁。
2　民众对极道的忍受度降低，因为帮派内部的纠纷导致无辜市民枉死，以及因为极道活动掠夺的本质愈来愈明目张胆。Hill, *Japanese Mafia*, 138－146。

且，从越来越庞大的选举人口，以及通过政治上广泛的基层参与便可看出端倪。如今无论男女，皆可前往投票所，对他们认为过分暴力的人投下反对票。[1] 而且抗议者可导致内阁下台，或者逼迫政治人物辞职。利用街头政治促使政治人物为其行为负责，这个概念并不新颖，因为在战前，大型抗议活动已曾让数个内阁垮台。不同的是，这些群众所接纳并传达出的民主概念——不论是国内政治（国会审议、劳动争议，或是对付抗议者）还是国际政治（战争或拥有核武器），都不再容得下政治领袖和执政党动用暴力。这个要求也许有些虚伪，尤其一思及那些曾经大肆施展暴力的左派；然而，大众高举的民主理想，已不再是战前帝国主义那种一手民主、一手侵略性帝国主义的民主了。

这些日本民主中的改变，在二战后演变的结果是，金钱超越暴力，成为政治影响力的工具。[2] 尤其是保守派发现，金钱，这项政治上持久的燃料往往可以比暴力更有力量——而且低调。所以，留下来的暴力专家，主要是极道，他们的工作变成金钱的交易往来，而非展现肢体暴力，至少在政治领域是如此。舍去暴力，偏好贿赂，这在日本民主发展过程中是一种改变，但不是进化。金钱流动不仅比肢体攻击更不易见、警方更难处理，贿赂也使得牵

1　这在20世纪50年代也是一样，例如当时选民即以选票严惩日本共产党的极端手段；在1952年的选举中，该党失去在众议院的所有席位。

2　这并不是指贪污和贿选在二战前并不存在，见Richard H. Mitchell, *Political Bribery in Japan*（Honolulu：University of Hawai'i Press，1996）的第二章。关于二战前的政治腐败，见Samuels, *Machiavelli's Children*, and Jacob M. Schlesinger, *Shadow Shoguns: The Rise*的第九章，以及*Fall of Japan's Postwar Political Machine*（Stanford：Stanford University Press，1999）。

涉其中的人不得不参与更多共谋。在二战前的选举中，在投票所被壮士恐吓的选民受到影响，而战后一到选举日，在地方党部逗留喝杯清酒的选民，或者在路上收了钱的选民，在贪腐中都有了更深一层的同犯关系。这在很少听闻有肢体威胁事件的地方尤为明显。金钱政治的盛行，也意味着拥有更多金钱渠道的公民可以拥有更大的政治影响力；一个人得有足够的财富才能贿赂政客。从某些方面来看，二战前雇请壮士的情况也是如此。但是，从任何持有棍棒的年轻人团体都可以威胁、恐吓一名政客的角度来看，早期壮士进入政治的门槛较低；而战后，少了资金便被排除在政治参与之外了。因此，贪腐和贿赂可以和暴力一样有害、排他且不民主。

如上述所提，并不是说日本不再是一个暴力的民主国家。暴力仍然是20世纪60年代民众抗议与工人抗争的重点之一，即使在极道从政治舞台淡出以后。就算进入70年代，那些认为自己被排除在政治体制外的人，也转向恐怖主义的暴力和暗杀，借此宣扬他们的观点、表达失望、展现出他们是政治的产物。关于如何处理政治边缘人这个悬而未决的问题，让暴力有机可乘。此外，极道不时也在所属其他战线上动用武力，他们的存在，为政治带来了暴力威胁。[1] 日本民主的暴力可能不像二战前那么频繁、例行或是为人所接受，但是民主政治仍掺杂了具有威胁性的潜在暴力，且经常冲出表面，这足以提醒人们它的存在。

---

[1] 极道的暴力潜力甚至被韩国国家情报院认为是有价值的，他们在1973年时计划收编极道，从东京绑架（未来的总统）金大中。这个想法后来因为担心日本警察发现该计划而中止。*Daily Yomiuri*，October 14，2007。

暴力与民主

日本近代史的大部分时期，暴力与民主一直以一种不安的、复杂的、紧张的关系共存着。在日本，一如在其他地方，暴力和民主被紧紧捆绑在一起，彼此吸纳，又彼此威胁，却又无法摧毁彼此。暴力并未一手消灭民主政治，民主也绝非暴力政治的万灵药。

确实，日本暴力民主的核心，即是一种紧张关系：民主政治到头来正好吸引了会导致不民主的那种暴力。19世纪90年代，宪法的施行、议会的成立以及国会的普选，并未平息前十年的壮士暴力，只是刺激着暴力改变其形式，从叛变及恐怖主义，到暴力行为。接下来数十年白热化的政治竞争和民主政治的意见相左，促使壮士暴力行为被当成一种工具来使用，影响政治结果、推进政治目标。民党与吏党之间、竞选候选人之间，以及两党政治要角之间的敌意，无不激起对某种手段——例如暴力——的需求，借此松动、说服、引诱某种被期待的政治行为。民主改革并不预示着暴力的终结，但转化了暴力，将曾经是从外部对抗不民主政治体制的反抗暴力，收编成为民主政治的施行手段。

当民主政治推动暴力行为持续的同时，这些暴力行为产生了各种不民主的负面效应。其非民主的特质并非总是那么清楚明确，例如院外团壮士可用来抑制藩阀势力，而且偶尔会支持政党所倡议的扩大政治参与，这与当时民众的需求一致。然而，壮士暴力倾向于威胁、恐吓，而且他们干扰行使民主的场所，例如演说会、议会辩论以及选举。壮士也助长了政治中的不平等，是有钱雇请他们的那些人的资产。当他们被纳入政治体系，也助长了一种政治暴力的文化；在这种文化里，暴力，以及那些与他们有关联的人，将运用肢体暴力的行为视作一种必要且可接受的政治策略。到了20世纪20年代初期，一个正走向全国男性普选且有政党内阁的两党政治体制，与院外团壮士和政治暴力文化，交织在一起且纠缠不休。

在暴力与民主之间，还存在着许多其他的紧张关系。早在19世纪70年代和80年代中期，领导并参加自由民权运动暴力事件的博徒及壮士，即体现了使用暴力手段达成民主目的之间的矛盾。他们为了建构一种截然不同的政治秩序，大肆破坏已有的政治秩序，并为了大量参与政治活动而排除异己。20世纪80年代和90年代，暗杀与军事扩张以自由之名进行着。来自自由民权运动的民众，与怀有自由精神的大陆浪人，作为帝国主义以及战争暴力的一部分，四处耀武扬威。而像吉田矶吉和保良浅之助这样的极道老大，通过民主方式参选而进入国会，这多少和他们暴力胁迫的能力有关。

如某些历史学者所宣称的，这样的对立并不是什么日本民主倒退的独特征兆，或者说是被旧时代的封建遗毒所毒害着。[1]民主的某些缺失确实助长了暴力的盛行，选举权限制便是最明显的例子。然而，暴力的出现不是一种政治上的回归现象；自由民权运动时的博徒，是推动民主改革的草根力量；大陆浪人推动着大陆扩张；壮士被组织化，进入了民主政治体系；而日本国粹会与日本正义团之类的组织，抵抗共产主义的蔓延，试图确保日本为资本的、工业的强权。某些暴力专家确实引用德川时代的理念和语汇，将自身描绘成——而且可能也自认为是——侠义的"侠客"，或者传说中的日本武士。但是在实际上，他们的政治暴力与最现代的动向密不可分——近代国家的建立、议会与宪政民主、国家主义、帝国主义，以及法西斯主义。

　　暴力与民主的纠葛，以及这种纠葛所衍生的诸多政治后果，使人们难以理解暴力与民主是必然在根本上互不相容的。民主并未消灭暴力，反而可能助长暴力。而且，要说暴力是"民主巩固"的绊脚石，也没有太大意义。[2]自由民权运动时的博徒与壮士，甚至院外团的壮士，再一次说明我们可能有必要检视以民主之名，或者以促进民主为目的而使用暴力的可能性。换句话说，使用暴力背后的动机，以及潜藏在暴力之下的因与果，也许与"民主化"

177

1　丸山真男在他研究日本国粹会与日本正义团时，发表过这种关于"封建时代的遗物"的主张。Maruyama Masao, *Thought and Behavior in Modern Japanese Politics*, ed. Ivan Morris（Oxford: Oxford University Press, 1969）, 27 – 28。

2　关于暴力与"民主巩固"，见 Mark Ungar, Sally Avery Bermanzohn, and Kenton Worcester, "Introduction: Violence and Politics," in *Violence and Politics: Globalization's Paradox*, ed. Kenton Worcester, Sally Avery Bermanzohn, and Mark Ungar（New York: Routledge, 2002）, 3 – 4。

和暴力本身一样息息相关。更广泛地说，将暴力视为"民主巩固"（Democratic Consolidation）的绊脚石，即是冒着接纳一种简单概念的风险，也就是认同"暴力与民主绝对对立"，仿佛暴力的式微可以被轻易标示并测量，仿佛民主之中就没有了暴力。确实，"民主巩固"概念的用处不大。若认为有一种朝向稳固民主的自然演进过程，这似乎是进行混乱过程的特性描述时所产生的错误想法，而且，认为民主是永保安康的假设，无疑也是相当危险的。

暴力、法西斯主义与军国主义

事实上，日本的民主主义确实偏离正轨，而暴力也导致了20世纪30年代与40年代初的悲惨命运。政党的政客长期与暴力专家合作，有些暴力专家甚至被纳入了组织，这种情况也许让政客较能容忍后来和军人共治的局面。而结构上嵌入的政治暴力，也引发了人民对于政党能否维持秩序的怀疑。来自日本暴力民主的担忧，因为国粹会与正义团这样的法西斯团体而加剧，他们加剧了既存的政治暴力文化，接受或认同暴力的使用是值得赞扬的，甚至将暴力荣耀化，将其美化成爱国的净化行为。充满自信的法西斯集团纷纷秀出自己的政治肌肉，借此确认他们对政党无能的担忧。法西斯运动对民主更是荼毒已久，因为它将国家（军方及官僚）与暴力专家（极道）结合在一起。日本在此之前就与暴力专家有了联结；明治时期的政治元老站在吏党壮士身后，派驻亚洲大陆的军方人员和国家主义的大陆浪人合作。但是从来不见国家精英分子作为一场政治运动中重要团体的领导人，与暴力专家建立过如此紧密的联结。因此，暴力民主与法西斯运动两者便助长了20世纪30年代军方企图政变的态势。

　　这并不是说暴力行为的组织化以及政治暴力的文化无法阻挡也无法避免地导致了20世纪30年代的军方统治抬头。这个转变极其复杂，已超越了本书的重点，其情势的形成还有其他诸多因素，包括经济失序、农村困境、沙文式帝国主义、高官的谋略以及政治腐败。若没有这些各方压力促成并造成民主政治的崩坏，日本的暴力民主也许可能会无限期地延续下去。

　　与壮士和院外团的暴力行为不同，法西斯运动和军方统治没有任何民主可言。确实，法西斯暴力的特性之一，就是没有内部摩擦与矛盾。在暴力手段与民主结果之间、民主的成因与暴力的后果之间，民主意图与非民主结果之间，都不会有任何冲突矛盾。例如国粹会与正义团，令人瞠目结舌的是，他们一味只想通过暴力手段，打压那些拥有他们所不认同的意识形态的人。而30年代接手日本政治领袖的军政府，他们不需要壮士，甚至也不需要极道，因为造就这种需要非国家暴力专家的异质政治已被铲除。相反，这些暴力专家被正式的国家武力，或者国家武力专家所取代：警察和军人。当活跃的政治角力被浇灭，当民主与暴力的紧张关系被终结，当暴力专家的策略为国家所采用时，暴力显现出最惊人的系统性、支配性和强力性。[1]

1　军国主义国家的暴力，超过这本书的范畴，但是它确实强化了作者在第一章简要提到的一个观点：国家暴力不必然都是正当的，和所有形式的暴力一样，它必须经过辩论，并给出合理的解释。国家暴力为正当的概念一直存在，（转下页）

178

309

暴力专家及其历史

暴力专家体现了日本暴力民主的各种紧张关系与模糊的灰色地带。这或许在于他们拥有明显的特质：可从由谁动武、用什么方式、对抗谁以及为了什么目的看出，他们处理事情时所使用的暴力本身即是一种政治工具，被赋予多重意义。也许更重要的是，他们为不同利益效劳，并且也不是国家行为者，他们还模糊了国家和社会之间的二分法概念，并擅长复杂化这个概念。有一段时间，某些暴力专家借助自身与国家各自独立的立场，挑战政府及当时的体制，例如19世纪80年代或者在"民众骚扰期"时某些壮士的作为。有些时候，非国家暴力专家与国家站在一起，或是站在国家身后，如19世纪90年代，壮士为政府支持的政党效力、暴力团镇压工人抗议，以及极道于二战后保守派联合阵线中占有一席之地。这些不同的、因地制宜的操作，可以说是让他们得以存续的手段——暴力专家对于想要谴责他们的人来说，就是一个移动标靶。正因如此，他们狡猾不定的地位也许才能为国家所接受，国家甚至还支持他们使用暴力，因为一旦舆论施压，国家就可以否认与暴力专家的任何

179

（接上页）是因为马克斯·韦伯一再重复对国家的定义：国家具有使用武力的正当性及独占性。虽然一个可以存续的国家确实需要有力量镇压对其统治的暴力反抗，但这种定性的含义是：由国家断占的暴力都是正当的。韦伯并未讨论：谁来决定国家暴力的正当性？见 Max Weber, *Economy and Society: An Outline of Interpretive Sociology*, vol.1, trans. Ephraim Fischoff et al., ed. Guenther Roth and Claus Wittich (Berkeley: University of California Press, 1978)。

关系。举例来说，对国家而言，向极道求助也许比使用国家警察或军队更具吸引力，因为与其回应国家暴力过度的指控，对可能与暴力专家勾结的批评含糊其词，似乎相对容易许多。

　　暴力专家不只是反映日本政治史的窗口，也是国家与社会的变动关系、民主政治争议性的特质，或是意识形态冲突的力量。他们也是重要的历史角色，形塑了日本政治与政治生活的轨迹。暴力专家影响力的核心，是他们实施暴力的能力及影响力。知名的美国政治与社会史学家查尔斯·蒂利（Charles Tilly）曾提出有力的论说且经常被提及，他指出，暴力专家的存在，往往导致暴力的结果。[1] 比起非暴力的可能性，这些暴力的结果之后将继续加速传播不同的影响，诱发不同的反应。如果说是博徒与壮士助长了自由民权运动的暴力抵抗，进而促使明治政治元老走向民主改革，也不是天方夜谭般的论调。身为20世纪初前几十年民主运动的组织者，他们所属的壮士与院外团推动了民众抗议运动，其所造成的结果包括推倒内阁。而极道与自民党的合作，使战后日本的保守政权得以强化并长期延续下去。除了暴力专家的工具性价值，这些人物也塑造了他们运作其中的政治文化。暴力专家的存在，使得暴力更可能成为政治的常态工具，而非最后手段；这种"习以为常"，让暴力从目标的严肃性中剥离开来，人们也更习惯于不去思考暴力的后果。源于这种心态的政治暴力文化，造就了壮士组织化地进入政党，最终也导致了20世纪30年代的民主崩盘。

1　Charles Tilly, *The Politics of Collective Violence*（Cambridge：Cambridge University Press, 2003）, 4 - 5.

关于日本的暴力组织与政治暴力史，还有很多地方有待研究。本书将焦点放在政治领域中暴力的运作及影响，但是我们还可以进一步了解更多：关于各种暴力产生的过程，是什么触发、刺激并造成人们做出挥拳或拿起武器的决定。那将是本书之外的另一个计划了。和我调查壮士或极道时的情况如出一辙，届时需要日记、回忆录之类的参考资料，但能找到的简直少得可怜。然而，如果可能的话，这类问题将有助于将暴力放在社会学的角度，并强调这本书隐含的想法——暴力，包括本书所讨论到的各种暴力专家，是多种因素汇集而成的，而且不是天生或无法避免的。

对暴力民主的当代观点

在第二次世界大战中大败，接着战后由外国势力占领，将日本的暴力民主彻底改造成战后的模样。从根本上改变的，是战前曾被容忍，甚至被鼓励的，以肢体暴力作为政治工具的政治暴力文化。曾经有不同的声音，例如明治时期的报纸，曾试图将博徒暴力贴上罪犯的标签，20世纪20年代的自由派知识分子与记者也将暴力描绘成倒退的行为。但是到了二战后，民众对肢体暴力的不耐和反感已广为蔓延，已经不只是几篇批评罢了，暴力不仅被斥为不文明、不合法、不稳定、具破坏性，而且也被斥为不民主。由于暴力越来越令人难以接受，暴力专家才逐渐淡出政治舞台，被迫转入地下，或者改以运用金钱，而非暴力。我们不应该因此以为，将暴力行为组织化的战前体系，已经对肢体暴力的使用进行了清洗；事实上，政治的暴力——尤其是右翼极道与左翼恐怖分子——持续对日本的民主构成着威胁。

因此，虽然已经和几十年前截然不同了，但当代日本仍是一个暴力的民主主义国家。随着暴力事件相对减少，暴力与民主之间的紧张关系已经得以缓和。通过肢体冲突的政治，不再是持续存在着的了。暴力的政治不被期待，也不再被当作习以为常的事情。而当政治暴力的行为真实发生时，也很快会被贴上不民主的标签，而且通常会引起民众的反弹与震惊，这正是因为暴力已不再是随处可见了。[1]但是因为持续的、潜在的暴力威胁，我们还是可以谈论和研究日本的暴力民主（如同在其他任何民主国家一样）。[2]

在日本民主中，暴力的可能性依旧持续着，部分是因为极道在持续参与着政治。当谈到政治，极道如今可能较常使用金钱，而非暴力的手段，但是他们依旧具体表现出肢体恐吓与强制的威胁；确实，极道经常使用暴力，主要在政治圈以外，偶尔会在政治圈内，以至于他们的威胁显得真实可信。日本不是唯一一直有暴力专家、组织罪犯，尤其是黑手党（极道）参与政治的国家。例如在俄罗斯，组织犯罪集团会以独立身份参选公职、地方政治 181 机关代表，或极右翼政党"俄罗斯自由民主党"（Russian Liberal

---

1　2008年8月，自民党政治人物加藤纮一的母亲家遭一个右翼组织纵火，以及2007年4月，长崎市市长伊藤一长遭一名极道分子杀害，皆被公开谴责为对民主的攻击。然而，找出暴力行为的责任者，并非那么简单。关于前首相小泉纯一郎对加藤宅遭攻击的反应，见 Gavan McCormack, *Client State: Japan in America's Embrace* (New York: Verso, 2007), 26－28。
2　丹尼尔·罗斯（Daniel Ross）可能会不同意我将潜在暴力以及实际的暴力行为区分开来。他的"暴力的民主"的概念的前提是民主的暴力可能。见 Daniel Ross, *Violent Democracy* (Cambridge: Cambridge University Press, 2004) 前言。

Democratic Party）候选人。自20世纪90年代中期，就有一些讨论是针对该国与某些组织犯罪团体合作，吸纳他们以维持秩序与稳定、控制某些他们同类中更残暴组织的活动，并和车臣的黑手党相对抗。[1] 在西西里，黑手党可以将票投给投其所好的政客及候选人，也会威胁、攻击那些企图削弱其势力和影响力的人。[2] 虽然方式不同，程度也不一样，这三个国家以及其他国家，无不面临需要将组织犯罪和黑手党参与民主政治的暴力极小化的挑战。而这些国家本身也无法，或不愿意重击这些团体，或是和他们超乎寻常的适应及生存能力正面对决。

不是只有存在重大组织犯罪与黑手党的地方，才会有持续的与民主政治中内嵌的暴力的缠斗。即使在非国家暴力专家因为各种原因而未存活下来的国家（例如一个强大的国家、有效且有力的法律，以及民众的无法容忍），协商暴力与民主之间的关系，依然是巨大的挑战。我会主张所有的现代国家——政府，以及所有的民主国家都应管控他们内部的潜在暴力。所有导致日本民主史上暴力兴起的重大议题——反抗及抗议运动、原本应该拥护平等的政治体制中的不平等、理想的政治经济体系愿景的碰撞、国家与政府对威胁其政权的事件的对策，以及如何对待政治上少数族群的问题——依然是日本如今所面临的问题，而且在日本之外的更广阔世界也会产生共鸣。所有的民主国家也必须面对从属于国家

---

1 Federico Varese, *The Russian Mafia: Private Protection in a New Market Economy* (Oxford: Oxford University Press, 2001), 180 – 184.

2 Diego Gambetta, *The Sicilian Mafia: The Business of Private Protection* (Cambridge, Mass.: Harvard University Press, 1993), 182 – 187.

的暴力专家（军队以及警察）的问题，判定国家暴力何时是公义且合理的，讨论其限制及逾越程度，并谨慎讨论国家企图使用或误用法律，以合法化其武力能量的扩张。国家暴力专家和非国家暴力专家一样，最终必须由民众来监督；而人民则承担了一项重大责任：暴力那强大的工具逻辑（instrumental logic）不能盖过民众对其对民主实践后果的深思熟虑。

博徒（bakuto）：即赌徒，与"的屋"同为一种日本极道。

暴力团（bōryokudan）：在二战前，是指以施行暴力闻名的团体。二战后，则是他们的批评者对组织性犯罪联盟的同义词。而在本书中，由于明确指出他们的组成有其难度，这个名词便用来指称暴力团体。

藩阀（hanbatsu）：明治初期到大正中期主导政府的明治元老政治派系以及他们的后进。这些人在其领地为先锋，拥护明治维新，19世纪70年代初期后，来自前萨摩藩与长州藩的藩阀占了主导地位。

一家（ikka）：一种极道组织，或说"家族"，一种建立在黑道老大和小弟之间的拟亲关系。

院外团（ingaidan）：政党中的压力团体，其组成为党员以及未当选公职的支持者。壮士也包括在内，他们主要负责保护该党政治人物，也负责实际骚扰政敌。

侠客（kyōkaku）：一种对极道的恭维说法，指称具分量的极道老大，尤其是德川幕府后半段时期。据说，侠客具有像罗宾汉一样劫强济弱的精神。

民党（mintō）：自由民权运动后衍生出或延续下来的人民政党。用以指称明治中期抵抗藩阀的政党，如自由党和立宪改进党。

无宿（mushuku）：德川时代"未登记"，或者没有正式户籍的人，在阶级制度中完全没有地位。

吏党（ritō）：由藩阀所支持的政府政党。用来指称明治中期的政党，如大成会。

浪人（rōnin）：有多种不同的定义；用来指德川时代无主人的流浪武士。

誓杯仪式（sakazuki ceremony）：日本极道的一种仪式（但不限于极道），使用一种小清酒杯，借以宣誓巩固人与人或团体之间的联结。对极道来说，这项仪式传统上是标记成员入会、黑道老大与小弟更进一步的关系、"兄弟"之间联结的建立，或者两个世仇"一家"的和解。

184　**志士（shishi）**：德川时代末期，试图以武力推翻德川幕府的武士，通常是位阶较低的武士。这些"志士"在19世纪50年代末与60年代初，执行暗杀计划，目标是攻击外国人，以及那些臣服于西方的人。

士族（shizoku）：明治时期出现的名词，指武士后代，或者前武士。

壮士（sōshi）：原指参与自由民权运动的年轻活跃分子，他们从19世纪80年代末以来，逐渐成为专门使用暴力的政治流氓。

大陆浪人（tairiku rōnin）：各种前往亚洲大陆的投机分子，或者前去投身各种不同活动的日本人，包括政治激进活动、间谍活动，乃至商业活动。这些人包括知识分子、国家主义组织成员、商人、军人等，他们前往亚洲大陆的动机相当多元。

的屋（tekiya）：一种流动摊商，和博徒一样，是极道的一种。在德川时代称为"香具师"（yashi）。这些商人通常贩卖劣质品，或者以诈术谎骗客户。和博徒一样，的屋也组织成"一家"，由一个老大领导。

极道（yakuza，也有音译为"雅库扎"，即"日本黑道"）：从明治时期起，日本极道就被视为日本的黑手党。他们提供暴力与保护，而且涉足特种行业、娱乐产业以及建筑业。二战后，他们扩张势力范围，举凡企业黑函、讨债、破产管理都有他们的身影。日本极道的起源可追溯至德川时期，当时他们主要为两种类型：博徒和的屋。这样的区分持续到第二次世界大战后的几十年。

参考书目

缩写语

CJS Saitama Shinbunsha, ed. *Chichibu jiken shiryō*. Vol.1. Tokyo: Saitama Shinbunsha Shuppanbu, 1971.

CJSS Inoue Kōji, Irokawa Daikichi, and Yamada Shōji, eds. *Chichibu jiken shiryō shūsei*. Vols. 1, 2, 3, 6. Tokyo: Nigensha, 1984 – 1989.

KKMSBJ *Kensei o kiki ni michibiku Seiyūkai no bōkō jiken*. Tokyo: Jiyū Bundansha, 1927.

MNJ Edamatsu Shigeyuki et al., eds. *Meiji nyūsu jiten*. Vols. 3, 4. Tokyo: Mainichi Komyunikēshonzu, 1986.

TKKSS Ogino Fujio, ed. *Tokkō keisatsu kankei shiryō shūsei*. Vols. 9, 13, 14. Tokyo: Fuji Shuppan, 1991 – 1992.

TNJ Edamatsu Shigeyuki et al., eds. *Taishō nyūsu jiten*. Vol.4. Tokyo: Mainichi Komyunikēshonzu, 1987.

文献

Abadinsky, Howard. *Organized Crime*. Chicago: Nelson-Hall, 1985.

阿部昭:《江戸のアウトロ:無宿と博徒》, 講談社, 1999。

安部磯雄:《暴力に対する国民の不徹底的態度》,《改造》, 第6卷第5號
（1924年5月）: 88—95頁。

安部磯雄:《法治國に暴力を許すとは何事か》,《中央公論》, 第38卷第1號
（1923年1月）: 216—221頁。

安部磯雄:《国家的『力』の発現を公平ならしめよ》,《中央公論》, 第38卷
第9號（1923年8月）: 74頁。

阿部善雄:《目明し金十郎の生涯: 江戸時代庶民生活の実像》, 中央公論社,
1981。

相田豬一郎:《70年代の右翼: 明治・大正・昭和の系譜》, 大光社, 1970。

Akita, George. *Foundations of Constitutional Government in Modern Japan,
1868 - 1900.* Cambridge, Mass.: Harvard University Press, 1967.

Alcock, Rutherford. *The Capital of the Tycoon: A Narrative of a Three Years'
Residence in Japan.* 2 vols. New York: Harper & Brothers, 1863.

Ambaras, David R. *Bad Youth: Juvenile Delinquency and the Politics of Everyday
Life in Modern Japan.* Berkeley: University of California Press, 2006.

Anbinder, Tyler. *Five Points: The 19th-Century New York City Neighborhood
That Invented Tap Dance, Stole Elections, and Became the World's Most
Notorious Slum.* New York: Free Press, 2001.

Anderson, Robert T. "From Mafia to Cosa Nostra." *American Journal of
Sociology* 71, no. 3 (November 1965): 302 - 310.

安在邦夫:《自由民権裁判派壮士に見る國権意識と東洋認識》,《アジア歴史
文化研究所: シンポジア報告集: 近代移行期の東アジア—政治文化の變
容と形成》, 早稲田大学アジア歴史文化研究所, 2005。

安在邦夫、田崎公司合編:《自由民権の再發現》, 日本經濟評論社, 2006。

青木一男:《許されね社會党の暴力: 無抵抗で終始した自民党》,《経済時
代》, 第21卷第7號, 1956年7月: 36—37頁。

Apter, David E. "Political Violence in Analytical Perspective." In *The Legitimization
of Violence*, ed. David E. Apter. New York: New York University Press,
1997.

荒原朴水:《大右翼史》,大日本國民黨,1966。

新井佐次郎:《秩父困民軍會計長:井上伝蔵》,新人物往來社,1981。

新井佐次郎:《明治期博徒と秩父事件—その虚実を地元資料でただす》,《新日本文學》,第34卷第1號(1979年1月):131頁。

Arendt, Hannah. *On Violence*. New York: Harcourt, Brace & World, 1969.

有馬学:《大正デモクラシー 論の現在 民主化・社会化・国民化》,《日本歴史》700號(2006年9月):134—142頁。

有馬頼寧:《政界道中記》,日本出版協同,1951。

有馬頼寧:《七十年の回想》,創元社,1953。

《朝日年鑑 昭和23年》,朝日新聞社,1948。

《朝日年鑑 昭和36年》,朝日新聞社,1961。

《朝日新聞》。

浅見好夫:《秩父事件史》,言叢社,1990。

坂野潤治:《明治デモクラシー》,岩波書店,2005。

Bates, Robert, Avner Greif, and Smita Singh. "Organizing Violence." *Journal of Conflict Resolution* 46, no. 5 (October 2002): 599 – 628.

Beasley, W. G. *The Meiji Restoration*. Stanford: Stanford University Press, 1972.

Bensel, Richard Franklin. *The American Ballot Box in the Mid-Nineteenth Century*. Cambridge: Cambridge University Press, 2004.

Berger, Gordon Mark. *Parties out of Power in Japan, 1931 – 1941*. Princeton: Princeton University Press, 1977.

Bergreen, Laurence. Capone: *The Man and the Era*. New York: Simon & Schuster, 1994.

Bessel, Richard. *Political Violence and the Rise of Nazism: The Storm Troopers in Eastern Germany, 1925 – 1934*. New Haven: Yale University Press, 1984.

Bornfriend, Arnold J. "Political Parties and Pressure Groups." *Proceedings of the Academy of Political Science* 29, no. 4 (1969): 55 – 67.

《暴力行為等処罰ニ関スル法律》法律第60號,1926年3月,国立公文書館。

《暴力の横行と政治》,《世界》,174號(1960年6月):183—187頁。

Botsman, Daniel V. *Punishment and Power in the Making of Modern Japan.* Princeton: Princeton University Press, 2005.

Bowen, Roger W. *Rebellion and Democracy in Meiji Japan: A Study of Commoners in the Popular Rights Movement.* Berkeley: University of California Press, 1980.

Brown, Howard G. *Ending the French Revolution: Violence, Justice, and Repression from the Terror to Napoleon.* Charlottesville: University of Virginia Press, 2006.

Brown, Richard Maxwell. "Violence and the American Revolution." In *Essays on the American Revolution*, ed. Stephen G. Kurtz and James H. Hutson. Chapel Hill: University of North Carolina Press, 1973.

Buck, James H. "The Satsuma Rebellion of 1877: From Kagoshima through the Siege of Kumamoto Castle." *Monumenta Nipponica* 28, no. 4 (winter 1973): 427 – 446.

Byas, Hugh. *Government by Assassination.* London: George Allen & Unwin, 1943.

Catanzaro, Raimondo. *Men of Respect: A Social History of the Sicilian Mafia.* Trans. Raymond Rosenthal. New York: Free Press, 1988.

蔡洙道:《黑龍會の成立—玄洋社と大陸浪人の活動を中心に》,《法學新報》, 第109卷第1—2號 (2002年4月): 161—184頁。

蔡洙道:《「天佑俠」に關する一考察》,《中央大學大學院研究年報》, 第30號 (2001年2月): 439—450頁。

Childers, Thomas, and Eugene Weiss. "Voters and Violence: Political Violence and the Limits of National Socialist Mass Mobilization." *German Studies Review* 13, no. 3 (October 1990): 481 – 498.

鎮西國粹會:《鎮西国粋会会則》, 協調会史料, 編號52。

千嶋寿:《困民党蜂起: 秩父農民戦争と田代榮助論》, 田畑書房, 1983。

《朝野新聞》。

《中外商業新報》。

中央委員会幹部会《声明》，1960年6月15日，资料来源：《安保闘争：60年の教訓》，日本共産党中央委員会出版局，1969。

CIA Biographical Sketch. "Kishi Nobusuke." July 29, 1980. U. S. National Archives. CIA Name File. Box 66. Folder: Kishi Nobusuke.

——. "Sasakawa Ryōichi." March 5, 1987. U. S. National Archives. CIA Name File. Box 111. Folder: Sasakawa Ryōichi.

CIA Report. November 10, 1949. U. S. National Archives. File 44-7-8-8yl. Report ZJL-220. CIA Name File. Box 67. Folder: Kodama Yoshio. Vol.1.

——. November 17, 1949. U. S. National Archives. File 44-7-8-9y. Report ZJL-222. CIA Name File. Box 67. Folder: Kodama Yoshio. Vol.1.

——. December 8, 1949. U. S. National Archives. File 44-7-8-9yl. Report ZJL-236. CIA Name File. Box 67. Folder: Kodama Yoshio. Vol.1.

——. January 5, 1950. U. S. National Archives. File 44-7-8-9y3. Report ZJL-243. CIA Name File. Box 67. Folder: Kodama Yoshio. Vol.1.

——. January 25, 1951. U. S. National Archives. Report ZJL-540. CIA Name File. Box 67. Folder: Kodama Yoshio. Vol.1.

——. April 19, 1951. U. S. National Archives. File 44-5-3-52. Report ZJL-604. CIA Name File. Box 67. Folder: Kodama Yoshio. Vol.1.

——. April 4, 1952. U. S. National Archives. Report ZJLA-1909. CIA Name File. Box 67. Folder: Kodama Yoshio. Vol.1.

——. October 31, 1952. U. S. National Archives. File 44-7-15-25. Report ZJJ-239. CIA Name File. Box 67. Folder: Kodama Yoshio. Vol.2.

——. December 14, 1956. U. S. National Archives. CIS-2829. CIA Name File. Box 67. Folder: Kodama Yoshio. Vol.2.

——. August 5, 1957. U. S. National Archives. XF-3-207416（5b3）.CIA Name File. Box 67. Folder: Kodama Yoshio. Vol.2.

——. December 14, 1962. U. S. National Archives. Report FJT-8890. CIA Name File. Box 67. Folder: Kodama Yoshio. Vol.2.

——. "Smuggling（？）or Secret Recruiting（？）." October 31, 1949. U. S.

National Archives. CIA Name File. Box 67. Folder: Kodama Yoshio. Vol.1.

Cole，Allan B. "Population Changes in Japan." *Far Eastern Survey* 15，no. 10
（May 1946）: 149 – 150.

Colegrove，Kenneth. "The Japanese General Election of 1928." *American Political
Science Review* 22，no. 2（May 1928）: 401 – 407.

Conley，Carolyn. "The Agreeable Recreation of Fighting." *Journal of Social
History* 33，no. 1（autumn 1999）: 57 – 72.

Conroy，Hilary. *The Japanese Seizure of Korea，1868 – 1910: A Study of Realism
and Idealism in International Relations*. Philadelphia: University of Pennsylvania
Press，1974.

Counter Intelligence Review. Number Eight. Personalities: Kodama Yoshio.
April 15，1952. U. S. National Archives. CIA Name File. Box 67. Folder:
Kodama Yoshio. Vol.1.

《第九工場作業開始に就いて: 野田醤油株式会社》（1927年10月）。法政大学
大原社会問題研究所，野田醤油労働争議するファイル，1927年9月—
1928年4月。

《デイリー・ヨミワリ》（*The Daily Yomiuri*）。

大日本國粹會，《大日本国粋会仮規約》，協調会史料，編號52，1919。

《大日本国粋会規約説明》，協調会史料，編號52（1919年11月）。

《大日本国粋会設立趣意書》，協調会史料，編號52（1919年11月）。

《大日本国粋会大分縣本部会則》，協調会史料，編號52。

《大日本国粋会設立趣意書》，協調会史料，編號52。

大日本國粹會総本部会報局: 《大日本国粋会史》，《大日本国粋会会報》
（1926年12月1日）: 34—43頁。

《大日本国粋田辺支部設立趣意書》，国立国會図書館憲政資料室藏，内務省資
料，9.5—7。

《大日本国粋会八幡支部規約》，協調会史料，編號52。

De Vos，George A.，and Keiichi Mizushima. "Organization and Social Function
of Japanese Gangs: Historical Development and Modern Parallels." In

Socialization for Achievement: Essays on the Cultural Psychology of the Japanese, ed. George A. De Vos. Berkeley: University of California Press, 1973.

Dore, R. P., ed. *Aspects of Social Change in Modern Japan*. Princeton: Princeton University Press, 1967.

Dower, John W. "E. H. Norman, Japan and the Uses of History." In *Origins of the Modern Japanese State: Selected Writings of E. H. Norman*, ed. John W. Dower. New York: Pantheon, 1975.

——. *Embracing Defeat: Japan in the Wake of World War II*. New York: W. W. Norton & Company, 1999.

Duggan, Christopher. *Fascism and the Mafia*. New Haven: Yale University Press, 1989.

Duus, Peter. *Party Rivalry and Political Change in Taisho Japan*. Cambridge, Mass.: Harvard University Press, 1968.

Duus, Peter, and Daniel I. Okimoto. "Fascism and the History of Pre-War Japan: The Failure of a Concept." *Journal of Asian Studies* 39, no. 1 (November 1979): 65 – 76.

枝松茂之他編：《明治ニュース事典》，3、4卷，毎日コミュニケーシンズ，1986。

枝松茂之他編：《大正ニュース事典》，4卷，毎日コミュニケーシンズ，1987。

《絵入自由新聞》。

Election Department, Local Administration Bureau, Ministry of Internal Affairs and Communications. "Fixed Number, Candidates, Eligible Voters as of Election Day, Voters and Voting Percentages of Elections for the House of Representatives (1890 – 1993)."

Etō Shinkichi and Marius B. Jansen. *Introduction to My Thirty-Three Years' Dream: The Autobiography of Miyazaki Tōten, by Miyazaki Tōten*. Trans. Etō Shinkichi and Marius B. Jansen. Princeton: Princeton University Press,

327

1982.

Faison, Elyssa. *Managing Women: Disciplining Labor in Modern Japan.* Berkeley: University of California Press, 2007.

Fischer, Conan. *Stormtroopers: A Social, Economic and Ideological Analysis, 1929 – 35.* London: George Allen & Unwin, 1983.

Fogelson, Robert M. *Big-City Police.* Cambridge, Mass.: Harvard University Press, 1977.

Fruin, Mark W. *Kikkoman: Company, Clan, and Community. Cambridge,* Mass.: Harvard University Press, 1983.

藤野裕子:《騒乱する人びとへの視線》, 資料来源: 須田努、趙景達、中嶋久人合編:《暴力の地平を超えて: 歴史学からの挑戦》, 青木書店, 2004。

藤田五郎:《任俠百年史》, 升倉出版社, 1980。

Fujitani Takashi. *Splendid Monarchy: Power and Pageantry in Modern Japan.* Berkeley: University of California Press, 1996.

福田薫:《蚕民騒擾録: 明治十七年群馬事件》, 青雲書房, 1974。

《福島民報》。

《福島民友》。

Gambetta, Diego. *The Sicilian Mafia: The Business of Private Protection.* Cambridge, Mass.: Harvard University Press, 1993.

Garon, Sheldon. "Rethinking Modernization and Modernity in Japanese History: A Focus on State-Society Relations." *Journal of Asian Studies* 53, no. 2 (May 1994): 346 – 366.

——. *The State and Labor in Modern Japan.* Berkeley: University of California Press, 1987.

——. "State and Society in Interwar Japan." In *Historical Perspectives on Contemporary East Asia*, ed. Merle Goldman and Andrew Gordon. Cambridge, Mass.: Harvard University Press, 2000.

《橄!》, 1930年10月5日, 法政大學大原社会問題研究所:《洋モス争議フアイル(1)》。

现代法制资料编纂会：《明治「旧法」集》，国书刊行会，1983。

General Headquarters, United States Army Forces Pacific, Office of the Chief of Counter Intelligence. October 18, 1945. U. S. National Archives. CIA Name File. Box 67. Folder: Kodama Yoshio. Vol.1.

Gentile, Emilio. "The Problem of the Party in Italian Fascism." *Journal of Contemporary History* 19 (1984): 251 – 274.

玄洋社社史編纂会編：《玄洋社社史》，1917（复刊：葦書房，1992）。

Gluck, Carol. *Japan's Modern Myths: Ideology in the Late Meiji Period.* Princeton: Princeton University Press, 1985.

——. "The People in History: Recent Trends in Japanese Historiography." *Journal of Asian Studies* 38, no. 1 (November 1978): 25 – 50.

Goodwin, Jeff. "A Theory of Categorical Terrorism." *Social Forces* 84, no. 4 (June 2006): 2027 – 2046.

Gordon, Andrew. *Labor and Imperial Democracy in Prewar Japan.* Berkeley: University of California Press, 1991.

群馬県警察史編纂委員会編：《群馬県警察史（第1巻）》，群馬県警察本部，1978。

Hackett, Roger F. *Yamagata Aritomo in the Rise of Modern Japan, 1838 – 1922.* Cambridge, Mass.: Harvard University Press, 1971.

芳賀登：《幕末志士の世界》，雄山閣，2004。

萩原進：《群馬県博徒取締考》，资料来源：林英夫編《近代民眾の記録(4)：流民》，新人物往來社，1971。

萩原進：《群馬県遊民史》（复刊：国書刊行會，1980）。

Hall, John W. "Rule by Status in Tokugawa Japan." *Journal of Japanese Studies* 1, no. 1 (autumn 1974): 39 – 49.

花村仁八郎：《政財界パイプ役半生記：経団連外史》，東京新聞出版局，1990。

原彬久編：《岸信介證言録》，毎日新聞社，2003。

Harootunian, H. D. *Toward Restoration: The Growth of Political Consciousness in Tokugawa Japan*. Berkeley: University of California Press, 1970.

春名幹男:《秘密のファイル: CIAの對日工作 (下)》, 共同通信社, 2000。

長谷川昇:《博徒と自由民権: 名古屋事件始末記》, 平凡社, 1995。

橋本伸:《GHQ秘密資料が語る"黑幕"の実像》,《文化評論》, 第333號 (1998年11月): 100—110頁。

Havens, Thomas R. H. "Japan's Enigmatic Election of 1928." *Modern Asian Studies* 11, no. 4 (1977): 543 – 555.

林田和博:《Development of Election Law in Japan》,《法政研究》, 第34卷第1 號 (1967年7月): 98—101頁。

Hesselink, Reinier H. "The Assassination of Henry Heusken." *Monumenta Nipponica* 49, no. 3 (autumn 1994): 331 – 351.

Hill, Peter B. E. *The Japanese Mafia: Yakuza, Law, and the State*. Oxford: Oxford University Press, 2003.

火野葦平:《日本文學全集 (第52) 火野葦平集》, 新潮社, 1967。

平野義太郎:《馬城大井憲太郎傳》, 風媒社, 1968。

平野義太郎:《秩父困民党に生きた人びと》, 資料来源: 中澤市郎編《秩父困 民党に生きた人びと》, 現代史出版会, 1977。

広川禎秀:《八幡製鐵所における1920のストライキ》,《人文研究》, 第24卷 第10號 (1972年): 21—24頁。

Hobsbawm, Eric. *Bandits*. New York: Delacorte Press, 1969.

堀幸雄:《戰後政治史: 1945—1960》, 南窓社, 2001。

堀幸雄:《戰後政治史の中の右翼: 児玉誉士夫にみる黑幕の役割》,《エコノ ミスト》, 第54卷第12號 (1976年3月16日): 21—24頁。

堀幸雄:《右翼辞典》, 三嶺書房, 1991。

堀江帰一:《暴力的団体の存在を黙認するか》,《中央公論》, 第38卷第1號 (1923年1月): 210—213頁。

Hoshino Kanehiro. "Organized Crime and Its Origins in Japan." Unpublished paper.

Howell, David L. *Geographies of Identity in Nineteenth-Century Japan*.

Berkeley: University of California Press, 2005.

——. "Hard Times in the Kantō: Economic Change and Village Life in Late Tokugawa Japan." *Modern Asian Studies* 23, no. 2 (1989): 349 – 371.

——. "Visions of the Future in Meiji Japan." In *Historical Perspectives on Contemporary East Asia*, ed. Merle Goldman and Andrew Gordon. Cambridge, Mass.: Harvard University Press, 2000.

Huber, Thomas. " 'Men of High Purpose' and the Politics of Direct Action, 1862 – 1864." In *Conflict in Modern Japanese History*, ed. Tetsuo Najita and J. Victor Koschmann. Princeton: Princeton University Press, 1982.

Ianni, Francis A. J. *A Family Business: Kinship and Social Control in Organized Crime*. New York: Russell Sage Foundation, 1972.

井出孫六編:《自由自治元年: 秩父事件資料、論文と解說》, 現代史出版会, 1975。

井口剛、下山正行、草野洋共編:《黑幕研究: 武村正義・笹川良一・小針曆二》, 新国民社, 1977。

飯塚昭男:《日本の黑幕・児玉誉士夫》《中央公論》, 第91卷第4號 (1976年4月): 152—160頁。

《イラストレイテド・ロンドンニュース》。

今川德三:《考證幕末侠客傳》, 秋田書店, 1973。

稲田雅洋:《日本近代社會成立期の民眾運動: 困民党研究序說》, 筑摩書房, 1990。

《院外団の正体を衝く》,《政経時潮》第8卷第3號 (1953年3月): 13—14頁。

豬野健治:《黑幕を必要とした密室政治児玉誉士夫「惡政・銃声・乱世」》,《朝日シャーナル》, 第18卷第20號 (1976年5月21日): 59—61頁。

豬野健治:《侠客の条件: 吉田磯吉伝》, 現代書館, 1994。

井上忻治:《群眾心理に通曉せよ》,《中央公論》, 第38卷第9號 (1923年8月): 99—104頁。

井上幸治:《秩父事件: 自由民權期の農民蜂起》, 中央公論社, 1968。

井上光三郎、品川榮嗣:《写真でみる秩父事件》, 新人物往來社, 1982。

乾照夫:《軍夫となった自由党壮士—神奈川県出身の「玉組」軍夫を中心に》,《地方史研究》, 第32卷第3號（1982年6月）: 45—64頁。

Irokawa Daikichi and Murano Ren'ichi. *Murano Tsuneemon den*. Tokyo: Chūō Kōron Jigyō Shuppan, 1969.

色川大吉:《困民党と自由薫》, 揺籃社, 1984。

色川大吉:《民眾史の中の秩父事件》,《秩父》,（1995年3月號）: 6—8頁。

色川大吉:《流転の民権家: 村野常右衛門伝》, 大和書房, 1980。

色川大吉編:《三多摩自由民権史料集》, 大和書房, 1979。

色川大吉編:《多摩の歴史散步》, 朝日新聞社, 1975。

色川大吉、村野廉一:《村野常右衛門傳（民權家時代)》, 中央公論事業出版, 1969。

石瀧豊美:《玄洋社發掘: もうひとつの自由民權》, 西日本新聞社, 1981。

板垣退助監修, 遠山茂樹、佐藤誠明校訂:《自由党史（下卷)》, 1910（復刊: 岩波書店, 1958）。

岩井弘融:《病理集団の構造: 親分乾分集団研究》, 誠信書房, 1963。

Jacobs, James B. *Mobsters, Unions, and Feds: The Mafia and the American Labor Movement*. New York: New York University Press, 2006.

Jansen, Marius B., ed. *Changing Japanese Attitudes toward Modernization*. Princeton: Princeton University Press, 1965.

——. *The Japanese and Sun Yat-sen*. Cambridge, Mass.: Harvard University Press, 1954.

——. "Ōi Kentarō: Radicalism and Chauvinism." *Far Eastern Quarterly* 11, no. 3（May 1952）: 305 - 316.

——. "On Studying the Modernization of Japan." In *Studies on Modernization of Japan by Western Scholars*. Tokyo: International Christian University, 1962.

——. *Sakamoto Ryōma and the Meiji Restoration*. Princeton: Princeton University Press, 1961.

Japan Weekly Mail.

自治省選挙部編：《選挙百年史》，第一法規出版，1990。

《時事新報》。

自由党党報：《選挙干渉問題之顛末》，自由党党報局，1892。

城台巖、藤本正友、池田益實：《1960年・三池》，同時代社，2002。

加賀孝英：《笹川良一黑幕への道》，《文藝春秋》，第71卷第1號（1993年10月）：298—314頁。

戒能通孝：《暴力　日本社会のファッシズム機構》，日本評論社，1950年。資料来源：《近世の成立と神権説》，慈学社出版，2012。

《改進新聞》。

龜井信幸：《シンがーミシン会社分店閉鎖及分店主任解雇問題に関する件》，協調会史料，編號80（1925年12月7日）：502頁。

神田由築：《近世の芸能興行と地域社会》，東京大學出版会，1999。

姜昌一：《天佑侠と「朝鮮問題」：「朝鮮浪人」の東学農民戦争への対応と関連して》，《史學雜誌》，第97編第8號（1998年8月）：1—37頁。

鹿野政直：《日本の歴史27　大正デモクラシー》，小学館，1976。

関東庁警務局長致拓務次官等人：《大満州正義団ノ誓盃式挙行》，外務省記録，1932年9月13日。

関東庁警務局長致拓務次官、内務書記官長等人：《大満州正義団々規》，外務省記録，1932年9月25日。

関東庁警局長致拓務次官、外務次官等人：《国粋会奉天本部ノ改称ト其ノ活働》，外務省紀録，1931年6月1日。

《關東合同労働組合ニュース1號》，1930年10月11日，法政大學大原社會問題研究所，《洋モス争議フアイル⑴》。

関東労働同盟会：《野田争議の真因経過及現状　会社の誇大併に虚構の宣伝を糺す》，協調会史料，編號63，1928年。

Kaplan, David E., and Alec Dubro. *Yakuza: Japan's Criminal Underworld.* Berkeley: University of California Press, 2003.

Karlin, Jason G. "The Gender of Nationalism: Competing Masculinities in

Meiji Japan." *Journal of Japanese Studies* 28, no. 1（winter 2002）:
41－77.

Kasher, Asa, and Amos Yadlin. "Assassination and Preventive Killing." *SAIS Review* 25, no. 1（winter-spring 2005）: 41－57.

Kasza, Gregory J. "Fascism from Below? A Comparative Perspective on the Japanese Right, 1931－1936." *Journal of Contemporary History* 19, no. 4（October 1984）: 607－629.

加太こうじ：《新版日本のヤクザ》，大和書房，1993。

加藤陽子：《ファジズム論》，《日本歴史》，第700號（2006年9月）：143—153頁。

Katzenstein, Peter J. *Left-wing Violence and State Response: United States, Germany, Italy and Japan, 1960s－1990s.* Ithaca: Cornell University Press, 1998.

Katzenstein, Peter J., and Yutaka Tsujinaka. *Defending the Japanese State: Structures, Norms and the Political Responses to Terrorism and Violent Social Protest in the 1970s and 1980s.* Ithaca: Cornell University Press, 1991.

川越茂（青島総領事）致外務大臣，《青島国粋会解散ニ関スル件》（外務省記録，1932年4月1日）：208—209頁。

河西英通：《明治青年とナショナリズム》，資料来源：岩井忠雄編《近代日本社會と天皇制》（柏書房，1988）：139—141頁。

Keane, John. *Reflections on Violence.* New York: Verso, 1996.

——. *Violence and Democracy.* Cambridge: Cambridge University Press, 2004.

警保局保安課：《戰時下ニ於ケル国家主義運動取締ノ方針》（1942年7月），資料来源：荻野富士夫編，《特高警察関係資料集成（第14巻）》，不二出版，1992。

警視庁：《右翼資料》，資料来源：《「浅沼事件」関係資料集》，1960年。

警視総監：《最近ニ於ケル国家主義運働情勢ニ関スル件》（1931年11月5日），資料来源：《特高警察関係資料集成（第13巻）》，不二出版，1992。

菊池寛：《暴力に頼らずして凡ての事を処理したし》,《中央公論》, 第38卷
　　第9號（1923年8月）: 95—96頁。

木村正隆：《二組暴力就労と久保さんの死》,《月刊労働問題》, 279號（1980
　　年10月）: 36—37頁。

木村直恵：《「青年」の誕生：明治日本における政治的実践の転換》, 新曜社,
　　1998。

木下半治：《ファシズム史》, 岩崎書站, 1949。

木下半治、鶴見俊輔、橋川文三：《テロ・國家・会議：浅沼刺殺事件の思
　　想的背景と歴史的意味》,《思想の科學》, 23號（1960年11月）: 70—
　　79頁。

岸信介：《岸信介回顧録：保守合同と安保改定》, 広済堂出版, 1983。

北岡寿逸：《暴力国会の批判と対策》,《経済時代》, 第21卷第7践（1956年7
　　月）: 29—31頁。

公安調査庁：《右翼団体の現勢》1960年10月,《「浅沼事件」関係資料集》,
　　1960。

小林雄吾、小池靖一編：《立憲政友会史（第2卷）》, 立憲政友会出版局,
　　1924。

高知県編：《高知県史：近代編》, 高知県, 1970。

Kodama Yoshio. *I Was Defeated*. Japan：R. Booth and T. Fukuda, 1951.

小池喜孝：《秩父颪：秩父事件と井上伝蔵》, 現代史出版会, 1974。

小泉信三：《暴力と民主主義》,《経営評論》, 第4卷第9號（1949年9月）:
　　4—6頁。

《国民之友》。

《国民新報》。

《国定忠治》（電影）, 牧野省三導演, 1924。

《国定忠治》（電影）, 谷口千吉導演, 1960。

《国定忠治》（電影）, 山中貞雄導演, 1935。

久野収：《民主主義の原理への反逆：浅沼委員長刺殺事件の思想的意味》,
　　《思想》, 437號（1960年11月）: 67—74頁。

来原慶助：《不運なる革命児前原一誠》，平凡社，1926。

葛生能久：《東亜先覚志士記伝》，1933（復刊：原書房，1966）。

協調会労働課編：《野田労働争議の顛末》，協調会労働，1928。

極東事情研究會編：《三池争議：組合運動の転機を示すそ実相と教訓》，極東
　　出版社，1960。

《九州新聞》。

Lebra，Takie Sugiyama. "Organized Delinquency: Yakuza as a Cultural
　　Example." In *Japanese Patterns of Behavior*. Honolulu: University of
　　Hawai'i Press, 1986.

Le Vine，Victor T. "Violence and the Paradox of Democratic Renewal: A
　　Preliminary Assessment." In *The Democratic Experience and Political
　　Violence*, ed. David C. Rapoport and Leonard Weinberg. London: Frank
　　Cass, 2001.

Lewis，Michael Lawrence. *Rioters and Citizens: Mass Protest in Imperial
　　Japan*. Berkeley: University of California Press, 1990.

Lyttelton，Adrian. *The Seizure of Power: Fascism in Italy, 1919 - 1929*. New
　　York: Routledge, 2004.

町田辰次郎：《労働争議の解剖》，第一出版社，1929。

Mackie，Vera. *Creating Socialist Women in Japan: Gender, Labour and
　　Activism, 1900 - 1937*. Berkeley: University of California Press, 1997.

前島省三：《ファシズムト議会》，《その史的究明》，法律文化社，1956。

前島省三：《志士のプッチと国家権力》，《日本史研究》，第24號（1995年5
　　月）：55—63頁。

真辺将之：《宮地茂平と壮士たちの群像》，《土佐史談》，第211號（1999年8
　　月）。

Mann，Michael. *Fascists*. Cambridge: Cambridge University Press, 2004.

Maruyama Masao. *Thought and Behaviour in Modern Japanese Politics*. Ed. Ivan
　　Morris. Oxford: Oxford University Press, 1969.

丸山鶴吉（警視総監）：《洋モス亀戸工場労働争議ニ関スル件》，協調会史

料，編号97，1930年9月30日，10月1日、10日。

Mason，R. H. P. "Changing Diet Attitudes to the Peace Preservation Ordinance, 1890 – 2." In *Japan's Early Parliaments, 1890 – 1905: Structure, Issues and Trends*, ed. Andrew Fraser, R. H. P. Mason, and Philip Mitchell. New York: Routledge, 1995.

——. *Japan's First General Election, 1890*. Cambridge: Cambridge University Press, 1969.

増田甲子七：《民主政治と暴力：断固懲罰すべし》，《経済時代》，第9卷第7號（1954年7月）：32—35頁。

増川宏一：《賭博の日本史》，平凡社，1989。

摩天楼・斜塔：《院外団手記：政党改革の急所》，時潮社，1935。

松本二郎：《萩の乱—前原一誠とその一党》，鷹書房，1972。

松本健一：《暴徒と英雄と—伊奈野文次郎覚え書》，《展望》，第223號（1978年5月）：117—128頁。

松尾尊允：《普通選擧制度成立史の研究》，岩波書店，1989。

McCaffery, Peter. *When Bosses Ruled Philadelphia: The Emergence of the Republican Machine, 1867 – 1933*. University Park: Pennsylvania State University Press, 1993.

McCormack, Gavan. *Client State: Japan in America's Embrace*. New York: Verso, 2007.

《明治日報》。

明治大正昭和新聞研究会編：《新聞集成大正編年史》，明治大正昭和新聞研究会，1969。

Merkl, Peter H. *The Making of a Stormtrooper*. Princeton: Princeton University Press, 1980.

《弥陀ヶ原の殺陣》，衣笠貞之助導演，1925。

三池炭鉱労働組合：《現地（三池）の実情はこうだ：闘うヤマの決意》，《月刊総評》，第34號（1960年4月）：31—42頁。

Mitchell, Richard H. *Justice in Japan: The Notorious Teijin Scandal*. Honolulu:

University of Hawai'i Press，2002.

三井鉱山株式会社：《三池争議—資料》，日本経営者団体連盟弘報部，1963。

宮地正人：《日露戦後政治史の研究》，東京大学出版会，1973。

三宅雪嶺：《『力』を頼むの弊》，《中央公論》，第38巻第9号（1923年8月）：80—83頁。

三宅雪嶺：《国粋会に望む》，《中央公論》，第38巻第1号（1923年1月）：213—216頁。

宮沢胤男：《鳩山内閣を信任して》，《経済時代》，第21巻第7号（1956年7月）：38—41頁。

溝下秀男：《これが「川筋者」の魂だ！》，《實話時代》，2001年10月号：38—39頁。

水野広徳：《暴力黙認と国家否認》，《中央公論》，第38巻第1号（1923年1月）：204—10頁。

水野広徳：《一視同仁たれ》，《中央公論》，第38巻第9号（1923年8月）：93—95頁。

"Mobocracy Again." *Time Magazine*（June 16，1961）.

森川哲郎：《幕末暗殺史》，三一新書，1967。

森長英三郎：《群馬事件—博徒と組んだ不発の芝居》，《法學セミナー》，第20巻第14号（1976年11月）：124—27頁。

森長英三郎：《野田醬油労働争議事件：217日の長期、最大のスト1》，《法學セミナー》，第202号（1972年10月）：104—106頁。

森長英三郎：《野田醬油労働争議事件：217日の長期、最大のスト2》，《法學セミナー》，第203号（1972年11月）：88—91頁。

守安敏司：《今田丑松と水平社創立者たち：大日本国粋会と奈良縣水平社》，《水平社博物館研究紀要》，第2号（2000年3月）：1—29頁。

Morn，Frank. *"The Eye That Never Sleeps"：A History of the Pinkerton National Detective Agency*. Bloomington：Indiana University Press，1982.

Morris，Ivan. *The Nobility of Failure：Tragic Heroes in the History of Japan*. New York：Holt，Rinehart and Winston，1975.

Mouffe, Chantal. *On the Political*. New York: Routledge, 2005.

村田淳編:《甦える地底の記録(第1巻)磐炭・入山労働争議資料集成》,《いわき社会問題研究》,1984。

室伏哲郎:《日本乃テオリスト 暗殺のクーデターのク歴史》,弘文堂,1962。

Mushkat, Jerome. *The Reconstruction of the New York Democracy, 1861 - 1874*. Rutherford, N. J.: Fairleigh Dickinson University Press, 1981.

永川俊美:《政党の親分・乾児》,《改造》,(1920年8月): 25—33頁。

《長崎日日新聞》。

永田秀次郎:《選挙の裏面に潜む罪惡》,《日本評論》,第2卷第4號(1917年4月): 192—93頁。

内務省警保局:《暴力団続出跋扈の状況》(出版年不詳),国立国会図書館憲政資料室蔵,内務省資料。

——:《日本国粋会員の服装に関する件(愛媛)》(1935年6月4日)。

——:《国粋会員の服装に関する件通牒(庁府縣)》(1923年8月15日)。

内務省警保局編:《社會運動の状況(第7卷)》,三一書房,1972。

内務省警保局保安課:《特高資料—社会運動団体現勢調》,1932年6月、1934年6月、1935年6月。

Najita, Tetsuo. *Hara Keiin the Politics of Compromise, 1905 - 1915*. Cambridge, Mass.: Harvard University Press, 1967.

Najita, Tetsuo, and J. Victor Koschmann, eds. *Conflict in Modern Japanese History: The Neglected Tradition*. Princeton: Princeton University Press, 1982.

中嶋幸三:《井上伝蔵: 秩父事件と俳句》,邑書林,2000。

中島岳志:《中村屋のボース−インド独立運動と近代日本のアジア主義》,白水社,2005。

中本たか子:《わたしの安保闘爭日記》,新日本出版社,1963。

中西輝磨:《昭和山口県人物誌》,マツノ書店,1990。

Neary, Ian. *Political Protest and Social Control in Pre-War Japan: The Origins of Buraku Liberation.* Manchester：Manchester University Press，1989.

New York Times.

《日萬朝報》。

日本紡織労働組合加盟：《洋モス争議は最後の決戦だ！》，1930年，法政大學大原社会問題研究所：《洋モス争議フアイル⑴》。

日本紡織労働組合争議團：《洋モス争議日報》，1930年10月10、15日，法政大學大原社会問題研究所：《洋モス争議フアイル⑵》。

日本現代史研究会編：《1920年代の日本の政治》，大月書店，1984。

日本社会問題研究所編：《労働争議野田血戦記》，日本社会問題研究所，1928，復刊：嵩書房，1973。

《「仁俠？」につながる保守政治家》，《週刊読売》，1963年8月18日號：12—17頁。

西井一夫編：《60年安保・三池闘争：1957—1960》，毎日新聞社，2000。

西島芳二：《國會はあれでよいか》，《政治経済》，第9巻第7號（1956年7月）：4—5頁。

西島芳二等人：《國會・暴力・民眾（座談會）》，《世界》，第104號（1954年8月）：73—93頁。

西尾正栄：《暴力と社会主義》，《社会思想研究》，第13巻第7號（1961年7月）：11—13頁。

西尾陽太郎：《頭山満翁正傳》，葦書房，1981。

野田醬油株式会社編：《野田争議の經過日録》，野田醬油，1928。

野田醬油株式会社編：《野田争議の顛末》，野田醬油，復刊：嵩書房，1973。

《野田醬油株式會社二十年史》，野田醬油，1940。

《野田醬油株式會社労働争議概況》，《特高警察関係資料集成：第9巻》，不二出版，1991。

野島貞一郎：《暴力國會と参議院》，《政治経濟》，第9巻第7號（1956年7月）：24—26頁。

野村襄二：《全労働者は決起して建國會を叩きつぶせ》，《労働者》，第13號（1982年2月）：41—48頁。

Norman，E. Herbert. "The Genyōsha：A Study in the Origins of Japanese Imperialism." *Pacific Affairs* 17，no. 3（September 1944）：261 – 284.

王希亮：《大陸浪人のさきがけ及び日清戦争への躍動》，《金澤法學》，第36卷第1—2合併號（1994年3月），55—77頁。

大日方純夫：《日本近代国家の成立と警察》，校倉書房，1992。

落合弘樹：《明治国家と士族》，吉川弘文館，2001。

尾形鶴吉：《本邦俠客の研究》，博芳社，1933。

大口勇次郎：《村の犯罪と関東取締出役》，資料来源：川村優先生還暦記念会編《近世の村と町》，吉川弘文館，1988。

小栗一雄（福岡縣知事）致内務大臣、外務大臣等人：《満州国粋会幹事ノ言動ニ関スル件》，外務省紀録，1933年4月5日。

小栗一雄（福岡縣知事）致内務大臣等人：《満州正義団誓盃式挙行ノ件》，外務省記録，1932年9月12日。

岡崎万寿秀：《浅沼事件と右翼》，《前衛》，176號（1960年12月）：184—192頁。

大宮郷警察署：《第一回訊問調書：田代榮助》1884年11月15日，資料来源：埼玉新聞社出版部編，《秩父事件吏料（第1卷）》，1971。

——：《第二回訊問調書：田代榮助》1884年11月16日。

——：《第五回訊問調書：田代榮助》1884年11月19日。

大宮郷警察当部：《逮捕通知，田代栄助》1884年11月5日，資料来源：《秩父事件史料集成（第1卷：農民裁判書1)》，二玄社，1984。

大野伴睦先生追想録刊行会編集委員会：《大野伴睦：小伝と追想記》，大野伴睦先生追想録刊行会，1970。

大野伴睦：《大野伴睦回想録》，弘文堂，1962。

大野達三、高木喬：《浅沼暗殺事件と右翼暴力団：戦後右翼暴力団の実体・政治的役割・背景》，労働法律旬報395號（1960年10月）：19—24頁。

長田午狂：《俠花錄：勲四等籠寅・保良淺之助傳》，桃園書房，1963。

大阪府警察史編集委員會：《大阪府警察史（第2卷）》，大阪府警察本部，

1972。

《大阪每日新聞》。

《大阪日日新聞》。

大内兵衛、向坂逸郎：《三池の闘いを見つめて》，《世界》，174號（1960年6月）：11—27頁。

大矢正夫（色川大吉編）：《大矢正夫自徐傳》，大和書房，1979。

Ozaki Yukio. *The Autobiography of Ozaki Yukio: The Struggle for Constitutional Government in Japan*. Trans. Hara Fujiko.Princeton: Princeton University Press, 2001.

尾崎行雄：《咢堂自伝》，资料来源：《尾崎咢堂全集（第11卷）》，公論社，1955。

Packard, George R. *Protest in Tokyo: The Security Treaty Crisis of 1960*. Princeton: Princeton University Press, 1966.

Paxton, Robert O. *The Anatomy of Fascism*. New York: Alfred A. Knopf, 2004.

Petersen, Michael. "The Intelligence That Wasn't: CIA Name Files, the U. S. Army, and Intelligence Gathering in Occupied Japan." In *Researching Japanese War Crime Records: Introductory Essays*. Washington: National Archives and Records Administration, Nazi War Crimes and Japanese Imperial Government Records Interagency Working Group, 2006.

Pittau, Joseph. *Political Thought in Early Meiji Japan, 1868 - 1889*. Cambridge, Mass.: Harvard University Press, 1967.

Quigley, Harold S. "The New Japanese Electoral Law." *American Political Science Review* 20, no. 2 (May 1926): 392 - 395.

Rapoport, David C., and Leonard Weinberg. "Elections and Violence." In *The Democratic Experience and Political Violence*, ed. David C. Rapoport and Leonard Weinberg. London: Frank Cass, 2001.

Ravina, Mark. *The Last Samurai: The Life and Battles of Saigō Takamori*. Hoboken: John Wiley & Sons, 2004.

Reynolds, Douglas R. "Training Young China Hands: Tōa Dōbun Shoin and Its Precursors, 1886 – 1945." In *The Japanese Informal Empire in China, 1895 – 1937*, ed. Peter Duus, Ramon H. Myers, and Mark R. Peattie. Princeton: Princeton University Press, 1989.

Reynolds, John F. "A Symbiotic Relationship: Vote Fraud and Electoral Reform in the Gilded Age." *Social Science History* 17, no. 2 (summer 1993): 227 – 251.

Riall, L. J. "Liberal Policy and the Control of Public Order in Western Sicily 1860 – 1862." *Historical Journal* 35, no. 2 (June 1992): 345 – 368.

Richie, Donald, and Ian Buruma. *The Japanese Tattoo*. New York: Weatherhill, 1980.

労働農民党、東京府京橋支部:《野田六千の兄弟諸君！！》，協調会史料，編號63，1928年1月16日。

労働運働史研究会編:《日本労働運働の歴史（戦前編)》，三一書房，1960。

Rogers, John M. "Divine Destruction: The Shinpūren Rebellion of 1876." In *New Directions in the Study of Meiji Japan*, ed. Helen Hardacre with Adam L. Kern. New York: Brill, 1997.

労農党:《洋モス争議応援暴圧反対、打倒浜口内閣の演説会に就いて》，1930年10月3日，法政大学大原社会問題研究所:《洋モス争議フアイル⑴》。

Ross, Daniel. *Violent Democracy.* Cambridge: Cambridge University Press, 2004.

蠟山政道:《日本政治》，毎日新聞社，1955。

Rush, Michael, ed. *Parliament and Pressure Politics*. Oxford: Clarendon Press, 1990.

Ruxton, Ian C., ed. *The Diaries and Letters of Sir Ernest Mason Satow (1843 – 1929), A Scholar-Diplomat in East Asia.* Lewiston: Edwin Mellen Press, 1998.

佐賀県史編纂委員会編:《佐賀県史（下巻）近代編》，佐賀県史料刊行会，

1967。

斉藤秀夫:《京浜工業地帯の形成と地域社會: いわゆる「鶴見騒擾事件」を
めぐって》,《横浜市立大学論叢: 人文科学系列》, 第40卷第1號（1989
年3月）: 1—121頁。

酒井栄蔵:《無遠慮に申上げる》, 竜文館, 1927。

向坂逸郎:《浅沼さんの死と個人的テロリズム》,《社會主義》, 110號（1960
年11月）: 2—7頁。

Samuels, Richard J. *Machiavelli's Children: Leaders and Their Legacies in
Italy and Japan.* Ithaca: Cornell University Press, 2003.

《山陽新報》。

佐藤孝太郎:《三多摩の壮士》, 武藏書房, 1973。

サトウマコト編:《鶴見騒擾事件百科》, ニイサンマルクラブ, 1999。

Scalapino, Robert A. *Democracy and the Party Movement in Prewar Japan.*
Berkeley: University of California Press, 1953.

SCAP Government Section. *Political Reorientation of Japan: September 1945
to September 1948.* Vol.1. Washington: U. S. Government Printing Office,
1949.

SCAP Investigation Division. Interrogation of Kodama Yoshio. In "Records
Pertaining to Rules and Procedures Governing the Conduct of Japanese
War Crimes Trials, Atrocities Committed Against Chinese Laborers, and
Background Investigation of Major War Criminals." June 14, 1948. Reel
15.

SCAP Investigation Division. Interrogation of Yoshida Hikotarō. In "Records
Pertaining to Rules and Procedures Governing the Conduct of Japanese
War Crimes Trials, Atrocities Committed Against Chinese Laborers, and
Background Investigation of Major War Criminals." June 4, 1948. Reel 15.

Schaller, Michael. *Altered States: The United States and Japan since the
Occupation.* Oxford: Oxford University Press, 1997.

Schlesinger, Jacob M. *Shadow Shoguns: The Rise and Fall of Japan's Postwar*

Political Machine. Stanford: Stanford University Press, 1999.

Security Group, Control and Analysis Branch, C/S Section. October 24, 1956. U. S.

National Archives. CIA Name File. Box 67. Folder: Kodama Yoshio. Vol. 2.

《政治経済通信》。

《政治テロと集團行動》,《世界》, 187号(1961年7月): 190—192頁。

大阪毎日新聞説:《政友会の暴行事件》1926年3月30日, 資料来源:《憲政を危機に導政友会の暴行事件》, 自由文壇社, 1927。

関戸覚蔵編:《東陲民権史》, 1903(復刊: 明治文献, 1966)。

Servadio, Gaia. *Mafioso: A History of the Mafia from Its Origins to the Present Day*. New York: Stein and Day, 1976.

Seymour, Charles. *Electoral Reform in England and Wales: The Development and Operation of the Parliamentary Franchise, 1832 - 1885*. 1915. Reprint, Newton Abbot: David & Charles, 1970.

社会局労働部編:《東洋モスリン株式会社労働争議状況》, 社会局労働部, 1930。

《社会民衆新聞　号外》, 協調会史料, 編号63。

司法省調査課:《司法研究報告書集(第8集)》, 1928。

島田研一郎:《うき草の花》, 羽村市教育委員会, 1993。

島津明:《本朝選挙干渉史》,《人物往来》, 1995年3月号: 48—52頁。

清水亮三(瓢々居士)編:《社会の花: 壮士運動》, 翰香堂, 1887。

清水吉二:《群馬自由民権運動の研究上毛自由党と激化事件》, あさを社, 1984。

下関市市史編集委員会編:《下関市史: 第3巻》, 下関市役所, 1958。

下関商工会議所:《下関商工会議所創立百年史》, 下関商工会議所, 1981。

《下野新聞》。

子母澤寛:《国定忠治》, 改造社, 1933。

信夫清三郎:《安保闘争史: 三五日間政局史論》, 世界書院, 1969。

庄司吉之助:《米騒動の研究》, 未来社, 1957。

"主要右翼團體一覽表", 1960年10月, 资料来源: 《「淺沼事件」關係資料集》, 1960。

Sissons, D. C. S. "The Dispute over Japan's Police Law." *Pacific Affairs* 32, no. 1 (March 1959): 34 – 45.

Smith, Henry DeWitt II. *Japan's First Student Radicals*. Cambridge, Mass.: Harvard University Press, 1972.

Smith, Thomas C. "Japan's Aristocratic Revolution." In *Native Sources of Japanese Industrialization*. Berkeley: University of California Press, 1988.

Sorel, Georges. *Reflections on Violence*. Ed. Jeremy Jennings. Cambridge: Cambridge University Press, 1999.

Stark, David Harold. "The Yakuza: Japanese Crime Incorporated. " PhD diss., University of Michigan, 1981.

須田努: 《「惡党」の一九世紀: 民眾運動の變質と「近代移行期」》, 青木書店, 2002。

須田努: 《暴力はどう語られてきたか》, 资料来源: 須田努、趙景達、中嶋久人合編: 《暴力の地平を超えて: 歴史学からの挑戦》, 青木書店, 2004。

須田努、趙景達、中嶋久人合編: 《暴力の地平を超えて: 歴史学からの挑戦》, 青木書店, 2004。

《水平社對国粋会騒擾事件》(種村氏警察参考資料第78集), 国立公文書館藏。

鈴木孝一編: 《ニュースで追う明治日本発掘: 憲法発布・大津事件・壮士と決闘の時代》, 河出書房新社, 1994。

鈴木武史: 《星亨—藩閥政治を揺がした男》, 中央公論社, 1988。

鈴木安藏: 《暴力・とくに民主主義における暴力について》, 《理論》, 10—11號 (1949年11月): 24—59頁。

鈴木安藏編: 《日本の国家構造》, 勁草書房, 1957。

高木喬: 《動きだした右翼暴力団の背景》, 《前衛》, 169號 (1960年6月), 22—26頁。

高木健夫: 《大野伴睦という男》, 《政界往来》, 第18卷第12號 (1952年12

月): 30—32頁。

高橋彦博:《院外団の形成—竹内雄氏からの聞き書を中心に》,《社會勞動研究》, 第30卷第3、4號 (984年3月): 91—118頁。

高橋敏:《博徒の幕末維新》, 筑摩書房, 2004。

高橋敏:《國定忠治》, 岩波書店, 2000。

高橋哲夫:《風雲・ふくしまの民権壮士》, 歴史春秋出版, 2002。

高橋哲郎:《律義なれど、仁侠者—秩父困民党総理田代栄助》, 現代企畫室, 1998。

高橋雄豺:《明治警察史研究》, 令文社, 1963。

高野実:《浅沼暗殺をめぐる政局》,《労働経済旬報》第14卷第453號 (1960年10月): 3—7頁。

高野壽夫:《秩父事件: 子孫からの報告》, 木馬書館, 1981。

高崎警察署:《第2回訊問調書: 小柏常次郎》1884年11月15日, 資料来源: 井上幸治、色川大吉、山田昭次共編:《秩父事件史料集成 (第3卷: 農民裁判文書3)》, 二玄社, 1984。

竹内良夫:《政党政治の開拓者・星亨》, 芙蓉書房, 1984。

玉井政雄:《刀と聖書: 筑豐の風雪二代記》, 歴史圖書社, 1978。

玉置和宏:《経団連と花村仁八郎の時代》, 社会思想社, 1997。

田村榮太郎:《上州遊び人風俗問答》, 林英夫編:《近代民眾の記録(4)流民》, 新人物往來社, 1971。

田村栄太郎:《やくざの生活》, 雄閣出版, 1964。

田中千弥:《秩父暴働雑録》, 資料来源: 大村進、小林弌郎、小池信一編:《田中千弥日記》, 琦玉新聞社出版局, 1977。

田中惣五郎:《ファッシズムの源流 北一輝の思想と生涯》, 白揚社, 1949。

田中惣五郎編:《日本官僚政治史》(改訂版), 河出書房, 1954。

田中惣五郎編:《大正社会運動史 (第2卷)》, 三一書房, 1970。

寺崎修:《明治自由党の研究 (下卷)》, 慶応通信, 1987。

手塚豊:《自由民権裁判の研究 (中)》, 慶応通信, 1982。

Tilly, Charles. *The Politics of Collective Violence*. Cambridge: Cambridge

University Press，2003.

戸部良一：《逆説の軍隊》，中央公論社，1998。

《徳島毎日新聞》。

《東京朝日新聞》。

富田信男：《戦後右翼の機能と役制：保守支配の現実》，《エコノミスト》，第43卷第28號（1965年6月）：65—69頁。

頭山統一：《筑前玄洋社》，葦書房，1977。

遠山茂樹編：《三多摩の壮士》，資料来源：《明治のにない手（上）人物・日本の歴史11》，読売新聞社，1965。

《東洋モス大争議：レポ集》，1930年10月11、24日，法政大學大原社会問題研究所：《洋モス争議フアイル⑴》。

《東洋モスリン争議団本部によるのないチラシ》，1930年10月7日，法政大學大原社会問題研究所：《洋モス争議フアイル⑴》。

土倉宗明：《院外団争鬥記》，《藝文春秋》，1935年12月號：210—217頁。

津田左右吉：《暴力政治への怒り：どうなる場合も暴力を排除せよ》，《文藝春秋》第32卷第12號（1954年8月）：73—76頁。

都築七郎：《頭山満：そのどでかい人間像》，新人物往來社，1974。

Uchida，Jun. "'Brokers of Empire': Japanese Settler Colonialism in Korea，1910‐1937." PhD diss.，Harvard University，2005.

内村義城：《明治社會壮士の運動》，翔雲堂，1888。

宇田友豬、和田三郎合編：《自由黨史（下卷）》，五車楼，1910。

植木枝盛：《植木枝盛日記》，高知新聞社，1955。

梅田又次郎：《壮士之本分》，博文堂，1889。

梅津勘兵衛：《侠客及侠客道に就いて》，日本外交協會，1941。

Ungar，Mark，Sally Avery Bermanzohn，and Kenton Worcester. "Introduction: Violence and Politics." In *Violence and Politics: Globalization's Paradox*，ed. Kenton Worcester，Sally Avery Bermanzohn，and Mark Ungar. New York: Routledge，2002.

United States Department of State. *Occupation of Japan: Policy and Progress.*

Washington: U. S. Government Printing Office, 1946.

——. "Internal Affairs of Japan, 1955 – 1959." June 12, 1956. U. S. National Archives. Decimal File 794.00/6 1256.C-009 · Reel 26.

United States Department of State, Bureau of Far Eastern Affairs. "The Political Climate in Japan." [1958]. U. S. National Archives. Subject Files Relating to Japan, 1954 – 1959. Lot File 61D68. C-0099. Reel 3.

浦和重罪裁判所:《裁判言渡書: 田代榮助》1885年2月19日, 资料来源: 井上幸治、色川大吉、山田昭次合編:《秩父事件史料集成（第1卷, 農民裁判文書1)》, 二玄社, 1984。

薄田斬雲編:《頭山満翁の真面目》, 平凡社, 1932。

Valli, Roberta Suzzi. "The Myth of Squadrismo in the Fascist Regime." *Journal of Contemporary History* 35, no. 2 (April 2000): 131 – 150.

Varese, Federico. *The Russian Mafia: Private Protection in a New Market Economy.* Oxford: Oxford University Press, 2001.

——. "The Secret History of Japanese Cinema: The Yakuza Movies." *Global Crime* 7, no. 1 (February 2006): 105 – 124.

Vlastos, Stephen, ed. *Mirror of Modernity: Invented Traditions of Modern Japan.* Berkeley: University of California Press, 1998.

——. "Opposition Movements in Early Meiji, 1868 – 1885." In *The Cambridge History of Japan.* Vol.5. Ed. Marius B. Jansen. Cambridge: Cambridge University Press, 1989.

——. *Peasant Protests and Uprisings in Tokugawa Japan.* Berkeley: University of California Press, 1986.

我妻荣編:《舊法令集》, 有斐閣, 1968。

我妻荣他編:《日本政治裁判史錄: 明治》, 第一法規出版, 1969。

Walthall, Anne. *Social Protest and Popular Culture in Eighteenth-Century Japan.* Tucson: University of Arizona Press, 1986.

Wardlaw, Grant. *Political Terrorism: Theory, Tactics, and Counter-measures.* Cambridge: Cambridge University Press, 1989.

《我等的信条》,《国粋》第1號 (1920年10月15日)。

Waswo, Ann. "The Transformation of Rural Society, 1900 – 1950." In *The Cambridge History of Japan.* Vol.6. Ed. Peter Duus. Cambridge: Cambridge University Press, 1989.

渡辺悦次:《戦前の労働争議-3-河野密さんにきく　高野山への籠城戦術をあみだした大阪市電争議》,《月刊総評》, 第241号 (1978年1月): 108—114頁。

渡辺幾治郎:《随筆: 政党の親分子分》,《政界往来》, 第12卷第5號 (1941年5月): 5—6頁。

渡辺銕蔵:《大正志士論》,《中央公論》, 第38卷第12號 (1923年11月): 83—85頁。

渡辺洋三:《法と暴力》,《思想》, 438號 (1960年12月): 118頁。

Weber, Max. *Economy and Society: An Outline of Interpretive Sociology.* Vol.1. Trans. Ephraim Fischoff et al. Ed. Guenther Roth and Claus Wittich. Berkeley: University of California Press, 1978.

Westney, D. Eleanor. *Imitation and Innovation: The Transfer of Western Organizational Patterns to Meiji Japan.* Cambridge, Mass.: Harvard University Press, 1987.

White, James W. *Ikki: Social Conflict and Political Protest in Early Modern Japan.* Ithaca: Cornell University Press, 1995.

Wigen, Kären. *The Making of a Japanese Periphery, 1750 – 1920.* Berkeley: University of California Press, 1995.

Wray, William D. *Mitsubishi and the N. Y. K., 1870 – 1914: Business Strategy in the Japanese Shipping Industry.* Cambridge, Mass.: Council on East Asian Studies, Harvard University, 1984.

八幡製鉄株式会社八幡製鉄所:《八幡製鉄所労働運働誌》, 八幡製鉄所, 1953。

《山形新報》。

山口林三:《暴走した参議院》,《政治経済》, 第9卷第7號 (1956年7月): 22—23頁。

山本四郎:《立憲政友会史（第3巻)》, 1924（復刊: 日本図書センター, 1990 ）。

山村昌子:《水平社・国粋会争鬥事件の検討: 裁判記録を中心として》,《部落解放研究》, 第27號（1981年9月）, 161—164頁。

《大倭国粋新聞》, 自由民権資料館蔵。

Yanaga Chitoshi. *Big Business in Japanese Politics.* New Haven：Yale University Press，1968.

安丸良夫編:《監獄の誕生—歴史を読みなおす22》, 朝日新聞社, 1995。

安丸良夫:《困民党の意識過程》,《思想》, 726號（1984年12月）: 78—97頁。

安丸良夫、深谷克己校注:《日本近代思想大系21民眾運動》, 岩波書店, 1989。

《読売新聞》。

読売新聞社西部本社編:《福岡百年（下）日露戦争から昭和へ》, 浪速社, 1967。

洋モス争議団、全国労働組合同盟、日本紡織労働組合:《洋モス争議について町民諸君に檄す》, 1930年10月2日, 法政大学大原社会問題研究所:《洋モス争議フアイル⑴》。

《洋モス争議闘争ニュース6號》, 1930年10月11日, 法政大學大原社会問題研究所:《洋モス争議フアイル⑵》。

吉田磯吉翁伝記刊行会編:《吉田磯吉翁伝》, 吉田磯吉翁伝記刊行会, 1941。

吉野作造:《「國家」の外「力」の使用を許さず》,《中央公論》, 第38巻第1號（1923年1月）: 201—204頁。

《郵便報知新聞》。

行友李風:《国定忠治》（戯曲）, 1919年。

《ザ・グラフィック》。

《全国大眾新聞》。

趙軍:《「別働隊」と「志士」のはざま-近年来大陸浪人研究の回顧と展望》,《千葉商大紀要》, 第36巻4號（1999年3月）: 105—124頁。

索　引[*]

---

*　页码为原著页码，即本书页边码。